中青年经济与管理学者文库

本书是河北地质大学“河北省省级专业学位研究生培养实践基地”部分研究成果；河北地质大学“‘会计学’国家级一流本科专业建设点”部分研究成果；河北省省级研究生示范课“会计研究方法”（KCJSX2018091）的部分成果。

基于古代兵法思想的企业动态财务能力问题实证研究

朱庆须　著

中国财经出版传媒集团
中国财政经济出版社
北京

图书在版编目（CIP）数据

基于古代兵法思想的企业动态财务能力问题实证研究 / 朱庆须著. -- 北京：中国财政经济出版社，2024.2
（中青年经济与管理学者文库）
ISBN 978 - 7 - 5223 - 2681 - 8

Ⅰ. ①基… Ⅱ. ①朱… Ⅲ. ①企业管理 - 财务管理 - 研究 - 中国 Ⅳ. ①F279.23

中国国家版本馆 CIP 数据核字（2024）第 033870 号

责任编辑：马 真　　责任印制：史大鹏
封面设计：智点创意　　责任校对：张 凡

基于古代兵法思想的企业动态财务能力问题实证研究
JIYU GUDAI BINGFA SIXIANG DE QIYE DONGTAI CAIWU NENGLI WENTI SHIZHENG YANJIU

中国财政经济出版社 出版
URL：http：//www.cfeph.cn
E - mail：cfeph@cfeph.cn

社址：北京市海淀区阜成路甲 28 号 邮政编码：100142
营销中心电话：010 - 88191522
天猫网店：中国财政经济出版社旗舰店
网址：https：//zgczjjcbs.tmall.com
中煤（北京）印务有限公司印刷 各地新华书店经销
成品尺寸：147mm×210mm 32 开 9 印张 232 000 字
2024 年 2 月第 1 版 2024 年 2 月北京第 1 次印刷
定价：42.00 元
ISBN 978 - 7 - 5223 - 2681 - 8
（图书出现印装问题，本社负责调换，电话：010 - 88190548）
本社质量投诉电话：010 - 88190744
打击盗版举报热线：010 - 88191661 QQ：2242791300

策划人语

题记：一个人的精神成长史，取决于他的阅读史。只有阅读能最有效地培养精神生活习惯，而好的习惯又培养性格，性格决定人生。

——我们自豪，因为我们就是创造这精神产品的人。

选择了飞翔，总能看到蓝天；选择了远航，总能感受大海。人生不仅要作出选择，也要坚持住自己的选择。学会计、当编辑是我的意外选择。人说编辑是为人作嫁，可是这一选择我坚持了30年，苦在其中，乐在其中，也算是有声有色。每当我把一本本好书呈献给人们的时候，我觉得我是“富贵”的人：富，不是你身上的钱财，而是你心里的满足；贵，不是你地位的显赫，而是你被人需要的程度。

书海探寻，情怀永恒

我要说，做编辑我幸运，因为我不仅是第一个读者，可以对作品“品头论足”，也可以对作品“生杀予夺”；更重要的是，这是一个有很高层次的平台，在多年与名家的交往和名著的“对话”中，深深地为他们的人格和才学所感动，被作品的精彩所吸引，这不仅使我“下笔如有神”，更使我的思想和灵魂也受到一次次洗礼和震撼，得到一次次升华。对于我的作者我的书，如数家珍，作者中不乏才学和为人同样过人的多位泰斗和“颜值高责任大”的众多才子佳人；策划的作品不仅立足专业还兼顾人文，也是情怀所在，专业加人文路才会更宽更远。

多年的体会是，作为一名编辑，起码要“三心二意”，即“责任心、细心、耐心”和“服务意识、创新意识”。要多策划一些拳头产品，用一个选题推动一个系统工程，用一个系统工程培养一个出版社品牌。给新入职编辑讲座时我做过一个比喻：编辑两项基本功，审稿——甚至要比博导审批学生论文还要全面、细致；选题策划——要像电影导演一样做“星探”，善于发现优秀作者和挖掘好的原创作品。记不清30年来我策划和编辑了多少书，组织和策划了大批教材、业务培训用书、通俗读物、理论专著等，有的获得过国家、省部级各类奖项，有的以其填补空白、社会热点、风格新颖、开拓尝试等特点受到读者的欢迎。正是：

一入书门情似海，
探寻经典职责在。
苦辣酸甜何其乐，
编辑人生也精彩。

想是问题，做是答案

众所周知，目前的图书出版业在行业竞争和纸质图书受到严重冲击的情况下，出版人无不感到莫大的危机。在这种背景下，我们还要积极应对，完善纸质图书的固有特质，拓宽纸媒的功能，挖掘出版内容和形式都精彩的原创作品，适应新形势下读者的更高需求。2017 年至今，在新的时代环境下不断出新，我又策划了多套系列丛书和单本图书，不乏名家著作、教材、学术专著和实务丛书等，继续为扶持学术研究和总结实践最新成果，在高端研究与专业知识普及和应用之间搭建一座座有益的桥梁。

每一个时代的经济环境不同，理论研究和实务探索所需要解决的问题也有所差别。当前我国处于新的历史时期，市场环境和组织模式不断演变发展、推陈出新，经济、管理、财税等领域的新理论、新思想、新方法、新工具也层出不穷。乱花渐欲迷人眼，击水三千浪几何？这些领域的研究人员被时代赋予了更艰巨的责任，也面临着更高、更多元的要求，我们不仅要具备更广阔的学术视野，而且要有更严谨的学术思维。

输在犹豫，赢在行动

《中青年经济与管理学者文库》的作者，都是我国经济与管理领域的中坚力量，也是未来的大家。他们中有些人潜心从事理论研究，有些人则深耕在实务一线，但无论现实身份如何，视野全都没有被拘泥在“象牙塔”内。他们从不同视角对市场经济的不同要素进行细致审视，然后汇聚于“财经版”这面旗帜之下，相互碰撞，彼此激荡，力求在市场经济转型升级的关键时期留下最新鲜的“中国印记”。

这些经济与管理领域的中青年学者，就是我国市场经济发展的潜力与优势，他们的研究成果，不仅将引领市场经济的各个组成环节向更科学、更先进的方向发展，而且将成为我国政府和企业在未来经济世界扮演更重要角色的支点与动力。祝愿这些中青年学者能攀上更高的学术之山，走向更远的研究之路，也期待宏观、中观、微观各个层面的市场参与者都能从这套文库中得到切实的启发与指引，在全面深化改革、增强发展活力的关键时期，发挥正能量和积极作用，为经济社会发展增添新的动力！——这也是我策划此套丛书的初衷。

作始也简，毕也必巨

2021 年，是一个非凡之年，纵观世界风云，抗击疫情“风景这边独好”，“十四五”规划开局，我们喜迎建党百年。“其作始也简，其将毕也必巨。”从“开天辟地”“改天换地”到“翻天覆地”“惊天动地”，我们党经历了四个历史时期——救国大业、兴国大业、富国大业、强国大业，四件大事铸就了中国共产党百年辉煌。我们不禁感叹——风雨百年创辉煌，“天地”之间“有杆秤”。

2021 年，还是一个纪念之年，出版社成立 65 周年和我从事编辑工作 30 周年。65 年来，财经出版社始终坚持正确的舆论导向和鲜明的出版特色，努力为经济建设和财政工作服务，致力于为读者奉献经典作品，在中国财经出版传媒集团旗下发挥着更大的作用，取得更大的成就。作为一个有着 20 多年党龄的党员，我是生在新中国长在红旗下的幸运的一代，怀着对党无限的热爱和感恩，浓情做事、淡泊做人，用 30 年的情怀和坚守见证了出版业的转型，践行了编辑的天职，向党递交一份努力的答卷。

2017 年策划出版《中青年经济与管理学者文库》至今已五年，得到了众多中青年学者的热烈响应与大力支持，文库诞生至今已囊括专著 60 余种，为中青年学者们提供了展示学术研究成果的平台，作者队伍不断壮大，作品陆续出版。如果您认可，如果您有意愿，欢迎您和您的朋友加盟我们的作者队伍！在中国财经出版传媒集团的“旗舰”下，中国财政经济出版社这“老字号”，一定励精图治，谱写新的篇章。敬请关注“龙媒玉制新书坊”微信公众号，我们用“龙的精神，玉的品质”来助力您实现梦想！

策划人：樊清玉
邮箱：qingyuf@ sina. com
2021 年 12 月 31 日

前言

当今企业面临越来越复杂的动态变化环境，企业之间的竞争加剧，企业需要不断创新并提高自身的核心竞争力；科技的快速进步带来了一系列的机遇和挑战，企业需要不断升级技术以适应市场需求；宏观经济环境的不稳定性使得企业面临着更多的风险和不确定性。而动态能力是企业应对快速变化的复杂环境的重要助力，作为动态能力的子能力——动态财务能力在实现灵活决策、提高资金的利用效率、优化资本结构、提高危机应对能力、支持企业战略转换等方面起着举足轻重的作用。研究动态财务能力可以帮助企业预测和应对风险，防范财务风险的发生；引导财务管理者针对变化环境不断调整管理策略，并推动财务管理的不断创新；可以帮助企业不断改进经营方式、提高利润水平等，提高其市场竞争力。因此，研究动态财务能力不仅可以帮助企业应对复杂的变化环境，还可以为企业提高其自身的财务水平和发展潜力提供重要参考，具有重要的理论意义和实践价值。

目前关于企业动态财务能力的研究较少，现有研究关于动态财务能力的构成基本沿用动态能力构成的模式，如何体现出动态财务能力的特殊性，需要进一步的研究和实证研究的支持；现有研究关于财务动态能力的实证研究很少，即便是扩大范围在动态能力方面的定量研究大多也是采用调查研究的方法。一些研究混淆了动态财务能力与财务能力的关系，采用财务能力的指标去衡量；另一些研究虽然从动态能力的角度进行了一些有意义的工作，构建了指标体系，但是仍旧受动态能力抽象性的限制，大多是进行案例研究及理论分析，无法进行大量企业的经验性研究。进行动态能力和财务能力相结合的动态财务能力的实证研究面临的困境由此可见一斑。

中国古代兵法蕴含了丰富的历史经验和智慧，将其应用于动态财务能力研究中，有助于深入挖掘财务管理的本质和规律，从而更好地应对市场环境的变化。中国古代兵法强调对环境变化的应变和适应，这与现代企业需要不断适应市场环境的要求非常相似。因此，将古代兵法思想应用于动态财务能力研究中，可以帮助企业更好地应对市场风险和变化，增强企业的稳定性和竞争力。利用中国古代兵法思想对动态财务能力进行研究，通过借鉴古代兵法思想和思维模式，有助于开拓新的思路和解决问题的方式，推动财务管理思想的创新。古代兵法强调战略思考和战争规划，将其应用于动态财务能力研究中，可以帮助企业制定相应的财务战略，规避风险，提高经营效率和盈利能力。中国古代兵法是中华文化的重要组成部分，利用其思想和智慧进行动态财务能力研究，不仅有助于促进财务管理理论的繁荣和发展，还有助于传承和弘扬中华文化，发掘现代财务管理论理论和现代实证研究方法中的中国文化基因。因此，利用中国古代兵法思想对动态财务能力进行研究，不仅可以供企业战略管理和财务管理借鉴历史经验，而且可以实现管理思想的创新，从而也促进了中华文化的价值传承。

本书尝试从以下八个方面进行研究：

第一，通过对中国古代兵法的实证分析思想和动态系统思想进行梳理，通过对兵法中的势系统进行代数分析将其模型化；第二，根据势系统分析模型，结合动态财务能力的现有研究成果，探讨了兵法中的势系统对动态财务能力分析的启示；第三，为了给量化动态财务能力提供数据基础，在比较了多种财务能力评价方法的基础上，对财务能力进行了量化；第四，利用兵法思想的启示和财务能力的量化数据，对动态财务能力进行量化，为后续的实证研究提供数据基础；第五，前述研究的基础上，对动态财务能力对战略转换的支撑作用及其作用机制，如对融资约束的缓冲作用等进行实证了研究；第六，企业是否存在目标动态财务能力？动态财务能力的调整速度如何，不确定性环境会对调整速度的产生影响吗？本书对这些问题进行了实证检验；第七，一些学者认为中国古代兵法是主动性决策，那么企业的动态财务能力决策是否具有主动决策效应？本书做出了实证分析；第八，既然企业储备动态财务能力有诸多的优势，企业如何规划财务能力的投资政策和动态财务能力的保有量？本书最后，通过构建基于多智能体和系统动力学的仿真和实验研究模型，以市场和企业系统作为宏观环境以财务能力和动态财务能力的互相转换为微观主体，从宏观和微观相结合的视角对动态财务能力规划进行了实验研究。本书力求将兵法思想、财务理论、实证研究方法、仿真模拟和优化分析等相结合，统一到动态财务能力研究这一研究主题之中，以期为动态财务能力的研究和实践提供有益的探索。

本书得以出版要感谢河北地质大学“河北省省级专业学位研究生培养实践基地”“‘会计学’国家级一流本科专业建设点”和河北省省级研究生示范课“会计研究方法”（KCJSX2018091）的支持，感谢河北地质大学管理学院、河北地质大学研究生学院、河北地质大学原会计学院的大力支持，感谢河北地质大学宋绍清教授、冯丽丽教授的学术支持和帮助。感谢研究生张文慧、裴琼琼在整理书稿过程中的辛苦付出。感谢中国财政经济出版社为本书提供的出版机会。感谢出版社樊清玉老师的指导和辛勤劳动。最后感谢我的家人为写作提供时间上和精神上的支持！

由于本人水平有限，不当之处，恳请各位专家学者批评指正！

朱庆须

2023 年 9 月

目录

第一章

中国古代兵法的动态系统思想及其模型化

一、中国古代兵法思想概况

在浩如烟海的中国传统文化体系中，中国古代兵学是一个重要的分支。在人类发展历史长河中，中国兵法产生、发展、成熟之早，内容、形式、体系之完备，可谓世所罕见。早在公元前几百年的春秋战国时期，中国就出现了多种成熟而完备的兵书，在诸子百家中，兵家独树一帜，其倡导的谋略思想不仅渗透于中国人的政治生活，而且影响了中国人的行为特点和思维方式。

在国外，古代早期的军事著作大多阐述战争的经过，例如，希罗多德的《希腊波斯战争史》、修昔底德的《伯罗奔尼撒战争史》、色诺芬的《希腊史》和《远征记》、凯撒的《高卢战记》和《内战记》、阿利安的《亚历山大远征记》等，这些作品与我国的《孙子兵法》《司马法》《六韬》等兵书相比，不仅产生的时间晚，而且缺乏战略战术分析和鲜有军事经验的理论概括。在西方，专门研究战争实践中的战略理论的著作是从罗马时代后期开始出现的，例如，菲龙庭的《谋略例说》、奥尼山德尔的《军事首长令》、威哥迪乌斯的《军事简述》等，大多是专题摘录的战例汇编或是战术问答，系统性不强，缺乏战略概括，与我国古代兵学著作相比差距很大。在资产阶级革命以后，西方军事科学开始蓬勃发展，例如，俄国苏沃洛夫的《制胜的科学》、奥地利卡尔大公的《从德国1796年战局论战略原理》、瑞士约米尼的《战争的艺术》、普鲁士克劳赛维茨的《战争论》等。这些著作篇幅长，论述系统全面，对实践经验、理论概括、战术技巧、战略布局等均有详尽的阐述。而我国的《孙子兵法》等兵书论述的系统全面和详尽程度，完全可与西方这类军事著作相媲美，但却比这些著作早了2000多年。

中国古代最早的兵书有《军志》《军政》等，但现今已无存，流传至今最早的兵书是《司马法》，成书时间在战国中期齐威王时期（前357—前320），主要是记录以司马之职的官守和军中的制度、法规等。春秋末期，《孙子兵法》的问世标志着中国古代兵法由军法向兵法（战争的艺术）的转折，体现了中国古代杰出的军事思想，也是中国古代文化思想史上的杰出著作。之后《吴起兵法》问世，反映了战国初期治军作战的实践经验和水平，是对《孙子兵法》的继承和发展。战国中晚期以后，《尉缭子》《六韬》等兵书问世，体现出兼容综合、全面总结的特点。西汉官方曾对兵书做过三次整理，促进了兵学的经典化和系统化。《汉书·艺文志·兵书略》将兵书分为“兵权谋”类、“兵形势”类、“兵阴阳”类和“兵技巧”类四类，收录的兵书不仅门类齐全，而且形成体系，水平也相当高，使之经典化。这个体系在以后的2000年中基本上没有太大的变化。宋代兴起考武举之后，北宋元丰年间正式将《孙子兵法》《吴子》《司马法》《六韬》《尉缭子》《三略》及《李靖问对》颁定为《武经七书》。

在这些古代兵书中《孙子兵法》是杰出代表，它内容精博深邃，对中国古代军事学的发展产生了深远的影响，被奉为“兵学圣典”，直至今天依然闪烁着真理的光芒，对现代军事的建设和发展，具有重大的借鉴意义。《孙子兵法》也早已影响海外，被译成英、日、俄、法、德、意、捷等10多种文字广泛流传。唐初时期传入日本，日本人推崇其为“兵学圣典”“东方兵学的鼻祖”“百世兵家之师”。明代传入欧洲各国，享有与克劳赛维茨的《战争论》齐名的极高声誉（但成书比《战争论》早2000多年）。20世纪60年代，英国战略学家利德尔·哈特从世界历史的角度做出这样的评价：“《孙子兵法》是关于战争的最早论述，战争艺术论述的广泛性和对战争艺术的理解深度而言，到目前为止尚没有被超越。”

《孙子兵法》约有6000字，语言精练，言简意赅，思想内容博大精深。全书共分为13篇，分别为：计、作战、谋攻、形、势、虚实、军争、九变、行军、地形、九地、火攻和用间。在这13篇中，涉及战争观、战略战术、作战保障、军队建设和情报等内容，具有朴素的唯物论和辩证法的观点，其中许多内容都是在历史上第一次得到集中和专门的论述。

《孙子兵法》的基本思想和原则还渗透到其他社会生活领域，在战略管理、工商管理、市场竞争、体育竞赛等活动中得到广泛的应用。例如，当“大战略”理论在20世纪后期逐步趋热的时候，理论家们惊奇地发现，早在2500多年前《孙子兵法》就对大战略的基本内容有了许多精辟的论述。美国学者约翰·柯林斯在《大战略》一书中写道：“孙子是古代第一个形成战略思想的伟大人物，……今天没有一个人对战略的相互关系、应考虑的问题和所受的限制比他有更深刻的认识，他的大部分观点在我们当前的环境中仍然具有和当时同样重大的意义。”因此，本书基于古代兵法思想对动态财务能力的研究，主要是基于《孙子兵法》来展开讨论的。

二、兵法的实证分析思想

《孙子兵法》开篇之首就是计篇，计，计算、庙算。计篇主要说明通过对决定战争胜负的各项基本条件的计算，才能做出正确的战略决策。在第一篇计篇中，篇首就明确提出：“兵者，国之大事，死生之地，存亡之道，不可不察也。”对于用兵，必须要事先进行深入仔细的考察。继而孙子提出“经之以五事，校之以计而索其情。”要对战争双方的各自五个方面进行充分的了解，然后对这些情况进行认真的细致的分析和比较，进而不断地探究和摸清其真实情况。其中的“察”指审查、研究；“经”指度量；“校”指较量、比较；“索”指求索、探索。这些术语体现出《孙子兵法》的量化分析的思想，并且全文开篇就指出用兵要进行审查、研究，也充分体现了实证分析思想在兵法中的重要地位。这些实证分析的对象就是五事（道、天、地、将、法），即：符合民意的政治主张、天时、地利、将领、法制，内容就是对战争双方进行“七计”（主孰有道、将孰有能、天地孰得、法令孰行、兵众孰强、士卒孰练、赏罚孰明）比较分析。即：哪方政治清明，哪方将帅更有才能，哪方有更好的天时地利，哪方法令能够真正贯彻执行，哪方兵力装备强势，哪方士卒训练有素，哪方赏罚分明。孙子认为这些实证分析非常重要，要按照一定的程序、深入实际，调查研究，反复比较，仔细测算，认真模拟推演、详尽分析，最终提出对策做出决策。

《孙子兵法》在“形篇”分析敌我双方军力对比中，提出“五法”的量化分析原则，“一曰度，二曰量，三曰数，四曰称，五曰胜。”意思是：一是土地范围的度，二是物产资源的量，三是兵员多少的数，四是军力强弱的称，五是胜负优劣的胜。进一步孙子提出“五生”的分析步骤，“地生度，度生量，量生数，数生称，称生胜。”即：根据地域的范围分析出土地面积大小高低等环境范围，根据环境范围分析出各种物产资源丰富的量，根据物产资源丰富的量分析出军事力量多少的数，根据敌我双方军事力量多少的数进行比较分析出双方力量的对比，根据敌我双方军事力量的对比分析出战争的胜败。由此可见，五生之法，就是在划定分析范围和指标（即：度）以后，将具体的计量指标进行计量和综合（即：量），然后进行无量纲化的处理，将之综合抽象成综合指标（即：数），这些综合指标是可以直接进行比较的，利用这些综合指标进行不同军事力量之间的对比（即：称），通过比较就可以看出是否可以制胜了。由此可见“五生”之法，就是对军事力量的综合评价方法。

三、兵法的动态系统思想

《孙子兵法》中的动态思想集中体现在“势”这个术语中。中国古代哲学认为，“道”是世界的本源和宇宙的本体，《易经·系辞》认为，“道”无形无象，“是故形而上者谓之道”，道贯穿于一切事物之中，并为一切事物所遵循。“道”又是永恒运动、生生不息的。“道”就是由天道、地道和人道诸要素组成的具有多层次、多结构的整体系统。其运动的表现为“势”。“势”的本义是权力和威力，力量要产生、运行、表现出来。与“道”联系起来作为哲学范畴的“势”就是生生不息的“道”的显现。《孙子兵法》也承袭了这样的观念，置身于战争这一剧烈变动的环境中，将“势”作为动态分析的思想源泉。

在“势”的方面，孙子所论的“势”共有10句15个“势”字，列示如下：

1.“计利以听，乃为之势，以佐其外。势者，因利而制权也。”（《计篇》）

2.“战势不过奇正，奇正之变不可胜穷也。”（《势篇》）

3.“激水之疾，至于漂石者，势也。”（《势篇》）

4.“是故善战者，其势险，其节短。势如彍弩，节如发机。”

(《势篇》)

5. “治乱，数也；勇怯，势也；强弱，形也。”(《势篇》)

6. “故善战者，求之于势，不责于人，故能择人而任势。任势者……如转木石。”(《势篇》)

7. “故善战人之势，如转圆石于千仞之山者，势也。”(《势篇》)

8. “故兵无成势，(水) 无恒 (常?) 形。”(《虚实》)

9. “远形者，势均，难以挑战，战而不利。”(《地形》)

10. “夫势均，以一击十，曰走。”(《地形》)

这15个“势”，几乎都是比喻手法借物明意，没有前后一致、准确的解释，甚至是以势释势，这说明“势”是比较难明确定义的，只可意会难以言传。通过上面的句子可以看出孙子的“势”主要有四个方面，即动势、态势、气势和位势，前三种好比物理学中的“动能”，最后一种好比物理学中的“位能”。现代物理学原理认为动能等于物体重量与所含势能之积。另外，物体的重力势能与物体的重量、高度和重力加速度成正比。因此从这个角度讲，可以将势分为“动势”和“位势”两类。

从宏观角度来看，“势”是宇宙万物的运动，放在时间轴上就是宇宙万物的流动。“势”显现于外就是“形”，“形”和“势”是同一事物的两个方面。“势”隐于“形”中，“形”展于“势”上。寓动于静——“形”，化静作动——“势”。“形”是力量的存储，表现为未动之静；“势”是力量的运动，表现为既动之威。“形”“势”构成一个流动的系统。

孙子曰：“凡治众如治寡，分数是也；斗众如斗寡，形名是也；三军之众，可使必受敌而无败者，奇正是也；兵之所加，如以碫投卵者，虚实是也。”这一部分指出了“势”的要素，“分数”(组织，分解与整合)、刑名 (沟通、指挥，协调、控制)、奇正 (常规与特殊策略的运用)、虚实 (目标确定)。就是说通过分解和整合对大军团进行合理的组织，通过信号 (通信) 指挥系统对大部队进行有效的沟通、指挥、协调和控制，通过常规和特殊策略的运用立于不败之地，通过分析虚实状况确定攻击目标，避实击虚获得胜利。

“凡战者，以正合以奇胜”，说明了奇正的作用。奇正是人的方法、策略。“正”指出其有意攻其有备，即常规的势态，或者说平常表现出来的状态。“奇”指出其不意攻其不备，即与平常人认为的不同的特殊状态。战争中，一般情况下以常规方法应对，以特殊方法取胜。“奇”不是孤立的“奇”，是以“正”为根本的“奇”。只有出自“正”的“奇”，即依仗“正”为根本的奇，才能临危不乱、变化自如，才能出奇制胜。“战势不过奇正，奇正之变不可胜穷也。”“势”分“正”和“奇”。“正”的创新和变化就是“奇”，“奇”如果被人们所熟知成为常态，“奇”就不成为“奇”，就是新的“正”了。如此就是奇正相生，循环变化。例如，众所周知的诸葛亮的“空城计”，“空城计”之所以能成功是由于诸葛亮的常态也就是“正”是谨慎多谋不犯险，那么他打破常规使用空城计就是“奇”，获得了成功。假如让张飞使用空城计，或许就被识破了，因为张飞的奇正与诸葛亮的奇正是不同的。再比如，太史慈“瞒天过海营救孔融”，三国时期孔融被围，太史慈想方设法突围救援，于是便骑马执鞭，带着弓箭，领着两名各自拿着一箭靶的骑士随从，打开城门走出城外。这时城内的守军和城外的围兵见了都大惊！但只见太史慈等人牵着马走进了城下的堑壕里，立上箭靶在那里练习射箭，练完了箭就回城了。第二天又照样如此，那些围城的士兵就有的躺着、有的站着观看，神色不那么紧张了。如此这般一连进行了好几天，那些围城的士兵渐渐地习以为常了，一个个躺在地上，连看都懒得起来看了。这时，太史慈认为时机已到，于是整好装吃饱饭，扬鞭策马，径直突围而去。等到敌兵醒悟过来的时候，他已经跑出数里之远了。三十六计中的“瞒天过海”之计说“备周则意怠，常见则不疑。阴在阳之内，不在阳之对。太阳，太阴”，反映了将奇变为正，然后由正再出奇制胜的方法。奇正不是互相对立而是相依相生，如阴阳之变化。太极拳论中所云“阳不离阴，阴不离阳，阴阳相济，方为懂劲”也是这个道理。“奇正相生，如循环之无端，孰能穷之哉。”奇正相生变化无穷。这些组合就是复杂的策略。就如同“0”和“1”在计算机中通过不同的组合与再组合，模拟出一个纷繁复杂、包罗万象的虚拟世界。

“故善战者，其势险其节短。”说明了用势的要求，“节”就是节制，即调整和控制。善于指挥作战的人会制造险要的势，并且调整、控制和爆发的时间短促，能够迅速地从一种状态变化到另一种状态。

用“势”的作用点是“避实而击虚”。敌我都有虚实，虚实是结果是表现，是天地人综合的结果，主客观因素综合的结果，“形”“势”都有虚实。敌我方的虚实是我方作战首先要明确的，所谓“知己知彼，百战不殆”。通过对我方“五事七计”可以了解我方虚实。而对于敌方的虚实，就需要采取策略去了解和判明。许多敌方的情况是不容易了解的，可以采用奇正之法去扰动敌人去判断，也可以采取奇正之法去调动敌人去制造虚实。“故策之而知得失之计，作之而知动静之理，形之而知死生之地，角之而知有余不足之处”。判明虚实后，避实而击虚，从而取胜，即兵法中的“兵之所加，如以碫投卵者，虚实是也”。

“势者，因利而制权也。”“势”就是根据利益（目标）进行策略的权衡和机变，是一个权变的过程。“故善战者，求之于势，不责于人，故能择人而任势”。“任势者，其战人也，如转木石”。善战者，会设法造成有利的势而使人不得不为用，而不苛求于人。依靠“势”的将帅指挥作战，就像滚动木头、石头一样，要顺应事物的特性。这说明“势”是道法自然的权变过程。

兵法系统的目标是什么？《孙子兵法》形篇开篇就指出，“昔之善战者，先为不可胜，以待敌之可胜”。意思是，过去擅长打仗的将帅，首先使己方做大做强而不被敌人战胜，然后等待战胜敌人的时机。这是因为，不可胜在己，可胜在敌，即：不被敌人战胜的关键在于己方不犯错误，能够战胜敌方的关键在于敌人是否出错。由此可见，兵法系统的目标是不断优化自己，使自己不断强大，立于不败之地，然后等待时机战胜敌人，而不单单就一个战胜敌人的目标。因此，作为形的运动形态——势的目标也是不断优化自己，使自己立于不败之地，以等待时机战胜敌人。

总之，通过上面分析，《孙子兵法》的“势系统”展现的是一个整合的道法自然的权变的量化动态系统，系统的目标是“先为不可胜，以待敌之可胜”，系统的主要构成要素是“形”“势”“节”。这个系统以“形”为系统力量的存储，以“势”为系统力量的运动，以“节”对系统进行调整与控制，以道法自然为原则，以“五法”为量化方法的权衡机变的动态系统。在系统的动态运行变化时，以“分数”对结构分解和组合，以“刑名”对各部分沟通、指挥和协调，以“奇正”为创新、变化之基，以奇正组合为策略，以“避实击虚”为作用力点。为了方便描述和运用，本书简称这个系统为“势系统”。

四、“势系统”要素和用势的要求

在势系统的动态运行中，主要构成要素是“形”“势”“节”。

1. “形”：兵法中形是军事力量的静态的、可见的、存储的形式，对“形”的量化分析可采用兵法中的“五生”的方法进行量化分析。

2. “势”：根据兵法中的相关内容，可以将势分为“动势”“位势”“态势”“气势”等。

（1）动势：“激水之疾，至于漂石者，势也。”这里的势指的是所产生的动能的势，我们称之为动势。动势就是对“形”对目标作用的影响力。用公式表示：目标 = f（形）×动势。

（2）位势：是一个相对的概念，以敌方为参照己方的形所处的地位（称之为位形），对“形”对目标作用产生的影响。用公式表示为：目标 = g（位形）×位势。

（3）态势：指事物发展的形势和状态，即从时间维度上考察形势发展的趋势和状态。

（4）气势：“治乱，数也；勇怯，势也；强弱，形也。”在这句中势指的是气势。在兵法中气势也是很重要的因素。但是气势是比较难以量化分析的，考虑到本书的研究重点，暂不对气势进行深入分析。

3. 节：兵法云：“鸷鸟之疾至于毁折者，节也。”鸷鸟是动物，可以根据猎物的活动动态控制高度、速度、节奏，节就是对形、势等资源投入做相应的调整和控制，以把握出击的时机和节奏，以达到以适当的资源准确捕获目标的目的。由此可见，节就相当于现在控制论中的反馈、调整和控制。

4. 用势的要求：《孙子兵法》势篇指出：“是故善战者，其势险，其节短。”由此可见，势系统用势的要求就是势险节短，即：使军事实力具有较大的“势”，并且调整和控制的速度快。

五、势系统的运行过程

系统首先根据所要达到的目标，“故经之以五事，校之以计，而索其情”，即：首先，要从五个方面去研究战前形势，逐一比较衡量计算各项战争要素，认真探索分析，制定相应战略；其次，执行战略方案，配备军队，造成强大的形，根据变化的情况，对形的分量进行调整、组合、控制甚至补充以形成有力的势，以达成阶段性的成果；最后，一个周期完成后，对阶段性成果进行评价，对比系统目标和阶段性的成果进行差异分析，结合决策方案中对节（调整和控制）的要求，制定出调整和优化措施，进入下一个系统运行周期，直至系统目标达成，运行结束。势系统的运行过程参见图 1－1。由此可见，兵法中的势系统是一种“结构—运行—功能”的系统，因此，贾雨文教授（1997）就指出，在社会系统中“具有一定结构的系统可以有多种运行状态，是依托于一定结构之上的系统运行状态才最终决定了系统的实际功能”。他进一步指出在社会系统的研究中，应当用“结构—运行—功能”分析代替以往的“结构—功能”分析。

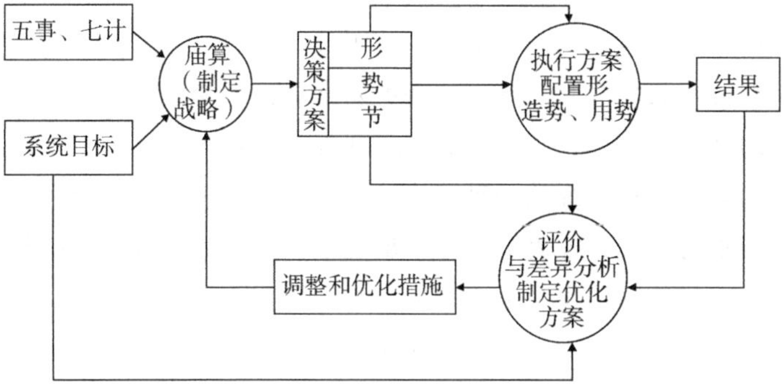

图 1－1　势系统的运行过程

六、势系统的代数分析

本部分采用系统分析的方法对势系统进行数学建模，为应用于实际分析中奠定基础。

（一）图解代数简介

在进行势系统的系统分析之前，先将相关的基础知识进行简介，便于后续的分析。图解代数（graph algebra）也被译为“图形代数”，既是一种便于分析的工具，也是一种源于系统论的语言。最早于1974年由三位社会科学家费尔南多·科尔戴、亚当·普热沃尔斯基、约翰·斯布拉格在*System Analysis for Social Scientists*一书中提出。图解代数可以帮助研究人员针对社会科学领域的复杂现象建立起直观的新颖的模型，通过图解代数语言，把社会科学领域的理论转化成数学公式或模型，并且还可以更好地将社会科学的理论与经验模型联系起来，也可以利用这些模型进行分析、预测和模拟等。本部分仅为了便于后续阅读简介一点相关的知识。更详细的内容请参考Brown C.（2013）等的内容。

图解代数的机制是用一些基本元素把输入变成输出。输入输出之间的基本元素是系统结构的组成部分。包括各种算子，用以描述基本元素如何把系统从一种状态变为另一种状态。在图解代数中，基本元素通常用方框表示。算子出现在方框里面。方框连接起来的集合构成系统的结构。常用的基础法则有：

图解代数法则1：在同一路径上流动的元素是相乘关系。

图解代数法则2：合并相交叉的所有路径是相加关系。

符号⊕表示路径相加。

曼森法则：单一反馈循环的方程可以表示为：正向路径/［1－（正向路径×反馈路径）］

（二）势系统的系统分析

根据前面的分析，势系统描述的是这样的一个系统：系统输入形，形转化成军事力量有其自然规律，即它们之间有一定的函数关系，为了简化我们假定它们之间是线性关系，即形转变成军事力量存在一个转化系数，同时系统通过运行还会受到势的影响才能转化为军事力量。在一期转化完成后，组织都会对结果进行评估，并进行反馈调整输入，使反馈信息进入下一期的系统输入中，使输出的军力不断增强。下面具体将形、势和节模型化，以便于后续的实证研究。

形和势转化为军力的势图解代数模型如图 1－2 所示，为了便于进一步分析，用符号代表各元素的模型如图 1－3 所示。其中：C_t 表示时点 t 的形；s 表示形转化为目标的关系系数；p 表示势；m 表示节；E^{-1} 表示延迟一期；k 表示其他因素；V_t 表示时点 t 上的军事力量，即 t 时点的结果。

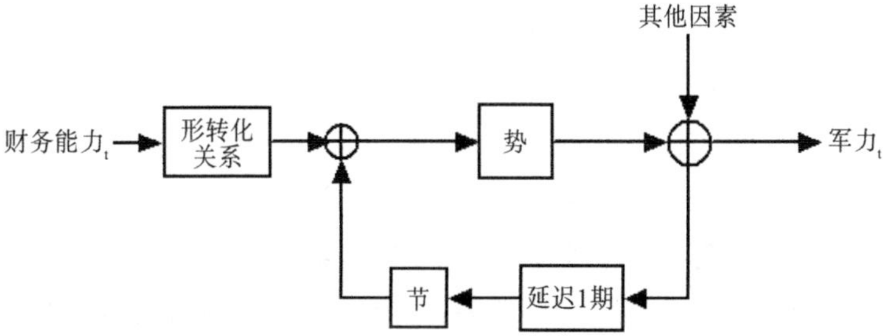

图 1－2　势系统模型

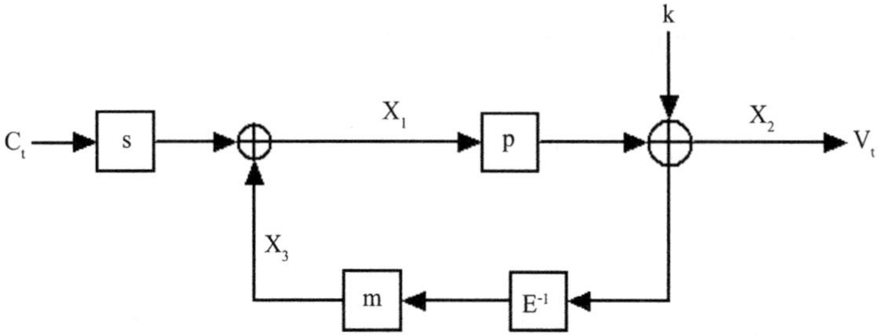

图 1－3　势系统的图解代数模型

如果将这一模型的状态方程推导出适合估计的模型，对于实践中进行统计分析具有重要的价值。下面进行分析：

根据图解代数模型：

$X_1 = s \cdot C_t + X_3$

$X_2 = p \cdot X_1 + k$

$X_3 = mE^{-1} \cdot X_2$

由于 $V_t = X_2$，

因此，$V_t = X_2 = p \cdot X_1 + k$，$X_3 = mE^{-1} \cdot V_t$

将 X_1 和 X_3 代入：

$V_t = X_2 = p \cdot (s \cdot C_t + X_3) + k = p \cdot (s \cdot Ct + mE^{-1} \cdot Vt) + k$

整理以后得：

$$V_t = s \cdot p \cdot C_t + p \cdot m \cdot V_{t-1} + k \qquad (1-1)$$

如果将方程写成便于估计的形式，

$$V_t = \beta_0 + \beta_1 C_t + \beta_2 V_{t-1} \qquad (1-2)$$

这样就有：$\beta_0 = k$，$\beta_1 = s.p$，$\beta_2 = p.m$，可以通过统计分析估计出来，也就分析出了 k、(s.p)、(p.m)。

由于在实际复杂系统中 C_t 输入对结果 V_t 的转化关系 s 很难通过公式推导出它们之间的函数公式，实践中也多数通过统计分析的方法进行估计，于是我们就会面临无法分离出单个的 s 和 p 的值困难。为了解决这个困难，我们借鉴武义青和贾雨文（2003）两位教授在研究多变量函数的势效系数的计算中提出的方法，考虑函数：

$y = a_0 + a_1 r_1 X_1 + a_2 r_2 X_2 + \cdots + a_n r_n X_n$

对于第 j 个变量的势效系数 r_j 推导出分离公式：

$$r_j = [(y - a_0)/x_j]/[(\bar{y} - a_0)/\bar{x}_j] \qquad (1-3)$$

我们可以采用这种方法分离出模型（1-1）中的势 p，即：

$$P = [(V_t - k)/C_t]/[(\overline{V_t} - k)/\overline{C_t}] \qquad (1-4)$$

这样我们就计算出势 p，然后通过估计出的 β_1 和 β_2，计算出形转化关系 s 和节 m，即：

$$s = \beta_1 / p \tag{1-5}$$

$$m = \beta_2 / p \tag{1-6}$$

至此，势系统中需要分析的变量就全部估计出来了，我们简称这种分析方法为“势系统分析方法”。通过势系统分析方法就可以把势系统理论应用到实证研究中了。武义青和贾雨文（2003，2016）曾经提出“势分析”的概念，他们把“利用引入势效系数对社会经济系统的运行—功能势态进行的分析研究”称为“势分析”。但是，遗憾的是他们的研究尚未加入系统的反馈（即：节），而本书的势系统方法通过系统分析的思路既分析出了势，也考虑了节的问题，形、势、节通过系统分析的方法联系到了一起，也为后续在实证研究中分析“势险节短”奠定了理论和方法基础。

（三）势系统的稳定性与均衡值

对于便于估计的模型（1-2），如果估计出的参数 β_2 的值在 -1 到 0 之间，这个模型会表现出随着时间趋于一致的振动过程，说明所表示的势系统是一个稳定的系统；如果 β_2 的值小于 -1，那么模型会表现出不稳定的震动，说明模型所表示的势系统不是一个稳定的系统。

对于模型（1-2）的均衡值的分析，由于到达均衡状态时，均衡值 $V^* = V_{t+1} = V_t$，代入模型（1-2）中，得到均衡值：

$$V^* = (\beta_0 + \beta_1 C_t) / (1 - \beta_2) \tag{1-7}$$

通过公式（1-7）也可以看出，如果输入 c_t 是随着时间变动的，那么这个均衡值也是动态变化的。势系统的稳定性与均衡值，对于我们判断和分析势系统的可持续性和最优化问题，具有重要的指导价值，将在后续的实证研究中进一步地应用和分析。

第二章 古代兵法思想对动态财务能力研究的启示

一、研究意义

当今企业面临着越来越复杂的动态变化环境，企业之间的竞争加剧，企业需要不断创新并提高自身的核心竞争力；科技的快速进步带来了一系列的机遇和挑战，企业需要不断升级技术以适应市场需求；宏观经济环境的不稳定使得企业面临着风险和不确定性。而动态能力是企业应对快速变化的复杂环境的重要助力，作为动态能力的子能力——动态财务能力在实现灵活决策、提高资金的利用效率、优化资本结构、提高危机应对能力、支持企业战略转换等方面起着举足轻重的作用。动态财务能力可以帮助企业快速获取经营数据、分析财务状况、制定有效决策，从而更好地适应环境变化；可以帮助企业合理配置资金，提高运作效率，降低资金成本，进而提高企业盈利能力；可以帮助企业了解自身的财务状况，优化资本结构，并通过适当的融资方式降低企业的财务风险；可以提高企业在危机时期的应对能力和抗风险能力。研究动态财务能力可以帮助企业预测和应对风险，防范财务风险的发生；引导财务管理者针对变化的环境不断调整管理策略，并推动财务管理的不断创新；可以帮助企业不断改进经营方式、提高利润水平等，提高其市场竞争力。因此，研究动态财务能力不仅可以帮助企业应对复杂的变化的环境，还可以为企业提高其自身的财务水平和发展潜力提供重要参考，具有重要的理论意义和实践价值。

中国古代兵法蕴含了丰富的历史经验和智慧，将其应用于动态财务能力研究中，有助于深入挖掘财务管理的本质和规律，从而更好地应对市场环境的变化。中国古代兵法强调对环境变化的应变和适应，这与现代企业需要不断适应市场环境的要求非常相似，因此将古代兵法思想应用于动态财务能力研究中，可以帮助企业更好地应对市场风险和变化，增强企业的稳定性和竞争力。利用中国古代兵法思想对动态财务能力进行研究，通过借鉴古代兵法思想和思维模式，有助于开拓新的思路和解决问题的方式，推动财务管理思想的创新。古代兵法强调战略思考和战争规划，将其应用于动态财务能力研究中，可以帮助企业制定相应的财务战略，规避风险，提高经营效率和盈利能力。中国古代兵法是中华文化的重要组成部分，利用其思想和智慧进行动态财务能力研究，不仅有助于促进财务管理理论的繁荣和发展，而且有助于传承和弘扬中华文化，发掘现代财务管理理论和现代实证研究方法中的中华文化基因。因此，利用中国古代兵法思想对动态财务能力进行研究，不仅可以供企业战略管理和财务管理借鉴历史经验，而且可以实现管理思想的创新，从而也促进了中华文化的价值传承。

二、动态能力

根据现有的研究，动态能力不仅没有统一的内涵，还有一定的分歧和争议。现有研究主要有两种视角。

一种基于能力视角。例如，Teece 等（1997）定义动态能力为企业整合、构建、重构内部和外部，以应对快速变化的环境的能力。Winter（2003）将动态能力定义为用来拓展、修改、创造低阶能力（常规能力）的高阶能力。Helfat、Finkelstein 和 Mitchell 等（2007）的研究强调企业是主动的、有目的的，将动态能力定义为组织有目的地创造、扩张或调整其资源基的潜能。

另一种基于过程视角，将动态能力视为一种惯例、过程、模式。例如，Eisenhard 和 Martin（2000）认为动态能力是企业利用资源的过程，是一个具体的、可辨认的战略或组织过程，如产品研发、战略决策、并购等。动态能力是整合、重构、获取、释放资源的过程，目的是匹配甚至创造市场变化；动态能力是企业获取新的资源配置的组织或战略惯例。Zollo 和 Winter（2002）认为动态能力是一种经学习后稳定的组织模式，组织可以利用这种模式系统地形成或修改自身的运营惯例，从而达到更高的效率。

动态能力的主要作用是改变企业内部的资源基和常规能力配置，以使企业在运营过程中应对复杂多变的外部环境。动态能力反映了企业在全球专业化和共同专业化体系中协调活动和资源的能力，目标是创造超额收益。相比于低动态能力的企业，高动态能力的企业具备更多的优势。动态能力可以帮助企业适应外部环境的变化，创造竞争优势，并提高市场占有率。

对于动态能力的测量，主要采用的方法有案例研究法、问卷测量法和仿真等其他方法。在动态能力的维度划分和测量方面，资源整合能力和资源重构能力这两个概念相对较为成熟，被国外学术界广泛接受。而适应能力、学习能力和创新能力等概念只在个别研究中提及，并且在理论和实证方面尚未得到学者们的普遍认同。至于机会感知能力等组织认知维度的概念，虽然引起了学者们的极大关注，但仍然处于概念提出和理论建立阶段，需要进行实证检验。

三、财务能力

企业财务能力是企业能力系统的一个有机组成部分，它是由各种与财务有关的能力所构成的一个企业能力子系统。企业财务能力是指企业根据其财务状况所具有的运用和管理资金的能力和风险承担能力。企业财务能力主要由财务管理能力、财务活动能力、财务关系能力和财务表现能力构成。企业财务能力是企业施加于财务可控资源的作用力，是企业所拥有的财务资源和所积累的财务学识的有机组合体。同时，一些财务能力的指标也是企业综合实力的反映和企业活力的价值体现。关于企业财务能力的计量问题，将在下一章进行详细的阐述。

四、动态财务能力及其相关文献综述

（一）什么是动态财务能力

根据目前的资料，正式提出动态财务能力概念的文献很少，也没有统一的说法，比较有代表性的有以下几种。

吴永林和陈少华（2010）、刘君（2018）在研究战略管理时，采用的动态财务能力是指“为实现企业各种战略要素的动态匹配，在企业战略的指导下获取配置各种财务资源，在动态机制的作用下通过组织的不断学习与创新等方式整合、构建、重构企业的财务能力的一种机制化了的流程惯例。它是动态能力在财务领域的表现，是财务能力与战略要素之间动态匹配的过程变量，主要由战略导向、财务能力现状、财务资源位势、动态机制和企业文化构成”。

吴树畅（2011）认为“使企业财务‘变柔’或‘权变’的能力则可称为动态财务能力，它是驱动企业财务管理能力改进、提升以适应不确定财务管理环境的能力，是企业权变财务管理的本源性能力，也是企业保持财务柔性的能力”。

蔡维灿（2012）认为“企业动态财务能力是指企业通过不断学习和创新等方式，对企业财务资源进行整合、构建或重构，使企业财务能力与不断变化的企业经济环境和财务战略取向相匹配的能力”。“从层次上看，应是由一种财务能力状态发展升级为另一种财务能力状态，是一种主动适应经济环境变化的能力，是实现财务能力与快速变化的财务战略要素相适应的能力。动态财务能力是动态能力在财务领域的表现，是动态能力的子能力。动态财务能力可划分为财务外部适应能力与财务内部调整能力。具有价值性、稀缺性、难于模仿性等特点”。

（二）关于动态财务能力的构成

吴永林和陈少华（2010）认为“动态财务能力主要由战略导向、财务能力现状、财务资源位势、动态机制和企业文化构成”。陈少华（2010）、吴永林（2014）进一步说明“企业的动态财务能力是在企业战略的指导下，财务资源位势和财务能力现状作为输入项，经过企业文化和动态机制的加工，最后输出动态财务能力。这一过程同时又是一个连续循环的过程”，如图 2－1 所示。

吴树畅（2011）借鉴 Teece 动态能力包括机会感知、机会把握和战略重构三个维度的观点，提出了一个两层次的动态财务能力的框架（见图 2－2）。他认为“动态财务能力的第一层次包括财务状态评判和财务机会创造与识别。动态财务能力的第二层次包括财务战略与财务政策调整，治理结构、组织结构与财权配置调整，财务资源整合等三个方面”。“动态财务能力第一层次能力是第二层次能力的基础，二者共同构成了动态财务能力框架”。

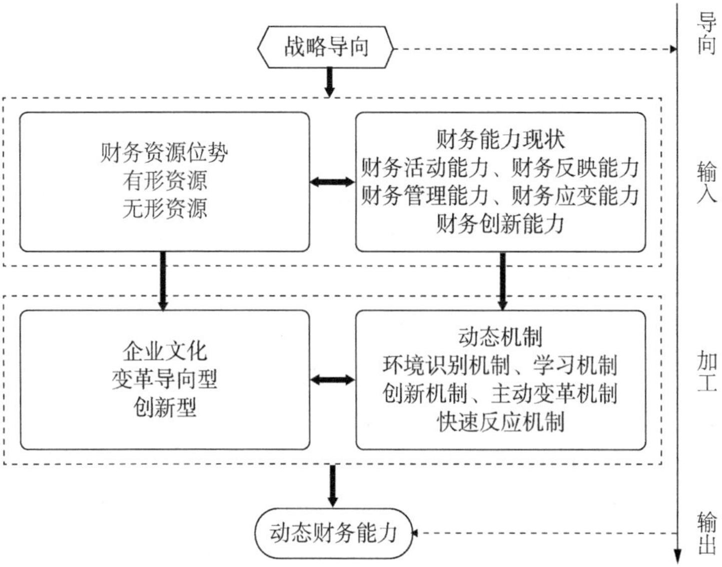

图 2－1 动态财务能力构成①

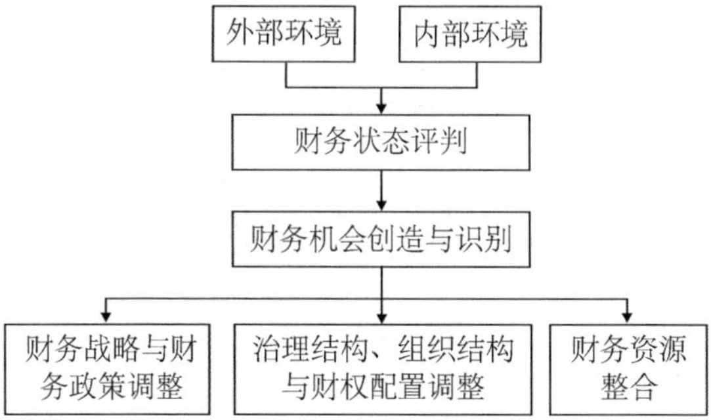

图 2－2 动态财务能力框架②

① 陈少华．基于动态财务能力的高技术企业战略转换研究［D］．北京：北方工业大学，2010：37.

② 吴树畅．环境不确定条件下企业动态财务能力的分析框架［J］．财务与金融，2011（02）：25－29.

蔡维灿（2012）认为动态财务能力包括财务环境洞察能力、财务协调整合能力、财务变革更新能力。他进一步指出“动态财务能力在财务创新→动态财务能力→企业可持续发展能力关系链中具有显著的中介作用”（见图2－3）。他认为企业动态财务能力的形成“是以企业财务战略目标为导向，以财务资源态势和财务能力现状为输入项，以财务文化类型和动态财务机制为加工项，最后输出动态财务能力。这一过程是连续循环的过程，每次循环应是由一种财务能力状态发展升级为另一种财务能力状态，是财务能力主动适应经济环境变化的过程”（见图2－4）。我们通过比较图2－1与图2－4，发现两图大致相同，只是蔡维灿（2012）将吴永林（2010）的构成中“财务资源位势”改为“财务资源态势”，“企业文化”改为“企业财务文化”，“动态机制”改为“动态财务机制”。蔡维灿（2012）认为这是动态财务能力的形成过程。

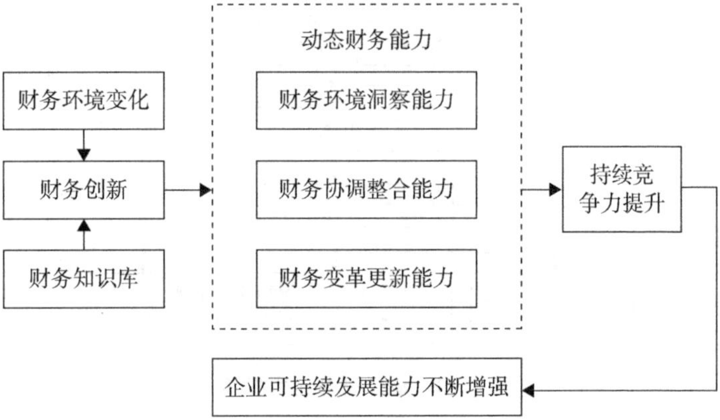

图2－3　财务创新、动态财务能力和可持续发展能力的关系①

① 蔡维灿．企业财务创新、动态财务能力和可持续发展能力的关系研究［J］．东南学术，2012（05）：106－115.

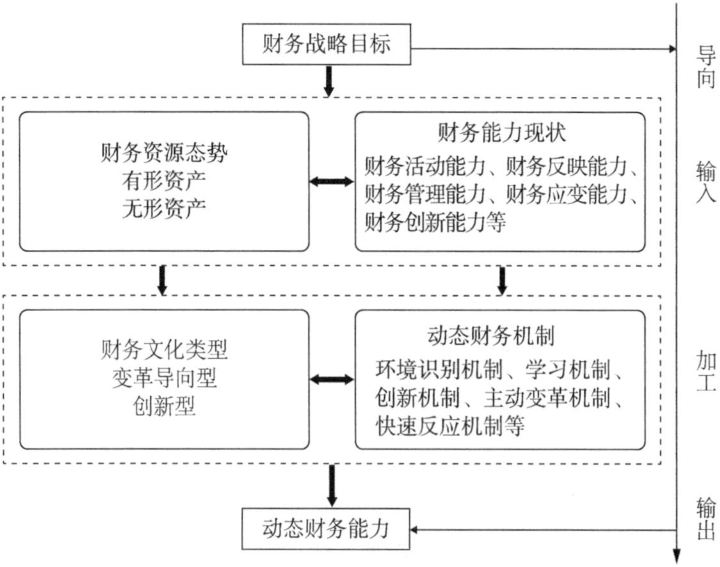

图 2-4　动态财务能力体系①

（三）关于动态财务能力的量化评价方法

目前关于动态财务能力量化评价的研究较少见，吕国利（2013）将动态财务能力称为财务动态能力，其定义与吴永林和陈少华（2010）一致，说明研究的是同一类问题。他根据构成要素构建了一个评价体系，主要包括：（1）财务战略指标三个；（2）财务资源位势指标三个；（3）财务能力状况指标三个；（4）企业文化及动态机制指标三个。由此构成了 12 个指标的层次分析体系（见图 2-5）。他进一步采用模糊层次分析法对案例企业进行实践分析和运用。

① 蔡维灿．企业财务创新、动态财务能力和可持续发展能力的关系研究［J］．东南学术，2012（05）：106-115.

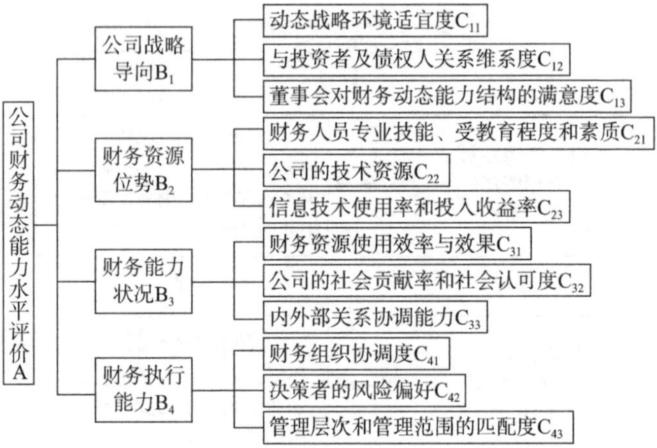

图 2-5 财务动态能力评价指标体系①

刘君（2018）在研究动态财务能力对高技术企业战略选择偏好的影响的过程中，对动态财务能力的衡量采用的是财务能力中盈利能力、偿债能力、营运能力、成长能力等四维度共 21 个财务指标来进行衡量，包括：净资产收益率、总资产报酬率、营业利润率、销售毛利率、销售净利率、资产负债率、流动比率、速动比率、现金比率、产权比率、应收账款周转率、总资产周转率、流动资产周转率、营运资本周转率、存货周转率、营业收入增长率、净利润增长率、营业收入增长率、基本每股收益增长率、现金净流量增长率、总资产增长率等指标。显然这些都是财务能力的指标，用其来衡量动态财务能力，显然针对性并不强。

（四）关于动态财务能力的作用机制

吴永林和陈少华（2010）认为在企业战略转换预警中，动态财务能力能够准确预测和洞察内外环境的变化对企业的绩效产生影

① 吕国利．公司财务动态能力评价研究［D］．哈尔滨：哈尔滨商业大学，2013：27.

响，从而采取相应的对策。

蔡维灿（2012）指出“财务创新是企业对自己的动态财务能力体系进行变换、创新、整合的途径，是企业竞争优势和可持续发展的源泉。企业现有的财务新知识存量和财务创新能力决定了企业当前发现市场和配置财务资源的动态财务能力，企业动态财务能力的更新和提升速度、作用发挥的程度则决定了企业未来的竞争能力和可持续发展能力。拥有独特并富有活力的动态财务能力的企业因不易被竞争对手仿效，从而能形成更为持久的竞争优势和可持续发展能力。企业当前获得的竞争优势来源于企业所拥有的核心竞争力表现为企业动态财务能力，而企业所拥有的这种动态财务能力是企业长期进行财务创新，并不断积累形成凝练和转化为财务资源。动态财务能力在财务创新→动态财务能力→企业可持续发展能力关系链中具有显著的中介作用”（见图 2 - 3）。

五、文献述评

（一）关于动态财务能力的定义

从以上研究者的研究看，学者们都借鉴了动态能力的理论与财务能力理论，又都从各自研究的目的出发提出了不同的概念和构成。从整体看，吴永林（2011）、蔡维灿（2012）的体系更系统和全面，并且从系统论的角度提出了动态财务能力的体系。从细节看，吴树畅（2011）更强调财务柔性和财务权变的能力。他认为，“财务柔性、权变财务共同的缺陷是无法克服资源专用性和能力刚性对柔性能力和权变能力的限制”。

不过近年来随着我国财务柔性研究的不断发展，我国学者对财务柔性的定义大致有两种观点（许诺，2016），一种观点是借鉴西方学者的研究结论，在定义财务柔性的过程中，从其自身的角度出发，着重强调财务柔性的价值和作用。我们将此观点称为狭义观点。例如，曾爱民（2011）、葛家澍和占美松（2008）等的研究对财务柔性的定义都与美国财务会计准则委员会（FASB）的定义相似。我国学者对于财务柔性定义的另一观点是将财务柔性上升到战略高度，从整个财务管理活动的角度出发，并不局限于财务柔性本身的属性，而是将企业财务管理行为看成是一个柔性的系统。我们可以暂时将这种定义方式称为广义的财务柔性。例如，肖忠意等（2020）将财务柔性理解为企业在动态经营环境中，一种自适应地调整财务资源，以维持持续性经营或投资活动所需的内外资源均衡，进而提升企业价值的能力。由此可见，我国学者广义的财务柔性的定义，与动态财务能力的概念相近。

考虑到本书的研究目的，本书认为采用动态财务能力的叫法，更能体现从动态能力的角度进行研究的特点。同时为了兼顾上述各种观点，作者化繁就简根据 Helfat 等（2007）关于动态能力的简洁定义“动态能力是企业有目的地创造、扩张或调整其资源基的潜能”，将动态财务能力定义如下：

动态财务能力是企业有目的地创造、扩张或调整其财务能力的潜能。企业动态财务能力是企业动态能力的子能力。当企业面临市场变化、竞争变化、经济周期变化等外部和内部环境变化时，动态财务能力可以帮助企业更好地应对挑战并取得更大的成功。

（二）关于动态财务能力的构成

现有研究关于动态财务能力的构成基本沿用动态能力构成的模式，如何体现出动态财务能力的特殊性，需要进一步的研究和实证研究的支持。

（三）关于量化方法

目前关于财务动态能力的定量研究较少，即便是动态能力方面的定量研究大多也是采用调查研究的方法。现有的一些研究混淆了动态财务能力与财务能力的关系，采用财务能力的指标去衡量。另一些研究虽然从动态能力的角度进行了一些有意义的工作，构建了指标体系，但是仍旧受动态能力抽象性的限制，大多是进行案例研究及理论分析，无法进行大量企业的经验性研究。由此可见，进行动态能力和财务能力相结合的动态财务能力的实证研究面临困境。

（四）关于作用机制

对于动态财务能力的作用机制，蔡维灿（2012）认为是中介作用，“动态财务能力在财务创新→动态财务能力→企业可持续发展能力关系链中具有显著的中介作用”。不过对于动态能力的研究来说，大多数研究的结论认为是调节作用。比如，辛蔚等（2018）通过大量动态能力研究文献的综述研究认为，“动态能力分别在创新开发度与创新绩效以及创新匹配与竞争优势之间起到正向调节作用”。作为动态能力的子能力，动态财务能力的作用机制如何，有待于相关实证研究的支撑。

总之，通过文献研究发现，动态财务能力的研究无论从定义、构成还是从量化和作用上的研究，深度和广度差、整合性不足，动态财务能力无法观测和难以量化必然制约实证研究成果的出现，影响了动态财务能力的深入系统的实证研究的发展。本书尝试在动态财务能力研究中另辟蹊径，从古代兵法思想和现代系统分析方法以及计量分析方法中去寻找解决方案，以期在丰富动态财务能力研究的同时，为中华文化与现代研究方法相结合进行有益的探索。

六、势系统分析对动态财务能力分析的启示

通过兵法思想的分析，我们提炼出势系统分析的方法，在势系

统中，“形”是资源基，“势”和“节”构成系统的动态能力，共同为“先为不可胜，以待敌之可胜”的系统目标服务，而“势险节短”就是势系统动态能力的评价标准。

（一）势系统的目标与财务目标

正如前文所述兵法势系统的目标是“先为不可胜，以待敌之可胜”，即：不断优化自己，使自己立于不败之地，以等待时机战胜对手。那么相应的借鉴兵法思想对于财务系统的目标应如何确立呢？传统公司财务目标有利润最大化、每股收益最大化、股东财富最大化、利益相关者利益最大化、企业价值最大化等几种观点。由于前几种观点固有的缺陷，目前主流财务理论采用的是企业价值最大化的观点。借鉴兵法势系统动态思想，企业财务系统的目标，首先要保证企业生存下来才有价值，然后使企业不断发展，使企业长期价值最大化。因此，企业长期价值最大化是财务系统的目标。而要实现这个目标，财务资源与能力要充足、协调和可持续是实现企业长期价值最大化的具体条件。

（二）动态财务能力的分析方法

根据前面我们对兵法势系统的分析我们可以看出，势系统与财务系统是类似的系统，我们称之为财务势系统。如图 2－6 所示财务势系统中，对于一个企业来说，财务“形”就是企业的财务能力，“势”就是一个企业在特定时点和在特定的影响环境下“创造、扩张财务能力的潜能”的具体表现，“节”就是一个企业在特定时点和在特定的影响环境下“调整财务能力的潜能”的具体表现。根据前面对动态财务能力的定义“企业有目的地创造、扩张或调整其财务能力的潜能”，如果采用大量的面板数据，考虑不同企业个体、不同时间、不同环境变量的影响，那么财务“势”就可以用来衡量创造、扩张财务能力的潜能，财务“节”就可以用来衡量调整财务能力的潜能，这样财务“势”和“节”就共同构成了动态财务能力。我们就可以利用势系统分析的方法来估计和分析动态财务能力了。具体的分析和应用，将分布在后续章节进行详细的阐述。

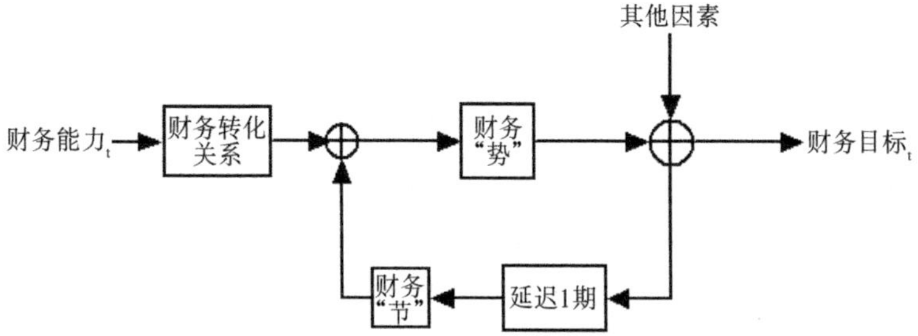

图 2－6　财务势系统模型

（三）对财务能力综合评价的启示

前文在分析兵法的实证分析思想时指出，《孙子兵法》在“形篇”分析敌我双方军力对比中，提出“五法”的量化分析原则，“一曰度，二曰量，三曰数，四曰称，五曰胜”；并进一步提出了“五生”的分析步骤，“地生度，度生量，量生数，数生称，称生胜”。作为财务系统的“形”——财务能力，也可以采用五生之法进行分析评价。第一，根据研究对象确定分析范围和指标（即：度）；第二，将具体的计量指标进行计量和综合（即：量）；第三，进行无量纲化的处理，将之综合抽象成综合指标（即：数）；第四，这些综合指标是可以直接进行比较的，利用这些综合指标进行不同公司之间的对比（即：称）；第五，通过比较就可以分析出自己企业在财务能力方面是否胜出。我们发现这些步骤与现代的综合评价方法的选择评价对象、设计指标、调查指标数据、无量纲化处理、设计权重、计算综合指标、分析比较得出评价结论等步骤基本相同。由此就可以对财务能力进行量化分析，从而为进一步的动态财务能力的分析提供数据基础。

七、本书研究思路与框架

本书尝试从以下八个方面进行研究：

第一，通过对中国古代兵法的实证分析思想和动态系统思想进行梳理，通过对兵法中的势系统进行代数分析将其模型化；第二，根据势系统分析模型，结合动态财务能力的现有研究成果，探讨兵法中的势系统对动态财务能力分析的启示；第三，为了给量化动态财务能力提供数据基础，在比较了多种财务能力评价方法的基础上，对财务能力进行量化；第四，利用兵法思想的启示和财务能力的量化数据，对动态财务能力进行量化，为后续的实证研究提供数据基础；第五，前述研究的基础上，对动态财务能力对战略转换的支撑作用及其作用机制，如对融资约束的缓冲作用等进行实证研究；第六，企业是否存在目标动态财务能力？动态财务能力的调整速度如何？不确定性环境会对调整速度的产生影响吗？本书对这些问题进行实证检验；第七，一些学者认为中国古代兵法是主动性决策，那么企业的动态财务能力决策是否具有主动决策效应？本书对此进行实证检验；第八，通过构建基于多智能体和系统动力学的仿真和实验研究模型，以市场和企业系统作为宏观环境以财务能力和动态财务能力的互相转换为微观主体，从宏观和微观相结合的视角对动态财务能力规划进行实验研究。最后，通过总结全书的研究结论，提出改进企业动态财务管理的建议，并梳理了本书的研究局限，提出了进一步研究的展望。本书力求将兵法思想、财务理论、实证研究方法、仿真模拟和优化分析等相结合，统一到动态财务能力研究这一研究主题之中，以期为动态财务能力的研究和实践提供有益的探索。

第三章

动态财务能力之形——财务能力

企业财务能力是企业能力系统的一个有机组成部分，它是由各种与财务有关的能力所构成的一个企业能力子系统。财务能力是企业在财务领域所具备的能力和素质的总和，它反映了企业财务状况的健康程度和未来发展的潜力，对企业的价值有着至关重要的影响。财务能力对企业的价值主要表现在稳定经营、高效运营、抗风险能力和可持续发展等方面。企业借助财务能力的提升，可以提高自身价值和市场竞争力，实现长期稳定的发展。

一、企业财务能力的评估

在我国，经典的财务能力主要指企业在财务方面所具备的稳定现金流、盈利水平、偿债能力以及成长性等多方面的能力。这一概念在我国的财务管理和会计实践中广泛应用，并形成了一套完整的财务指标体系。在我国的会计和财务研究领域，财务能力的好坏通常可以用一系列的评价指标来进行评估。具体来说，财务能力包括盈利能力、偿债能力、营运能力和发展能力等。盈利能力是指企业获取利润的能力，它是衡量公司经营效益的重要指标之一。在评估盈利能力时，通常可以用总资产报酬率、净资产收益率、销售净利率等指标来反映。偿债能力是指企业偿还债务的能力，包括长期偿债能力和短期偿债能力两个方面。短期偿债能力通常可以用流动比率、速动比率和现金比率这几个指标来反映；而长期偿债能力则可以用资产负债率、产权比率和已获利息倍数等指标来评估。营运能力是指企业经营效果的好坏，其强弱主要取决于资金周转的速度。在评估营运能力时，通常可以用总资产周转率、流动资产周转率、存货周转率和应收账款周转率等指标来进行评估。发展能力指的是企业在未来生产经营活动的发展趋势和发展潜力。评价指标主要包括销售增长率、营业利润增长率、资本保值增值率和总资产增长率等。通过对盈利能力、偿债能力、营运能力和发展能力等方面进行全面评估，可以更加准确地评价一个企业的财务能力，从而为企业的长期稳健发展提供有力支持。在评估企业的财务能力时，应该采用多维度、多指标、多时间段的方法，全面衡量企业在不同方面的表现和趋势，从而更好地把握企业财务能力的真实情况和发展动态。总之，无论在国内还是在国外，财务能力均被认为是企业在财务方面所具备的多方面能力的综合体现。衡量财务能力时，需选择合适的指标和方法，全面考虑企业内部外部因素，才能为企业制定更加科学、合理的财务决策提供支持。

二、财务能力评价指标选取的原则

财务能力评价首先要考虑如何选择财务能力的评价指标，在选取综合评价指标时，财务能力评价指标选取原则是一个相对共识的问题，但在具体应用中，需要根据研究目的和评价对象的不同，选择相应的指标。

1. 科学性原则

在进行财务能力评价时，财务指标的选取应该遵循科学性原则，即基于科学的理论知识来设计评价指标体系。这个过程需要在满足科学性的前提下进行，以确保评价指标的客观、准确和可靠性。此外，指标体系的建立必须依托相关理论知识的支持，以避免主观性和片面性的干扰。在进行指标选取时，需要考虑所研究主体的内部要素和本质关系，寻找反映系统整体和内部关系的相关数量特征指标，以确保能够全面准确地反映企业的财务状况。同时，在指标体系的建立过程中，还需要注意区分和排除一些可能存在的干扰因素和噪声数据，以保证评价结果的准确性和可信度。

2. 系统性原则

财务指标选取的系统性原则是指在进行财务指标评价时，需要考虑财务指标之间的相互关系和组合效应。在设计评价指标体系时，由于各个指标之间存在相互联系的关系，因而问题的研究必须放置于一个系统性框架中才能具有研究价值。除了要考虑每一个影响因素的重要性外，还需要对每一个因素的各个方面进行系统性研究，以便充分掌握企业的财务能力状况。因此，评价指标体系的设计应遵循系统性原则，即充分考虑各个因素之间的相互影响和关联，确保综合评价指标的全面性和准确性。

3. 重要性原则

与企业财务管理能力相关的指标很多，实际操作中不可能把每一个指标都计算出来比较，指标选取时应遵循重要性原则，要优先考虑最重要的几个因素，利用这几个因素设计指标体系。

4. 代表性原则

代表性原则是指选择那些能够全面、准确反映企业财务能力状况的指标，并且这些指标应当在行业内得到广泛应用，其数值能代表企业所处行业的一般水平，可以进行跨企业比较。这样才能确保评价结果具有可比性和参考性，在企业间进行横向比较时更具有意义。采用代表性原则的好处是能够确保财务指标选取的客观性和准确性，可以为企业提供更为全面和可靠的财务能力评价结果，以便企业做出更加科学和合理的经营决策。在评价实践中，需要将代表性原则与重要性原则相结合，以确定最终的评价指标体系。

5. 可比性原则

在进行财务能力评价时，选取具有可比性的财务指标是十分重要的。选取可比性指标是为了确保评价结果具有客观可信性、可操作性和可比性，便于对企业的财务能力做出准确的评估。一般可以考虑以下几个方面：（1）行业可比性，企业财务数据只有在相同行业范畴内才能进行比较。因此，在选择财务指标时需要特别注意针对所评价的企业所处的行业，选择适合的财务指标，以便进行跨企业比较。（2）时间可比性，选取的财务指标应该具备时间可比性，即同一企业在不同时间段内的财务信息可进行比较。这样可以更好地了解企业的财务能力发展趋势，使评价结果更加准确。（3）空间可比性，当涉及跨国公司或者不同地区的企业时，需要选择具有空间可比性的财务指标。这些指标通常包括汇率、通胀率、税收政策等，以便进行跨国或区域比较。（4）规模可比性，企业的规模，即资产规模、营业收入规模等，也是影响财务指标选取的重要因素。因此，在选择财务指标时需要考虑企业规模大小的不同，以便进行跨企业比较。（5）数据来源可比性，在选取财务指标时，需要选择数据来源可比性比较强的指标。这些指标通常来自企业自身和公共财务数据，如年报、财务公告等。这样可以保证财务信息的准确性，增强评价结果的可信度。总体来说，选取具有可比性的财务指标是保证评估结果客观、准确的关键所在。

6. 可行性原则

在进行财务能力评价时，选取可行的财务指标可以确保评价结果具有实际操作性和实用性，以支持企业合理决策。可行性原则一般考虑以下几个方面：（1）数据可获得性，必须确保所选择的指标数据是实际可获得的，并且具有主管部门或者其他权威机构认可的数据来源。（2）财务资源可承受性，财务指标的选取应当考虑到企业的财务资源，包括人力、物力和财力等方面的成本和费用。

如果选取的财务指标需要大量的财务资源投入，那么就不太现实和不可行。(3) 信息化可支持性，随着信息化的发展，财务管理也越来越依赖于信息技术的支持。在选择财务指标时，需要考虑企业的信息化水平，以确保选取的指标可以被现有的财务信息系统所支持，易于采集、处理和分析。(4) 人员素质可支持性，财务指标的选取应当考虑到企业现有人员的素质和能力，以确保所选择的财务指标不需要过多技术性的人员参与，或者是企业现有人员可以轻松掌握并操作的。(5) 目标可衡量性，即要能够对许多功能进行评估，例如，资产的流动性、盈利能力、偿债能力、成长能力等重要指标。

三、财务能力指标的选取

根据上述原则和财务理论，结合研究对象的实际需要，最终选择八个指标作为分析财务能力的指标（见表 3-1）。这些指标可分为盈利能力、偿债能力、营运能力和发展能力四类。这些指标各自代表了企业在不同方面的财务能力水平。

表 3-1　财务能力指标

指标分类	指标名称	指标性质	指标计算方法
盈利能力	总资产报酬率	正向	（利润总额 + 财务费用）/平均资产总额 平均资产总额 = （资产合计期末余额 + 资产合计期初余额）/2
	净资产收益率	正向	净利润/股东权益平均余额 股东权益平均余额 = （股东权益期末余额 + 股东权益期初余额）/2
偿债能力	资产负债率	逆向	负债合计/资产总计
	利息保障倍数	正向	（净利润 + 所得税费用 + 财务费用）/财务费用

续表

指标分类	指标名称	指标性质	指标计算方法
营运能力	总资产周转率	正向	营业收入/平均资产总额 平均资产总额 = （资产合计期末余额 + 资产合计期初余额）/2
	应收账款周转率	正向	营业收入/应收账款平均占用额 应收账款平均占用额 = （应收账款期末余额 + 应收账款期初余额）/2
发展能力	营业收入增长率	正向	（营业收入本年本期金额 - 营业收入上年同期金额）/营业收入上年同期金额
	资本保值增值率	正向	（所有者权益合计）本期期末值/（所有者权益合计）本期期初值

首先，盈利能力指标反映了企业在经营活动中创造利润的能力，是企业持续经营的基础，是衡量企业长期生存能力的核心指标之一。如果企业没有良好的盈利能力，那么就极难维持和扩大其业务规模，更难长期生存。总资产报酬率和净资产收益率（ROE）是评估企业盈利能力的两个关键指标。总资产报酬率我们采用国务院国资委企业绩效评价标准值中的计算公式，反映了企业总资产的盈利能力和使用效率。ROE 能够反映企业的资本运用效率和股东权益获得的收益率。ROE 是净利润除以股东权益的比率，它描述了企业股东权益所获得的回报水平。如果 ROE 高，则说明企业能够利用股东的投资增加公司的收益和价值，同时也能够提高公司的股东权益获得的收益率，表明企业具有良好的盈利能力。因此，采用总资产报酬率和净资产收益率来衡量企业的盈利能力是因为这两个指标可以很好地反映企业在资产和股东权益方面的盈利水平和收益率。

其次，偿债能力指标反映了企业偿还债务的能力，是企业保持持续稳定经营的重要指标。如果企业的偿债能力较低，则企业可能会面临资金链断裂、信用风险等问题，限制其资金来源并可能导致企业的倒闭。资产负债率和利息保障倍数是常用的企业偿债能力指标。资产负债率代表了企业负债总额在总资产中所占比例，反映了企业负债风险的大小；而利息保障倍数则是企业息税前利润与债务支付利息之间的关系，反映了企业偿债能力的强弱。

需要说明的是资产负债率指标，根据资本结构理论的研究成果，保持何种水平的资产负债率最有利于企业，一直是一个有争议的论题，例如，权衡理论认为，资产负债率有个适宜的范围，而市场择机理论则认为资产负债率是企业根据市场机会选择的结果。在财务实践中，资产负债率越高说明企业偿债能力越差，一般都将其当作逆向指标来处理。例如，国务院国资委财务监督与考核评价局制定的历年《企业绩效评价标准值》和中联研究院等编著的历年《中国上市公司业绩评价报告》也都是将资产负债率指标当作逆向指标处理的，因此本书也将资产负债率指标当作逆向指标进行处理。

再次，营运能力指标反映了企业在日常经营中使用资产的效率和能力水平，它与企业的成本控制、库存管理、客户满意度等相关。如果企业的运营能力较差，那么就会浪费大量资源、减缓资金周转速度，导致企业效益下滑。总资产周转率和应收账款周转率是常用的企业营运能力指标。总资产周转率反映了企业利用其所拥有的全部资产来创造收益的能力，而应收账款周转率则衡量了企业收回应收账款的速度。总资产周转率和应收账款周转率高，意味着企业能够快速将生产的产品或提供的服务转化为现金流，并加速资金周转，增强企业的经营能力和市场竞争能力。

最后，发展能力指标反映了企业在未来发展方向和规模上的可持续性。企业的良好发展能力可以确保其未来的投资回报，并扩大市场份额并增强品牌价值。如果企业的发展能力较弱，那么就会错失市场机会，限制其收益增长，进而影响其发展前景。营业收入增长率反映了企业在一定时间内营业收入的增长情况。营业收入增长率高的企业往往具有广阔的市场前景、良好的经营策略和创新能力，能够更好地适应市场变化，增加销售收入。资本保值增值率反映了企业的投资项目是否能够为股东带来稳健的投资回报，同时也体现了企业资金运作的效益。采用营业收入增长率和资本保值增值率作为评价企业发展能力的指标，可以从多个角度去评价企业的经营能力和潜力，相互印证企业是否有可持续的发展优势。

综上所述，这四个方面的财务能力指标相互关联，共同反映了企业的财务能力水平，因此需要对这些财务指标进行综合评价，才能比较客观地反映企业的财务能力。

四、常用的综合评价方法

常用的综合评价方法有德尔菲法、层次分析法、熵值法、因子分析法、CRITIC 法等方法。

德尔菲法又称为专家法，最早由赫尔姆和达尔克提出。该方法根据研究的程序，采用匿名方式对多名专家进行咨询，专家之间不能互相讨论，只与调查人员进行沟通。通过多轮次调查和记录不同专家对权重设置的看法，最后通过归纳综合成数据，作为权重设置的依据。该方法应用范围广泛，可以利用专家的知识、智慧等，对无法量化、模糊的信息进行赋权，不足之处是受专家知识、经验等主观因素的影响。

层次分析法（Analytic Hierarchy Process，简称 AHP）是对一些较为复杂、较为模糊的问题做决策的简易方法，是将与决策有关的元素分解成目标、准则、方案等层次，在此基础之上进行定性和定量分析的决策方法。该方法是美国运筹学家匹茨堡大学教授 T. L. Saaty 于 20 世纪 70 年代初，在为美国国防部研究“根据各个工业部门对国家福利的贡献大小而进行电力分配”课题时，应用网络系统理论和多目标综合评价方法，提出的一种层次权重决策分析方法。基本思路是把一个复杂问题中的各个指标分解为若干个层次。每一层次中的元素具有大致相似的地位，并且每一层与上一层和下一层有着一定的联系，层次之间按隶属关系建立起一个有序的层次模型。在层次模型中，按照对一定客观事实的判断，一般主要采用专家意见法，对每层的重要性进行定量描述，通过两两判断每个层次中元素的相对重要性，建立判断矩阵计算每个层次各指标的相对重要性权重；最后通过在层次结构内不同层次相对重要性权数的组合，得到全部指标相对于目标的重要权数。层次分析法的局限性，主要在于它在很大程度上依赖于人们的经验，主观因素的影响很大，它只能排除思维过程中的严重非一致性，却无法排除决策者个人可能存在的严重片面性。此外，此方法比较、判断过程较为粗糙。AHP 至多只能算是一种半定量（或定性与定量结合）的方法。

熵值法是一种常用的客观赋权方法。熵原本是一热力学概念，它最先由申农（C. E. Shannon）引入信息论，现已在工程技术、社会经济等领域得到十分广泛的应用。根据信息论基本原理，信息是系统有序程度的一个度量，而熵是系统无序程度的一个度量；二者绝对值相等，但符号相反。若现设有 m 个评价指标，n 项待评单位，则形成原始指标数据矩阵 $X = (x_{ij})_{m\times n}$，对于某项指标 x_i，指标值 x_{ij} 的差距越大，则该指标在综合评价中所起的作用越大；如果某项指标的指标值全部相等，则该指标在综合评价中不起作用。从信息熵 $H(x) = -\sum_{i=1}^{m} p(x_i)\ln p(x_i)$ 再结合其基本原理，可以看出如果某个指标的信息熵 H(x) 越小，就表明其指标值的变异程度越大，提供的信息量越多，在综合评价中所起的作用越大，则其权重也应越大。反之，某指标的信息熵 H(x) 越大，就表明其指标值的变异程度越小，提供的信息量越少，在综合评价中所起的作用越小，则其权重也应越小。所以在具体分析过程中，可根据各个指标值的变异程度，利用熵来计算出各指标权重，再对所有指标进行加权，从而得出较为客观的综合评价结果。熵值法评价模型指标的权重由样本数据决定，避免了传统评价中“主观赋权”的缺陷；同时，由于不同时期样本数据不同，得出的评价指标权重也不同，但这并不影响在同一样本或时期范畴内企业业绩评价的可比性，从而克服了传统评价中“权重不变”的问题。熵值法计算方法简单，容易掌握，只需一般的计算工具即可完成。熵值法也存在一定的缺陷，具体表现在：该体系的评分结果只能用于在评价总体内排序；熵值法不具备消除变量相关性对评价结果的影响的功能。

因子分析法源于 Spearman 提出的“普遍智力因素理论”（简称 g 理论），他认为学生在数学、语文、音乐等学科上成绩的差异实际上是由于潜在的、共通的智能因素引起的。随后，Thurstone 等将这一理论推广，将单一的潜在因子推广为多个潜在的公共因子，构成定量化模型，并采用“因子分析”这一名称。人们在进行数据分析处理时，涉及的样本往往包含多个测量指标，较多的指标会使分析问题变得复杂，因此，这些指标彼此之间常常存在着一定程度的，有时甚至是相当高的相关性，这就使观测数据中的信息在一定程度上有所重叠。因子分析法通过降维技术把多个指标约化为少数几个综合指标，约化后的几个综合指标能够反映原始指标的绝大部分信息，它们通常表示为原始指标的某种线性组合。因子分析法具有以下优点：(1) 因子分析法通过对原始变量的标准化处理和数学变换，消除了指标间的相互影响及指标分布不同、数据本身差异造成的不可比性，从源头保证了评价的质量。(2) 应用因子分析法既可避免信息量的重复，又克服了权重确定的主观性。因子分析法进行综合评价所用权数属信息量权数，与根据评判者对指标自身重要程度的估计而确定的估价权数不同，它依据指标所含区分样本的信息量多少来确定指标的重要程度，是在数学变换过程中生成的，并随着样本集合的变化而变化。这种信息量权数有助于客观地反映样本间的现实关系，提高综合评价的效度。（3）因子分析法能将构成评价指标体系的众多原始指标所载信息浓缩并转存到因子中，并可根据实际问题所要求的精度，通过对主因子数目的控制，调控转存信息量的大小。（4）因子分析法进行综合评价，可以估计出评价结果的准确程度和误差大小，通过对主因子内涵的确定，可以找出影响各单位经济效益的主要方面及提高经济效益的对策取向。（5）因子分析法的评价标准是随机变动的，具有不可继承性。其评价标准完全基于评价对象的总体发展布局、样本容量大小及指标分布状况。因子分析法在具有上述优点的同时，也存在一定的缺陷，具体表现在：该方法的评分结果只能用于在评价总体内排序；在小样本容量中应用会导致评价结论的不稳定；计算方法比较复杂，必须借助相关软件。

CRITIC 方法由 D. Diakoulaki 等人在 1995 年提出，他们认为对于多重标准问题之间的权重设置是一个关键问题，他们提出了一种基于对比强度和评价指标间的冲突性的客观赋权方法——CRITIC 方法。他们认为该方法适合处理高度相关的指标，比如财务指标等。他们以工业公司为样本，将该方法与标准差比重赋权、平均权重、主成分分析方法进行了比较，认为该方法获得了与主成分分析法相似的评价效果，优于标准差比重赋权、平均权重等方法。CRITIC 方法确定权重以对比强度和冲突性为基础概念来展开。对比强度，表示的是同一个指标在各个评价方案之间获得的数值的差别，用指标的标准差来表示，标准差越大说明各方案之间的数值差距越大。冲突性是指评价指标间的冲突性，以指标之间的相关性来表示，如果两个指标间具有较强的正相关性，就说明这两个指标的冲突性较低。该方法既考虑了评价指标间的冲突性也考虑了不同企业间的对比强度，从而体现了在指标间和样本间的差异的统合，因此国内一些学者在处理多维目标评价的实践中也采用了 CRITIC 方法，例如，杨轶（2009）、宋绍清等（2014）等的研究。

通过上面对各种方法的介绍，可以看到这些方法各有所长也各有不足，财务系统在企业系统中是一个高度综合和复杂的系统，在财务能力的综合评价中，究竟采用哪种方法比较合适，有待我们进一步在应用中进行鉴别分析。

五、研究样本的选择和数据来源

本书根据研究目标选择2007—2020年主板市场纯A股上市公司为样本，选择主板市场上纯A股上市公司作为研究样本，是因为这些公司具有较高的信息披露质量和透明度，可以提供比较可靠的财务数据，且具有较好的代表性，可以反映出整个市场的财务状况。数据期间的选择主要原因是2007年前后企业会计准则发生了比较大的变化，为了保持财务数据的可比性和一致性，选择2007年作为数据的起点。考虑到金融企业和一般企业的财务特点存在较大差异，金融公司的经营模式、财务结构和风险特征与一般企业不同，因此在进行研究时，需要将其剔除。由于ST公司的财务状况较为特殊，容易引起样本偏倚，因此本研究剔除了ST企业样本，以提高研究结果的可靠性。考虑到后续研究的一致性、相关性和稳定性，也剔除了相关指标缺失或异常的企业，我们得到458家企业连续14年的相关数据进行财务能力以及后续的动态财务能力的实证研究和分析。表3-2是样本企业的行业分布，此行业分类依照证监会《上市公司行业分类指引》（2012年修订）进行分类。从表中可以看出，样本企业数量合计为458家。C（制造业）的样本企业数量最多，样本数量为243家，样本数量所占比例为53.06%。D（电力、热力、燃气及水生产和供应业）、F（批发和零售业）、K（房地产业）的样本企业数量占比较大，分别为58

家、35 家、30 家。总体来看，样本企业分布较为广泛。

表 3-2　　样本企业行业分布

行业大类	数量（家）	百分比（%）	累积百分比（%）
A	9	1.97	1.97
B	16	3.49	5.46
C	243	53.06	58.52
D	58	12.66	71.18
E	11	2.40	73.58
F	35	7.64	81.22
G	25	5.46	86.68
H	2	0.44	87.12
I	9	1.97	89.08
K	30	6.55	95.63
L	3	0.66	96.29
N	7	1.53	97.82
R	3	0.66	98.47
S	7	1.53	100.00
合计	458	100.00	

相关数据主要来源于 CSMAR 中国经济金融研究数据库（原国泰安数据库）（http://cn.gtadata.com），CSMAR 中国经济金融研究数据库是国内知名的专业性金融数据与研究服务提供商。具有数据覆盖面广，数据更新快速的特点，能有效满足本书研究的需要。

六、指标数据的同向化和标准化

（一）指标的同向化处理

同向化处理是一种统计方法，用于将不同性质的财务指标转化为相同方向的指标，从而使它们可以进行有效的比较和分析。在评价指标中，有的指标为正向指标，这些指标数值越大表明企业财务能力越高，如总资产利润率、存货周转率等；有的为逆向指标，这些指标的数值越小说明企业的财务能力越好；还有一些为适宜性指标，这些指标过大或过小都说明企业财务能力不好，如资产负债率、流动比率等。为了使各指标具有可比性，需要对逆向指标和适宜性指标进行同向化处理。逆向指标的处理方法为取此项指标的倒数；适宜性指标的同向化处理方法一般是取此项指标的数值与此项指标的平均值之差的绝对值的倒数。

（二）无量纲化处理

在财务分析中，财务指标的比较和分析常常需要消除单位和量级上的差异，以便进行准确的评估和比较。财务指标的无量纲化处理可以有效地解决这一问题。无量纲化处理是指将财务指标转换为没有单位的相对数值，这种处理方法可以消除不同财务指标之间的差异，以便进行比较和分析。无量纲化处理的主要目的是消除财务指标之间的单位和量级差异。财务指标往往具有不同的单位和量级，这使得它们难以进行比较和分析。通过无量纲化处理，可以将财务指标转换为相对数值，使得它们在单位和量级上具有相同的属性，从而使得比较更为准确和客观。

常用的无量纲化处理方法包括：最小—最大规范化处理、标准化处理、离差标准化处理、自然对数处理等。其中，最小—最大规范化是将原始数据转化为0到1之间的相对数值，而标准化处理则是将原始数据转化为具有均值为0、标准差为1的相对数值。离差标准化则是将原始数据转化为以最大值和最小值之差为分母的相对数值，而自然对数处理则是用自然对数对原始数据进行处理，可以消除极端值对结果的影响。

最小—最大规范法是一种常用的数据标准化方法，也被称为极差标准化法或范围标准化法。其主要思想是将原始数据的取值范围转化为0到1之间的相对数值，以方便不同数据进行比较和分析。最小—最大规范法适用于以下两种情况：数据取值范围已知，数据分布均匀的情况。根据本书研究目标的特点和研究样本数据已经剔除含有极端值的指标，因此对财务能力指标进行最小-最大规范法处理。具体计算方法为：

对于每个数据点，使用以下公式将其转化为0到1之间的相对数值：

相对数值 = （当前值 - 最小值）/（最大值 - 最小值）

七、财务能力的层次分析法综合评价

（一）层次分析法模型的基本原理

运用层次分析法，大体上可按下面四个步骤进行：

第一步，建立递阶层次结构模型；

第二步，构造出各层次中的所有判断矩阵；

第三步，层次单排序及一致性检验；

第四步，层次总排序及一致性检验。

下面分别说明这四个步骤的实现过程。

1. 递阶层次结构的建立与特点

应用 AHP 分析决策问题时，首先要把问题条理化、层次化，构造出一个有层次的结构模型。在这个模型下，复杂问题被分解为元素的组成部分。这些元素又按其属性及关系形成若干层次。上一层次的元素作为准则对下一层次有关元素起支配作用。这些层次可以分为三类：

（1）最高层：这一层次中只有一个元素，一般它是分析问题的预定目标或理想结果，因此也称为目标层。

（2）中间层：这一层次包含了为实现目标所涉及的中间环节，它可以由若干个层次组成，包括所需考虑的准则、子准则，因此也称为准则层。

（3）最底层：这一层次包括了为实现目标可供选择的各种措施、决策方案等，因此也称为措施层或方案层。

递阶层次结构中的层次数与问题的复杂程度及需要分析的详尽程度有关，一般层次数不受限制。每一层次中各元素所支配的元素一般不要超过 9 个。这是因为支配的元素过多会给两两比较判断带来困难。

2. 构造判断矩阵

层次结构反映了因素之间的关系，但准则层中的各准则在目标衡量中所占的比重并不一定相同，在决策者的心目中，它们各占有一定的比例。在确定影响某因素的诸因子在该因素中所占的比重时，遇到的主要困难是这些比重常常不易定量化。此外，当影响某因素的因子较多时，直接考虑各因子对该因素有多大程度的影响时，常常会因考虑不周全、顾此失彼而使决策者提出与他实际认为的重要性程度不相一致的数据，甚至有可能提出一组隐含矛盾的数据。

如何比较 n 个因子 $X = \{x_1, \cdots, x_n\}$ 对某因素 Z 的影响大小呢？Saaty 等人建议可以采取对因子进行两两比较建立成对比较矩阵的办法。即每次取两个因子 x_i 和 x_j，以 a_{ij} 表示 x_i 和 x_j 对 Z 的影响大小之比，全部比较结果用矩阵 $A=(a_{ij})_{n\times n}$ 表示，称 A 为 Z－X 之间的成对比较判断矩阵（简称判断矩阵）。容易看出，若 x_i 与 x_j 对 Z 的影响之比为 a_{ij}，则 x_j 与 x_i 对 Z 的影响之比应为 $a_{ji}=\frac{1}{a_{ij}}$。

如何确定 a_{ij} 的值，Saaty 等建议引用数字 1－9 及其倒数作为标度。表 3－3 列出了 1－9 标度的含义。

表 3－3　各级标度的含义

标度	含义
1	表示两个因素相比，具有相同重要性
3	表示两个因素相比，前者比后者稍重要
5	表示两个因素相比，前者比后者明显重要
7	表示两个因素相比，前者比后者强烈重要
9	表示两个因素相比，前者比后者极端重要
2，4，6，8	表示上述相邻判断的中间值
倒数	若因素 i 与因素 j 的重要性之比为 a_{ij}，那么因素 j 与因素 i 重要性之比为 $a_{ji}=\frac{1}{a_{ij}}$

最后，应该注意要做 $\frac{n(n-1)}{2}$ 次两两判断，进行 $\frac{n(n-1)}{2}$ 次比较可以提供更多的信息，通过各种不同角度的反复比较，从而导出一个合理的排序。

3. 层次单排序及一致性检验

判断矩阵 A 对应于最大特征值 λ_{max} 的特征向量 W，经归一化后即为同一层次相应因素对于上一层次某因素相对重要性的排序权值，这一过程称为层次单排序。

上述构造成对比较判断矩阵的办法能减少其他因素的干扰，较客观地反映出一对因子影响力的差别。如果比较结果是前后完全一致的，则矩阵 A 的元素还应当满足：

$$a_{ij}a_{jk} = a_{ik}, \quad i、j、k = 1, 2, \cdots, n$$

但在综合全部比较结果时，其中难免包含一定程度的非一致性。因此，需要检验构造出来的（正互反）判断矩阵 A 是否严重的非一致，以便确定是否接受 A。

对判断矩阵的一致性检验的步骤如下：

（1）计算一致性指标 CI：

$$CI = \frac{\lambda_{max} - n}{n - 1}$$

（2）查找相应的平均随机一致性指标 RI。对 n = 1，…，9，Saaty 给出了 RI 的值，如表 3 – 4 所示。

表 3 – 4　　　　平均随机一致性指标 RI

n	1	2	3	4	5	6	7	8	9
RI	0	0	0.58	0.90	1.12	1.24	1.32	1.41	1.45

RI 的值是这样得到的，用随机方法构造 500 个样本矩阵：随机地从 1 – 9 及其倒数中抽取数字构造正互反矩阵，求得最大特征根的平均值 λ'_{max}，并定义如下 RI 公式：

$$RI = \frac{\lambda'_{max} - n}{n - 1}$$

（3）计算一致性比例 CR：

$$CR = \frac{CI}{RI}$$

根据公式计算出 CR 后，当 CR < 0.10 时，认为判断矩阵的一致性是可以接受的，否则应对判断矩阵做适当修正。

4. 层次总排序及一致性检验

通过上面的步骤得到的是一组元素对其上一层中某元素的权重向量。我们最终要得到各元素（指标），特别是低层中各指标对于目标的排序权重，从而进行综合评价。总排序权重要自上而下地将单准则下的权重进行合成。

设上一层次（A 层）包含 A_1，…，A_m 共 m 个因素，它们的层次总排序权重分别为 a_1，…，a_m。又设其后的下一层次（B 层）包含 n 个因素 B_1，…，B_n，它们关于 A_j 的层次单排序权重分别为 b_{1j}，…，b_{nj}（当 B_i 与 A_j 无关联时，$b_{ij}=0$）。现求 B 层中各因素关于总目标的权重，即求 B 层各因素的层次总排序权重 b_1，…，b_n，计算按表 3-5 所示方式进行，即 $b_i=\sum_{j=1}^{m}b_{ij}a_j$，$i=1$，…，n。

表 3-5　　层次总排序的计算方法

层 A / 层 B	A_1 a_1	A_2 a_2	… …	A_m a_m	B 层总排序权值
B_1	b_{11}	b_{12}	…	b_{1m}	$\sum_{j=1}^{m}b_{1j}a_j$
B_2	b_{21}	b_{22}	…	b_{2m}	$\sum_{j=1}^{m}b_{2j}a_j$
⋮	…	…	…	…	⋮
B_n	b_{n1}	b_{n2}	…	b_{nm}	$\sum_{j=1}^{m}b_{nj}a_j$

对层次总排序也需作一致性检验，检验仍像层次总排序那样由高层到低层逐层进行。这是因为虽然各层次均已经过层次单排序的一致性检验，各成对比较判断矩阵都已具有较为满意的一致性。但

当综合考察时，各层次的非一致性仍有可能积累起来，引起最终分析结果较严重的非一致性。

设 B 层中与 A_j 相关的因素的成对比较判断矩阵在单排序中经一致性检验，求得单排序一致性指标为 CI（j），（j=1，…，m），相应的平均随机一致性指标为 RI（j）［CI（j）、RI（j）已在层次单排序时求得］，则 B 层总排序随机一致性比例为：

$$CR = \frac{\sum_{j=1}^{m} CI(j)a_j}{\sum_{j=1}^{m} RI(j)a_j}$$

当 CR<0.10 时，认为层次总排序结果具有较满意的一致性并接受该分析结果。

5. 计算评价结果

根据各指标的实际值，再结合各指标的权重，采用适当的方法计算评价结果。例如，采用线性模型的方法，即某企业评价结果等于各评价指标实际值与其权重乘积的总和，将各企业的评价结果进行排序，评价结果较大的企业财务能力相对较高。

（二）实现过程

针对样本企业的利用层次分析法进行财务能力评价时，由于需要评价的企业样本数量很多，因此，我们需要利用层次分析法分析出财务能力指标的权重，然后将无量纲化和标准化后的财务能力指标通过加权的方式加总到一起后即可求出每个样本企业的评价结果。具体分析的步骤如下：

1. 建立评价体系结构

根据财务能力评价体系，构建了评价体系结构（见图 3－6）。由于方案层研究的样本企业数量众多远远超过 9 个，方案层就无法采用两两比较的方法，而是通过利用准则层的权重加权综合来分析。

表 3-6　　财务能力的层次评价体系

目标层	准则层	方案层
财务能力	总资产报酬率	1 2 3 . . . n
	净资产收益率	
	资产负债率	
	利息保障倍数	
	总资产周转率	
	应收账款周转率	
	营业收入增长率	
	资本保值增值率	

2. 建立判断矩阵（S）并计算各级要素的相对重要性（Wi）

为了对准则层要素进行两两比较来确定矩阵的元素。我们咨询了30位财务领域的专家，包括财务学教授、高级会计师、注册会计师、企业财务总监等理论界和实务界的专家，综合专家们的建议，生成判断矩阵（见表3-7）。进行层次单排序，得到各财务能力指标：总资产报酬率、净资产收益率、资产负债率、利息保障倍数、总资产周转率、应收账款周转率、营业收入增长率和资本保值增值率的权重分别为15.8%、20.1%、12.2%、9.3%、10.1%、11.0%、12.2%和9.3%（见表3-8）。

表 3-7　　判断矩阵

指标	总资产报酬率	净资产收益率	资产负债率	利息保障倍数	总资产周转率	应收账款周转率	营业收入增长率	资本保值增值率
总资产报酬率	1	1	1	2	2	1	1	2
净资产收益率	1	1	2	2	2	2	2	2
资产负债率	1	1/2	1	1	1	1	1	2

续表

指标	总资产报酬率	净资产收益率	资产负债率	利息保障倍数	总资产周转率	应收账款周转率	营业收入增长率	资本保值增值率
利息保障倍数	1/2	1/2	1	1	1	1	1/2	1
总资产周转率	1/2	1/2	1	1	1	1	1	1
应收账款周转率	1	1/2	1	1	1	1	1	1
营业收入增长率	1	1/2	1	2	1	1	1	1
资本保值增值率	1/2	1/2	1/2	1	1	1	1	1
合计	6.50	5.00	8.50	11.00	10.00	9.00	8.50	11.00

表 3-8　　　　层次单排序

指标	总资产报酬率	净资产收益率	资产负债率	利息保障倍数	总资产周转率	应收账款周转率	营业收入增长率	资本保值增值率	得分均值
总资产报酬率	0.15	0.20	0.12	0.18	0.20	0.11	0.12	0.18	15.8%
净资产收益率	0.15	0.20	0.24	0.18	0.20	0.22	0.24	0.18	20.1%
资产负债率	0.15	0.10	0.12	0.09	0.10	0.11	0.12	0.18	12.2%
利息保障倍数	0.08	0.10	0.12	0.09	0.10	0.11	0.06	0.09	9.3%
总资产周转率	0.08	0.10	0.12	0.09	0.10	0.11	0.12	0.09	10.1%
应收账款周转率	0.15	0.10	0.12	0.09	0.10	0.11	0.12	0.09	11.0%
营业收入增长率	0.15	0.10	0.12	0.18	0.10	0.11	0.12	0.09	12.2%

续表

指标	总资产报酬率	净资产收益率	资产负债率	利息保障倍数	总资产周转率	应收账款周转率	营业收入增长率	资本保值增值率	得分均值
资本保值增值率	0.08	0.10	0.06	0.09	0.10	0.11	0.12	0.09	9.3%
合计	1.00	1.00	1.00	1.00	1.00	1.00	1.00	1.00	1.00

3. 检验判断矩阵的一致性

若 CR <0.1 则认为矩阵的一致性是可以接受的，计算得 λ_{max} = 8.15，

$$CI = \frac{\lambda_{max} - n}{n - 1} = 0.02$$

$$RI = 1.41$$

$$CR = \frac{CI}{RI} = 0.02 < 0.1$$，判断矩阵的一致性是可以接受的。

4. 进行财务能力评价

采用线性模型的方法，即将所有同向化的评价指标无量纲化后的值与其权重乘积的总和作为财务能力的评价结果，将各企业的评价结果进行排序，评价结果较大的企业财务能力相对较高（2020年样本企业的评价结果参见附录一）。

八、财务能力的熵值法综合评价

（一）熵值法综合评价的基本原理

1. 将评价指标的值同向化和标准化，第 j 项指标下第 i 企业同向化标准化后指标值用 x_{ij} 表示。

2. 计算第 j 项指标下第 i 企业指标值 x_{ij} 的比重 p_{ij}，n 表示企业

的数量。

$$p_{ij} = \frac{x_{ij}}{\sum_{i=1}^{n} x_{ij}}$$

3. 计算第 j 项指标的熵值 e_j

$$e_j = -k\sum_{i=1}^{n} p_{ij}\ln p_{ij} \quad (k = \frac{1}{\ln n}，\ln 为自然对数，e_j \in [0,1])$$

4. 计算第 j 项指标的差异性系数 g_j

$$g_j = 1 - e_j$$

当 g_j 越大，则第 j 项指标越重要。

5. 确定评价指标的权重，构建评价公式

将 $a_j = \frac{g_j}{\sum_{j=1}^{m} g_j}$ 定义为第 j 指标的权重，其中 m 为指标的个数。得到用财务指标表达的业绩综合评价线性模型：

$$v_i = a_1x_1 + a_2x_2 + \cdots + a_mx_m \quad (v_i 为第 i 家企业的综合评价值)$$

对于这个评价模型，企业的得分越高，说明其财务能力相对越高。

（二）实现过程

通过以上步骤，以 2020 年度的数据为样本进行计算得出各项指标的权重（见表 3-9）。

表 3-9　各项指标熵值法权重的计算结果

指标代码	指标名称	熵值 e_i	差异性系数 g_i	权重 α_i
X1	总资产报酬率	0.9990	0.0010	0.31%
X2	净资产收益率	0.9989	0.0011	0.35%
X3	资产负债率	0.9863	0.0137	4.44%
X4	利息保障倍数	0.9904	0.0096	3.11%
X5	总资产周转率	0.9445	0.0555	18.00%
X6	应收账款周转率	0.7857	0.2143	69.55%

续表

指标代码	指标名称	熵值 e_i	差异性系数 g_i	权重 α_i
X7	营业收入增长率	0.9906	0.0094	3.05%
X8	资本保值增值率	0.9964	0.0036	1.18%

将各指标同向化标准化的值和权重代入综合评价值的线性模型，

$v_i = a_1x_1 + a_2x_2 + \cdots + a_mx_m$

计算出2020年的评价结果（参见附录一）。

熵值法评价模型指标的权重由样本数据决定，避免了传统评价中"主观赋权"的缺陷；同时，由于不同时期样本数据不同，得出的评价指标权重也不同，但这并不影响在同一样本或时期范畴内评价的可比性，从而克服了传统评价中"权重不变"的问题。熵值法计算方法简单，容易掌握，只需一般的计算工具即可完成。熵值法评价模型在具有上述优点的同时，也存在一定的缺陷，例如，通过上表可以看出，用熵值法计算出的指标权重差别较大，尤其是营运能力指标占比太多，显然不太符合常理，不过这是由于样本企业的数据特性决定的，因此评价结果只能用于在评价总体内排序。

九、财务能力的因子分析法综合评价

（一）因子分析法综合评价的基本原理

1. 指标的同向化处理、标准化处理

2. 通过计算各指标之间的相关系数，得到相关系数矩阵R

3. 求解因子

假设相关系数矩阵R的k个特征值为$\lambda_1 \geqslant \lambda_2 \geqslant \cdots \lambda_k \geqslant 0$，$t_1$、$t_2 \cdots t_m$为相应的正交单位特征向量，那么第i个因子为：

$Z_i = t_i^T X \quad (i \in (0, k))$

假设 α_i 为因子 Z_i 的贡献率我们就可得到以下的利用因子表达的评价函数：

$$f(x) = \sum_{i=1}^{k} (\alpha_i Z_i)$$

一般的因子分析根据因子贡献率的大小取舍因子，然后按上述公式进行评价。对于这个评价模型，企业的得分越高，说明其财务能力相对越高。

（二）评价过程

以下的评价过程这是以2020年的数据为样本计算的。

1. 先行检验

在进行因子分析之前，必须先进行Det、KMO与球形Bartlett检验，才能确定是否可采用因子分析方法。先行检验结果显示（见表3－10），Det为0.127小于1，说明相关系数矩阵不是一个相关系数为0的矩阵。球形Bartlett检验卡方值为934.884，自由度为28，P值为0.000，在0.01水平上显著，说明相关系数矩阵不是一个单位矩阵，采用因子分析是合适的。采样充足度的KMO检验值为0.706，其值越接近1，表明对这些变量进行因子分析的效果越好，一般因子分析KMO的标准是0.90及以上优秀，0.80及以上良好，0.70及以上中等，0.60及以上一般，0.50及以上较差，低于0.50，是不可接受的。此处结果说明采用因子分析的结果是可以接受的。

表3－10　因子分析的先行检验结果

检验类型	检验结果
相关系数矩阵的条件	Det = 0.127
Bartlett 检验	Chi - square = 934.884 Degrees of freedom = 28 p - value = 0.000
KMO 检验	KMO = 0.706

2. 进行因子分析

采用主因子法得到结果表 3 - 11、表 3 - 12，结果显示，只需一个因子 Factor1 方差贡献率就已经达到 92.42%，说明降维效果很好，只需一个因子就达到了解释财务能力的目的。LR 检验卡方值为 936.95，p 值为 0.0000，结果说明独立模型与饱和模型之间的有显著的差异。说明因子分析法效果提取的因子效果显著。因子载荷系数结果显示了因子 1 承载大部分指标的信息，只是总资产周转率和应收账款周转率的载荷较小，说明这个因子对营运能力的解释力弱一些。由于只需提取一个因子就达到目的了，并且载荷系数区分度也比较明显，因此，也不需要进行因子旋转了。最后，将各企业的因子 1 保存下来作为因子分析评价财务能力的结果（参见附录一）。

表 3 - 11　　各因子的特征值、贡献率和累积贡献率

因子	特征值	差值	贡献率	累积贡献率
Factor1	2.286	1.819	0.924	0.924
Factor2	0.467	0.179	0.189	1.113
Factor3	0.288	0.249	0.117	1.229
Factor4	0.039	0.107	0.016	1.245
Factor5	-0.069	0.084	-0.028	1.217
Factor6	-0.153	0.014	-0.062	1.156
Factor7	-0.167	0.051	-0.068	1.088
Factor8	-0.218	.	-0.088	1.000

注：LR test：无因子模型对饱和模型：chi2 (28) = 936.95 Prob > chi2 = 0.0000。

表 3 - 12　　主要因子的载荷系数

指标	Factor1	Factor2	Factor3	Factor4
总资产报酬率	0.8576	-0.1031	0.0429	-0.0397
净资产收益率	0.8574	0.0542	-0.0978	-0.091

续表

指标	Factor1	Factor2	Factor3	Factor4
资产负债率	0.344	-0.3769	0.0549	0.0259
利息保障倍数	0.438	-0.2433	0.2386	0.0926
总资产周转率	0.1628	0.2811	0.2958	-0.0182
应收账款周转率	0.0528	0.1917	0.2831	-0.0462
营业收入增长率	0.3014	0.3027	-0.0073	0.1198
资本保值增值率	0.6202	0.2113	-0.2214	0.0514

注：采用的指标数据都是经过同向化和标准化的值。

十、财务能力的 CRITIC 评价法

（一）CRITIC 方法的原理

1. 首先要量化两个基础概念

一是对比强度，对比强度用指标标准差的形式来体现，标准差值的大小表现了同一个指标在不同公司取值差距的大小，标准差越大说明各公司之间该指标的取值差距越大。我们用 δ_j 来表示。

二是冲突性，冲突性的量化方法如下：

第 j 个指标与其他指标的冲突性为：

$$\sum_{k=1}^{m}(1-r_{jk})$$

其中：r_{jk}是评价第 j 个和第 k 个指标之间的相关系数。j = 1，2，3，…，m。

显然，如果两个指标的相关性较高，那么它们之间的冲突性就较低。

2. 计算评价指标包含的信息量，第 j 个评价指标所包含的信息

量 C_j 公式为：

$$C_j = \delta_j \sum_{k=1}^{m} (1 - r_{jk})$$

C_j 越大，第 j 个评价指标所包含的信息量越大，该指标的相对重要性也就越大。

3. 计算第 j 个指标的客观权重 W_j

$$W_j = \frac{C_j}{\sum_{j=1}^{m} C_j}$$

j = 1，2，3，…，m

4. 将同向化标准化的各指标值乘以相应的权重求和，即得到各个企业的财务能力的评价结果

（二）实现过程

下面以 2020 年度的数据为样本，采用 CRITIC 方法进行分析。分析时必须使用同向化标准化后的财务指标数据。

第一，计算各指标的对比强度。

第二，计算各指标的冲突性。

第三，计算出各指标包含的信息含量。

第四，计算出各个子指数的权重（见表 3 - 13）。

表 3 - 13　　　　CRITIC 方法的计算结果

指标	总资产报酬率	净资产收益率	资产负债率	利息保障倍数	总资产周转率	应收账款周转率	营业收入增长率	资本保值增值率
对比强度	0.0569	0.0792	0.1775	0.0796	0.0909	0.0834	0.0596	0.0650
冲突性	4.5586	4.6059	6.0711	5.5496	6.2616	6.6474	5.9368	5.2239
C_j	0.2592	0.3649	1.0776	0.4416	0.5695	0.5545	0.3541	0.3395
W_j	0.06544	0.09213	0.27207	0.11149	0.14378	0.13999	0.08939	0.08571

第五，计算出各企业的评价结果（具体结果参见附录一），评价值越高说明该企业的财务能力越强。

十一、不同综合评价方法的比较与选择

为了分析不同评价方法的效果，首先比较一下各个评价结果之间的 Pearson 积矩相关性和 Spearman 秩相关性，以检验它们在数值和等级上是否相关。通过 Pearson 和 Spearman 相关分析结果显示（见表 3 - 14、表 3 - 15），总体上四种方法之间无论是 Pearson 相关系数还是 Spearman 相关系数都存在显著的相关性，说明四种方法的结果都不同程度地反映了企业的财务能力状况。但不同方法之间的相关度差别也比较明显。层次分析法与 CRITIC 法的数值相关和秩相关度最高分别达到了 0.915 和 0.925，层次分析法与 CRITIC 法的数值相关和秩相关度也高达 0.891 和 0.804，层次分析法与熵值法的数值相关和秩相关系数虽然差一些仅到了 0.286 和 0.452，但是相关系数检验都在 0.01 水平上显著。这说明尽管本次层次分析法权重来源于专家咨询，但是也不失客观，与主要的客观赋权方法无论是数值上还是等级排序上都有很高的相关性。

此外，三种客观赋权的评价方法之间的数值相关和登记相关差别较大，因子分析法与 CRITIC 法的数值相关和秩相关系数较高分别为 0.664 和 0.583，但因子分析法与熵值法的数值相关和秩相关系数较低分别为 0.081 和 0.351；CRITIC 法与熵值法的数值相关和秩相关系数也不高分别为 0.262 和 0.340。这说明熵值法评价方法与 CRITIC 法和因子分析法的评价结果差别都较大，因子分析法与 CRITIC 法之间的差别相对较小。这可能与熵值法没有考虑财务指标之间的相关性有关，而实际上财务指标之间的相关度还是比较高的。

表 3-14　不同评价结果的 Pearson 相关分析

	(1)	(2)	(3)	(4)
(1) 层次分析法	1.000			
(2) 因子分析法	0.891*** (0.000)	1.000		
(3) CRITIC 法	0.915*** (0.000)	0.664*** (0.000)	1.000	
(4) 熵值法	0.286*** (0.000)	0.081* (0.084)	0.262*** (0.000)	1.000

注：*** $p<0.01$，** $p<0.05$，* $p<0.1$。

表 3-15　不同评价结果的 Spearman 相关分析

	(1)	(2)	(3)	(4)
(1) 层次分析法	1.000			
(2) 因子分析法	0.804*** (0.000)	1.000		
(3) CRITIC 法	0.925*** (0.000)	0.583*** (0.000)	1.000	
(4) 熵值法	0.452*** (0.000)	0.351*** (0.000)	0.340*** (0.000)	1.000

注：*** $p<0.01$，** $p<0.05$，* $p<0.1$。

由于不同的评价方法有各自的优缺点，如何选择这几种方法作为财务能力的评价方法呢？这四种方法中，因子分析法、CRITIC方法和熵值法完全是根据数据的特性来客观赋权的方法。层次分析法由于是依据咨询专家的结果作为依据的，含有主观因素，可以看作与客观赋权方法不同的评价方法。因此，我们先从客观赋权的三种方法中鉴别出一种相对较优的评价方法，然后再与层次分析法进行比较选优，以确定我们最终使用的评价方法。

由于客观赋权的评价方法的主要目的是对评价企业进行排序，因此判断两种模型的优劣，就是要判断两种模型对样本企业排序的合理性。我们可采用序号总和理论建立合理的排序依据，即：把各种不同的评价方法下的序号相加，得到序号总和，按序号总和排序的结果作为真正的排序结果。对于序号总和相同的情况，由于样本数量较多，采用众数理论来处理存在判断上的困难，本书采用的是各方法序号方差较小的优先的方法来对序号总和相同的样本排序。具体模型选优的步骤为：

分别用因子分析法、CRITIC 法和熵值法对样本进行评价和排序。

（1）计算因子分析法、CRITIC 法和熵值法排序的序号总和。

（2）计算各模型的排序结果和序号总和排序结果的等级相关系数。

（3）比较等级相关系数，数值较高的模型评价效果相对较好，选出较优的客观赋权方法。

（4）将选出的方法和层次分析法的评价结果，再次采用序号总和法的方法进行选优，选出最终使用的方法。

通过分析得到因子分析法排名、CRITIC 法排名和熵值法排名与这三种方法的序号总和排名的 Spearman 相关系数（见表 3－16），由于因子分析法的 Spearman 相关系数为 0.818 大于其他两种方法，说明因子分析法在评价样本企业财务能力时比 CRITIC 和熵值法效果相对较好。

表 3－16　客观赋权模型评价排名的 Spearman 相关分析

	（1）因子分析法排名	（2）CRITIC 法排名	（3）熵值法排名
序号总和排名	0.818*** (0.000)	0.814*** (0.000)	0.708*** (0.000)

注：*** $p<0.01$，** $p<0.05$，* $p<0.1$。

通过分析层次分析法排名和因子分析法排名与这两种方法的序号总和排名的 Spearman 相关系数（见表 3 - 17），层次分析法的 Spearman 相关系数为 0.949 稍大于因子分析法的 0.948，说明层次分析法在评价样本企业财务能力时比层次分析法效果相对较好。这说明本次研究中采用的层次分析法也含有客观赋权方法的效果，并且层次分析法的权重是咨询专家们根据指标之间的重要性得来的，因此此次研究采用的层次分析法，既考虑了指标的重要性原则，同时也兼具了客观赋权评价的效果，弥补了客观赋权方法只单纯依据数据特性而忽略指标的理论重要性进行赋权的缺陷。因此本书对财务能力的评价将采用层次分析法的方法，具体的评价结果与排名参见附录一。

表 3 - 17　层次分析法与因子分析评价排名的 Spearman 相关分析

	（1）层次分析法排名	（2）因子分析法排名
两种方法的序号总和排名	0.949***	0.948***
	(0.000)	(0.000)

注：*** $p<0.01$，** $p<0.05$，* $p<0.1$。

第四章

财务能力之势和节——动态财务能力

一、势与节的计算方法

根据第一章的公式（1－2），结合第二章图2－1财务势系统模型，为了计算出财务势和财务节，需要先估计出模型：

$$G_{it} = \beta_0 + \beta_1 fc_{it} + \beta_2 G_{t-1} + \cdots + \beta_j con_{it} + \varepsilon_i \quad (4-1)$$

其中，G_{it}是企业的财务目标；fc_{it}是财务能力；con_{it}是控制变量；$i=1\cdots n$，为企业编号；$j=1, 2, \cdots k$，为自变量个数；$t=2008-2020$，为年度。

然后，利用公式（4－2）计算出第i家企业的财务势kp，这种方法计算出的财务势是财务动势，后续各章中简称为动势。

$$kp_i = [(G_{it} - \beta_0)/fc_{it}]/[(\overline{G_t} - \beta_0)/\overline{fc_t}] \quad (4-2)$$

根据计算出的财务势，利用公式（4－3）计算出财务节ka，这种方法计算出的财务节是财务动节，后续各章中简称为动节。

$$ka_i = \beta_2/kp_i \quad (4-3)$$

二、财务势的分析过程

为了估计模型（4－1），需要确定所需因变量、自变量和控制变量。

（一）因变量

关于财务管理目标，现有观点包括利润最大化、每股收益最大化、企业价值最大化、相关者利益最大化等。其中，利润最大化目标是由传统经济学演变而来的观点，但在实践中已暴露了许多局限，例如，过分强调利润最大化，可能会忽略其他方面的利益，如员工福利、环境保护等，这会导致社会舆论的压力和企业形象的恶化；在某些情况下，追求利润最大化可能会影响企业长期的发展，如牺牲短期利益换取长期的市场占有率和品牌价值等。每股收益最大化则是衡量上市公司盈利能力的主要标准之一；企业价值最大化和相关者利益最大化则更强调长期发展和社会责任。在实际计量分析中，考虑到我国股市的有效性现状和指标计量方面的困难，作者采用 EVA 作为衡量企业财务目标的计量指标。

EVA（Economic Value Added）又称经济附加值，指一个企业的税后净利润减去对其所有债务和股份所承担的成本后的实际收益。这种做法是从股东、债权人和公司估值等多个方面来分析企业产生的价值，并融入了时间价值的因素。EVA 所反映的是企业真正的经济利润，而不是会计利润。EVA 通过考虑股权和债权资金的成本，更加全方位地反映了企业的真实经济收益。它还能促使企业管理层更加注重资本的利用效率，强化了企业的风险控制意识。因此，考虑到本书的研究目的，本书采用 EVA 来衡量企业的财务目标。EVA 为正时，意味着企业创造了超过资本成本的价值；EVA 为负时，意味着企业没有创造超过资本成本的价值。EVA 数值越大，说明企业的经营绩效越好，反之则说明经营状况较差。

本书采用国泰安 CSMAR 数据库的 EVA 数据，因数据库中 EVA1 计算口径是参照国资委《中央企业负责人经营业绩考核暂行办法》计算的，而本书研究对象不全部是央企，因此，本书采用的EVA2计算口径，其计算公式为：

EVA = 税后净营业利润 - （资本总额 × 加权平均资本成本）

税后净营业利润 = 营业利润 - 所得税费用 + 利息支出（非金融机构） + 资产减值损失 + 开发支出 + 递延所得税负债增加额 - 递延所得税资产增加额

资本总额 = 所有者权益合计 + 资产减值准备 - 在建工程减值准备 - 在建工程净额 + 递延所得税负债 - 递延所得税资产 + 短期借款 + 交易性金融负债 + 一年内到期非流动负债 + 长期借款 + 应付债券 + 长期应付款

加权平均资本成本 = 债券资本成本 ×（1 - 企业所得税税率）×（债务资本/总资本） + 股权资本成本 ×（股权资本/总资本）

股权资本成本 = 无风险利率 + 风险因子 × 市场风险溢价

其中，债务资本成本使用一年期银行贷款利率；无风险收益率使用银行一年期存款利率；风险因子使用沪深市场股票250交易日流通市值加权的BETA值；考虑到中国股票市场波动率过大的特点，计算时市场风险溢价使用4%。

（二）自变量

自变量是财务能力和上一期的财务目标，财务能力采用第三章中计算出的财务能力数据；上一期的财务目标采用上一期的EVA数据。

（三）控制变量

影响企业财务目标的因素有很多，涉及时间、环境、市场、企业个性等众多因素，因此，本书除了采用动态面板数据模型来削弱分析中宏观环境和个体差异的影响外，还在模型增加了如下控制变量，以增强研究的有效性。

1. 企业规模

一般情况下，企业规模越大，其经营业绩通常也相对较好。因为大型企业可以利用自身的规模和资源优势，实现生产流程的规范化和标准化，降低单位成本，提高生产效率；大型企业通常拥有更广泛的销售网络和更多的广告投入，能够创造更大的品牌知名度和美誉度，使品牌影响力更大；大型企业通常有更多的研发经费和科研设备，可以投入更多的研发力量，推出更多的新产品和技术，研发能力更强。企业规模一般采用总资产的自然对数来进行衡量。

2. 行业

行业因素对企业的业绩影响非常大。企业的行业竞争激烈程度和市场份额的分配，会直接影响企业的市场占有率、产品和服务的定价；行业的技术发展和创新能力会间接影响企业的成本和市场竞争力，不同行业的财务环境不同会影响企业筹资、投资、营运等各个方面，从而对财务目标的实现产生较大的影响。

3. 企业产权属性

上市公司的所有权属性会对财务目标的实现产生一定的影响，例如，国有制企业的所有权归国家所有，通常表现为强势的政策支持、获得资源优势、资本充足等特点。这种所有权形式通常具有较高的公信力和稳定性，但也可能存在效率低下和创新不足的问题，而民营制企业的所有权通常由私人或企业控制，这种所有权形式通常注重市场表现和效益，具有灵活性和高效性，但在面对政策、资金等问题时可能相对较为薄弱。所有权结构还可能涉及公司治理、股权激励、决策权等问题，都可能对企业经营业绩产生影响。本书采用是否为国企来衡量企业的产权属性。

4. 企业成熟度

成熟期的企业通常会有相对成熟、可靠的产品或服务，更容易满足顾客需求，提高顾客忠诚度；成熟期的企业生产效率更高和生产成本更低，从而提高企业盈利水平；成熟期的企业，品牌认知度高，管理层通常有更加专业化和规范化的管理团队，资金来源也比较丰富，这些都能够促进企业达成自身的企业目标。本书对企业成熟度采用上市时间的长短来进行衡量。具体变量定义见表 4－1。

表 4－1　　变量定义表

变量性质	变量名称	变量符号	变量计算方法
被解释变量	财务目标	eva	EVA（亿元）
解释变量	财务能力	fc	第三章计算出的财务能力
	上期的财务目标	leva	滞后一期的 EVA
控制变量	企业规模	size	资产总额的自然对数
	行业	industry	以行业大类生成的虚拟变量
	产权性质	property	国企为 1，非国企为 0
	企业成熟度	maturity	年度－上市年度
	年度	year	
	企业	stkcd	

（四）样本与数据来源

同第三章，以 2007—2020 年主板市场纯 A 股上市公司做样本，剔除了金融业企业和相关指标缺失或异常的企业，得到 458 家企业连续 14 年的相关数据。相关数据主要来源于 CSMAR 中国经济金融研究数据库（原国泰安数据库）（http：//cn. gtadata. com）。因为需要用到滞后一期的财务能力，因此实际参加回归分析的数据期间为 2008—2020 年。

（五）描述性统计

通过对样本数据 2008—2020 年度数据的描述性统计分析，数据显示（见表 4－2），EVA 的平均值为 1. 863，标准差为 15. 696，最小值为－81. 694，最大值为 460. 43。数据说明样本企业整体上都创造了企业价值，但是企业之间的波动较大，从最大值和最小值的数据上也可以反映出了这一点，说明企业个体之间有较大的差异和分散度。

表 4－2　　　　变量总体的描述性统计

Variable	样本量	平均值	标准差	最小值	最大值
eva	5954	1.863	15.696	－81.694	460.43
fc	5954	37.134	6.462	2.171	59.067
size	5954	22.822	1.275	18.828	28.257
property	5954	0.692	0.462	0	1
maturity	5954	15.693	5.07	1	30

财务能力 fc 的统计结果显示，财务能力的平均值为 37.134，标准差为 6.462，最小值为 2.171，最大值为 59.067。这说明样本公司的财务能力水平整体上都有一定的财务实力，能够支持各种经营活动和承担一定的风险。不同企业间的财务能力的波动并不太大，但存在着一定的差异。

企业规模的平均值为 22.822，标准差为 1.275，最小值为 18.828，最大值为 28.257。数据说明样本企业规模总体上差别并不太大，便于企业之间比较。产权属性的平均值为 0.692。这说明样本中有近七成的企业是国有企业。样本公司的成熟度的平均值为 15.693，标准差为 5.07，说明样本公司平均上市时间多数分布在 10—20 年之间。这表明样本公司已经拥有了一定的市场经验和历史积累，能够适应市场变化和应对各种挑战，这些变化和调整有助于我们对动态财务能力的认知和研究。

（六）回归结果分析

根据上述模型，在面板数据模型中，由于自变量中含有滞后因变量，是动态面板数据。对于动态面板数据，即使是组内估计量

(FE) 也不一致，称为“动态面板偏差”(Dynamic Panel Bias)。对于长面板，n 小而 T 大，故动态面板偏差较小，可通过校正偏差的方法得到一致估计，如 LSDV 法（最小二乘虚拟变量估计法）。针对 n 大而 T 小的短动态面板（Short Dynamic Panel），可采用差分 GMM、水平 GMM 方法和系统 GMM 方法。Blundell 和 Bond（1998）则将差分 GMM 与水平 GMM 结合在一起，将差分方程与水平方程作为一个方程系统进行 GMM 估计，称为“系统 GMM”（System GMM）。系统 GMM 的优点是可提高估计的效率（小样本性质更好），并可估计不随时间变化变量 z_i 的系数（系统 GMM 包含水平方程）。其缺点是，必须额外地假定因变量时间序列差分与 u_i 无关，而且需要一个足够长的时间序列，才能观察到二阶差分变量。本书的样本数据是短动态面板数据，采用系统 GMM 方法两步法进行分析，采用滞后两期的自变量作为工具变量，回归时使用稳健标准误进行回归，可以有效地处理异方差问题，提高估计的准确性。

在动态面板数据分析中，采用系统广义矩估计法（System GMM，简称 sysGMM）通常需要进行一阶和二阶差分来控制内生性和其他可能存在的问题。在这个过程中，需要进行 Arellano - Bond 检验来检测是否存在自相关性。Arellano - Bond 检验旨在检查面板数据模型中差分后误差项的序列是否存在相关性，如果不存在则该模型可被视为不带自相关性。检验的零假设是：差分后的误差项没有序列相关性。如果 p 值小于显著性水平，则可以拒绝零假设，认为存在序列相关性；如果 p 值大于显著性水平，则不能拒绝零假设，即认为误差项没有序列相关性。Arellano - Bond 检验的结果显示扰动项的差分存在一阶自相关（$z = -5.33$，p 值 $= 0.00 < 0.01$），但不存在二阶自相关（$z = -0.484$，p 值 $= 0.628 > 0.05$），故接受原假设“扰动项无自相关”，可以使用 sysGMM 方法。

由于分析采用了工具变量，在进行系统广义矩估计法（sysGMM）动态面板数据分析时，需要进行过度识别检验。Sargan 检验用于检验是否存在过度识别，导致模型出现了系统误设的情况。该检验的原假设是“所有工具变量均有效”，备择假设是存在遗漏变量。Sargan 检验的基本思路是比较数据的预测值和实际值之间的误差平方和，以此来判断模型是否具有系统误差或遗漏变量。这个检验一般需要先进行 sysGMM 估计，然后再根据估计得到的残差来进行检验。在检验时，需要计算统计量，并将其与临界值进行比较，从而判断是否拒绝原假设。Sargan 检验的结果显示，chi2（464） =410.322，p 值 =0.9651 >0.05，无法拒绝原假设，即认为“所有工具变量均有效”，因此可以认为 sysGMM 方法的使用是合理、有效的，并且所得到的估计结果是可靠的。

表4－3 为回归分析结果，结果显示，leva 的相关系数为 0.612，p =0.000 <0.05，说明 leva 对 eva 呈显著正相关关系，上期的财务目标对当期的财务目标产生了积极的影响，这可以理解为企业的持续性或惯性效应。fc 的相关系数为 0.153，p =0.000 <0.05，说明财务能力对财务目标起到了显著的正向效应，企业提高财务能力可以促进财务目标的实现。size 的相关系数为 4.449，p =0.000 <0.05，说明企业规模对财务目标有显著的正向影响。property 的相关系数为 3.539，说明国有企业与财务目标间存在正向关系，这意味着国有企业相对于非国有企业在财务目标等方面可能表现更好。maturity 的相关系数为 －0.284，说明越成熟的公司 Eva 反倒低了，说明样本企业可能进入衰退期的较多。回归模型的 Chi－square =833.561，且在 0.01 水平上显著，说明整个回归模型是有效的。

表 4－3　　回归分析结果

变量	系数	标准误	t 值	p 值	95% 置信区间		显著性
leva	0.612	0.113	5.44	0.000	0.392	0.833	***
fc	0.153	0.023	6.72	0.000	0.108	0.198	***

续表

变量	系数	标准误	t 值	p 值	95% 置信区间		显著性
size	4.449	1.271	3.50	0.000	1.958	6.941	***
property	3.539	2.357	1.50	0.133	-1.08	8.159	
maturity	-0.284	0.16	-1.78	0.075	-0.598	0.029	*
industry	控制						
Constant	-107.557	41.422	-2.60	0.009	-188.742	-26.372	***
Mean dependent var		1.863	SD dependent var			15.696	
Number of obs		5954	Chi-square			833.561***	

注：*** p<0.01，** p<0.05，* p<0.1。

（七）稳健性检验

为验证前文结果，采用替换被解释变量对构建模型进行稳健性检验，被解释变量采用可持续增长率 sgr 进行测度。Arellano-Bond 检验的结果显示扰动项的差分存在一阶自相关（z = -3.83，p 值 = 0.00<0.01），但不存在二阶自相关（z = -1.807，p 值 = 0.07>0.05），故接受原假设“扰动项无自相关”，可以使用 sysGMM 方法。Sargan 检验的结果显示 chi2（464） = 404.39，p 值 = 0.978>0.05，无法拒绝原假设，即认为“所有工具变量均有效”，因此可以认为 sysGMM 方法的使用是合理、有效的，并且所得到的估计结果是可靠的。

稳健性检验结果见表 4-4，由表 4-4 可知，leva、fc 的回归系数分别为 0.119、0.004，p 值均小于 0.01，说明上期财务目标、财务能力与财务目标均为显著正相关关系，与前文回归分析结果相同。对于控制变量而言，企业规模、企业成熟度与财务目标的关系同前文结果一致，产权性质与财务目标的关系发生了变化，回归系数为 -0.005，说明国有企业相对于非国有企业在可持续增长率方面可能表现较差。整体而言，leva 和 fc 的稳健性检验结论同前文基本一致，说明回归结果是稳健的。

表 4-4　　稳健性检验结果

变量	系数	标准误	t 值	p 值	95% 置信区间		显著性
leva	0.119	0.045	2.66	0.008	0.031	0.207	***
fc	0.004	0	8.89	0	0.003	0.005	***
size	0.048	0.01	5.01	0	0.029	0.067	***
property	-0.005	0.025	-0.20	0.841	-0.055	0.045	
maturity	-0.009	0.001	-8.28	0	-0.012	-0.007	***
industry	控制						
Constant	-1.109	0.31	-3.57	0	-1.717	-0.501	***
Mean dependent var		0.046	SD dependent var			0.124	
Number of obs		5954	Chi - square			238.728	

注：*** p<0.01，** p<0.05，* p<0.1。

三、势与节的情况分析

根据公式（4-2），结合回归分析结果和描述性统计结果，就可以计算出财务势和财务节（2020 年的各企业具体数据可参见附录 2）。

（一）财务势的情况分析

表 4-5 是 2008—2020 年 458 家上市企业的财务势的描述性统计。从表中结果可以看出，整体来看，2008—2020 年，样本企业财务势均值分布在 0.864—1.279 之间，多数企业动态财务能力在这段时间内相对稳定。财务势较小的一年是 2014 年，平均值为 0.864，较大的一年是 2010 年，平均值为 1.279。2013 年财务势的

标准差最大为0.644，最大值为14.385，最小值为0.63，说明该年财务势在企业间的差异性最强。2014年财务势的标准差最小为0.15，最大值为2.772，最小值为0.648，说明该年企业间财务势波动不大，但也存在着一定差异。

表4－5　　2008—2020年财务势的描述性统计

年度	样本量	平均值	标准差	最大值	最小值
2008	458	0.976	0.227	4.855	0.348
2009	458	0.983	0.219	3.612	0.639
2010	458	1.279	0.458	9.949	0.738
2011	458	1.26	0.409	8.029	0.636
2012	458	1.038	0.483	10.663	0.474
2013	458	0.953	0.644	14.385	0.63
2014	458	0.864	0.15	2.772	0.648
2015	458	0.99	0.185	2.420	0.266
2016	458	1.213	0.472	7.616	0.753
2017	458	1.089	0.225	3.801	0.719
2018	458	0.935	0.207	4.077	0.672
2019	458	0.936	0.245	3.993	0.567
2020	458	0.999	0.335	5.395	0.482

表4－6为各年度分行业财务势均值情况表。从表中结果可以看出，相较于其他行业，行业D、E（电力、热力、燃气及水生产和供应业、建筑业）的财务势均值较高，也较平稳，2008—2020年财务势均值一直维持在1左右，表明这两个行业中企业储备的动态财务能力相对较高。至2020年，行业K（房地产业）的财务势平均值较大为1.201，表明该行业动态财务能力水平较高；行业I（信息传输、软件和信息技术服务业）的财务势平均值较小，为0.872，表明该行业动态财务能力储备相对较低。整体而言，各行

业财务势均值没有剧烈波动，说明各行业财务势水平较为平稳。

表 4-6　　　　部分行业均值情况表

行业	年度												
	2008	2009	2010	2011	2012	2013	2014	2015	2016	2017	2018	2019	2020
A	0.947	0.953	1.259	1.863	0.973	0.901	0.849	0.974	1.919	1.039	0.91	0.947	0.952
B	0.829	0.847	1.112	1.139	0.861	0.865	0.822	1.063	1.549	1.091	0.922	0.93	0.945
C	0.984	0.997	1.28	1.229	1.068	0.969	0.851	0.973	1.175	1.061	0.922	0.925	0.976
D	1.012	1.023	1.371	1.334	1.069	1.011	0.97	1.045	1.255	1.156	0.966	0.95	1.059
E	1.046	1.035	1.394	1.378	1.096	1.018	0.909	1.054	1.266	1.139	0.965	0.98	1.042
F	0.941	0.925	1.229	1.206	0.974	0.889	0.831	0.998	1.117	1.052	0.9	0.91	0.976
G	0.924	0.917	1.237	1.202	0.959	0.885	0.825	0.954	1.159	1.068	0.905	0.901	0.972
H	0.844	0.897	1.15	1.213	1.096	1.005	0.975	0.992	1.209	1.12	0.924	0.892	1.027
I	0.991	1.022	1.244	1.175	0.974	0.907	0.812	0.95	1.08	1.056	0.87	0.906	0.872
K	0.955	0.977	1.296	1.268	1.011	0.957	0.908	1.039	1.253	1.284	1.127	1.082	1.201
L	0.971	0.916	1.142	1.12	0.908	0.843	0.795	0.936	1.135	1.056	0.906	0.897	0.976
N	0.975	0.995	1.198	1.167	0.928	0.878	0.852	1	1.301	1.137	0.824	0.909	0.952
R	0.992	1.02	1.285	1.259	0.83	0.79	0.714	0.771	0.979	1.01	0.901	0.911	0.994
S	0.964	0.935	1.262	1.421	1.006	0.89	0.84	0.971	1.159	1.052	0.866	0.871	0.965

（二）财务节的情况分析

表 4-7 是 2008—2020 年 458 家上市企业的财务节的描述性统计。由表可知，财务节平均值较小的一年是 2010 年，平均值为 0.497，较大的一年是 2014 年，平均值为 0.721。整体而言，各年度企业间财务节都存在着一定程度上的差异，说明不同企业对财务能力调整的潜能有一定的差异。2015 年财务节的标准差最大为 0.118，最大值为 2.302，最小值为 0.253，说明该年企业间的财务

节差异性最强。2017 年财务节的标准差最小为 0.075，最大值为 0.851，最小值为 0.161，说明该年企业间的财务节差异性较小。

表 4-7　　2008—2020 财务节的描述性统计

年度	样本量	平均值	标准差	最大值	最小值
2008	458	0.642	0.091	1.759	0.126
2009	458	0.639	0.088	0.958	0.169
2010	458	0.497	0.078	0.829	0.062
2011	458	0.503	0.076	0.962	0.076
2012	458	0.614	0.091	1.290	0.057
2013	458	0.672	0.082	0.971	0.043
2014	458	0.721	0.078	0.944	0.221
2015	458	0.635	0.118	2.302	0.253
2016	458	0.529	0.083	0.813	0.08
2017	458	0.576	0.075	0.851	0.161
2018	458	0.67	0.084	0.911	0.15
2019	458	0.674	0.09	1.080	0.153
2020	458	0.636	0.093	1.271	0.113

表 4-8 为各年度分行业财务节均值情况表。从表中可看出，2008 年，行业 B（采矿业）的财务节均值最大为 0.743，行业 E（建筑业）的均值最小为 0.588。至 2020 年，行业 I（信息传输、软件和信息技术服务业）的财务节均值最大为 0.71，行业 K（房地产业）的均值最小为 0.574。在 2008—2020 年，相较于其他行业，行业 B（采矿业）的财务节基本位于较高水平，说明该行业内企业普遍具备较强的调整财务能力的潜能，企业在面对市场竞争、经济变化或其他挑战时，能够较从容地进行财务能力调整以适应变化的环境。

表 4-8　　　　财务节分行业均值情况表

行业	年度												
	2008	2009	2010	2011	2012	2013	2014	2015	2016	2017	2018	2019	2020
A	0.652	0.643	0.492	0.464	0.637	0.688	0.724	0.632	0.475	0.596	0.68	0.654	0.645
B	0.743	0.732	0.559	0.543	0.72	0.709	0.749	0.598	0.487	0.581	0.669	0.664	0.678
C	0.638	0.634	0.501	0.507	0.608	0.676	0.727	0.647	0.537	0.587	0.675	0.681	0.649
D	0.636	0.613	0.459	0.471	0.583	0.627	0.665	0.607	0.503	0.545	0.65	0.663	0.601
E	0.588	0.595	0.443	0.447	0.562	0.606	0.674	0.585	0.488	0.544	0.641	0.63	0.591
F	0.654	0.669	0.509	0.525	0.635	0.692	0.742	0.633	0.555	0.589	0.69	0.683	0.636
G	0.669	0.676	0.504	0.514	0.643	0.695	0.745	0.644	0.532	0.581	0.683	0.686	0.635
H	0.729	0.686	0.55	0.509	0.559	0.609	0.628	0.617	0.527	0.551	0.665	0.689	0.607
I	0.628	0.633	0.506	0.527	0.631	0.683	0.757	0.655	0.571	0.584	0.706	0.689	0.71
K	0.645	0.634	0.478	0.49	0.618	0.653	0.695	0.608	0.515	0.512	0.599	0.621	0.574
L	0.639	0.673	0.543	0.554	0.68	0.726	0.773	0.657	0.546	0.583	0.678	0.684	0.627
N	0.631	0.618	0.514	0.526	0.664	0.703	0.724	0.614	0.476	0.552	0.755	0.677	0.646
R	0.617	0.601	0.476	0.487	0.737	0.775	0.857	0.809	0.625	0.607	0.683	0.673	0.625
S	0.64	0.665	0.5	0.494	0.616	0.693	0.735	0.632	0.532	0.593	0.713	0.708	0.64

2020 年度财务势从大到小排名（体现势险）和财务节从小到大排名（体现节短）的前 10 名企业分别是：600331、000002、600614、600900、000692、000961、000069、600346、600807、600213，说明这些企业在 2020 年度的动态财务能力比较强。例如，2020 年，受疫情影响 600331（宏达股份）所属有色金属和磷化工行业面临巨大挑战，公司积极采取有效措施，适时调整生产负荷与产品结构，优化组织生产。尤其在磷化工方面，抓住市场机遇，结合国家产业政策和农业发展，重点发展复合肥产业，开展降本增效活动，落实精细化管理，实施了利润拳头产品工业级磷酸一铵扩能

改造，并新建20万吨/年高塔复肥建设项目，促进产销两旺，经济效益同比大幅提升。000002（万科A）除受疫情影响外，多项房地产政策的出台，标志着行业正式进入管理红利时代，在复杂的经营环境下，万科积极采取措施应对多变的环境。例如，在物业服务方面，万物云是万科旗下的物业服务公司，万物云公司发布“星辰系统”，结合万科物业运营经验，提供空间科技运营流程服务（BPaaS）。此外，万物云与海康威视战略联合，孵化深圳市万御安防服务科技有限公司，专注于安防科技、机电维保和技术工匠培育等业务，已成为中国最大的安防机电综合服务商。2022年万物云实现对万科集团内和对外营业收入182.04亿元，同比增长27.36%。600614（国投资本）积极利用资本市场融资，为持续发展注入新动能。其各个子公司积极实施财富管理转型以及业务转型，实现经营业绩较好增长。这些企业在面对环境不确定性时，能有效管理风险、抓住机遇，并保持财务稳健，说明了这些企业储备较高的动态财务能力发挥了作用。

后10名企业分别是：600777、600497、000576、000878、000839、600116、600867、600707、000955、600822，说明这些企业在2020年度的动态财务能力比较弱。例如，2020年油价低迷，新潮能源（600777）对油气开发计划进行了较大幅度的调整，降低资本开支和运营成本，扩大公司资产和经营规模，但是该年还是发生了巨额亏损，达到26.56亿元，营业收入较上年下降31.74%，且公司历史遗留问题较多，被监管机构立案调查，此外，公司这两年解禁股数量占公司总股本的六成多，成本倒挂，市值被低估，不被二级市场看好，这在一定程度上说明该企业没有成功应对环境不确定性，也表明其动态财务能力较弱。000839（国安）亏损26.35亿元，营业收入较上年下降32.62%，受疫情影响，公司项目回款周期延长，受公司大股东影响，融资受限，资金流动性存在困难，融资约束提高致使企业动态财务能力面临严峻挑战。

四、本章小结

首先，本章阐述了势和节的计算方法；其次，具体展示了的对财务势和节进行量化计算的过程。在计算过程中，选取2008—2020年458家上市企业为样本，利用上一章计算出的财务能力和数据库中的相关数据，采用动态面板数据回归模型分析出财务能力与财务目标间的关系系数，为进一步计算出财务势和节提供保障。通过稳健性检验说明了这种关系的稳健性；最后，根据回归结果计算出财务势和节，并对财务势和节的整体情况和分年度分行业的情况进行了统计分析。至此，本书通过兵法思想的启发对动态财务能力进行了量化，财务势是企业针对财务目标有目的地创造、扩张财务能力的潜能，财务节是企业针对财务目标有目的地调整财务能力的潜能，财务势和财务节是动态财务能力的两面，共同构成了企业的动态财务能力，“势险、节短”就是评价企业动态财务能力如何的标准。

第五章 动态财务能力的作用

本章首先从动态财务能力的战略支持角度入手，实证分析动态财务能力对战略转换的支撑作用；其次，为了分析动态财务能力如何发挥对战略的财务支持作用，以融资约束作为切入点，实证分析动态财务能力对融资约束的缓冲作用。

一、动态财务能力对战略转换的支撑作用

企业的战略转换是企业在面对外部环境变化、内部管理体制变革等情况时，对经营和战略进行调整和变革的过程。随着市场竞争和经济全球化的不断加剧，企业面临的不确定性和风险也日益增加，因此，合理的战略转换能够使企业更好地适应当前的市场环境，提升企业的竞争力。而动态财务能力是企业实现战略目标的核心能力之一，其在企业战略转换中的作用备受研究者的关注。目前关于动态财务能力对战略转换的支撑作用的实证研究尚未发现，因此探究动态财务能力对企业战略转换的支撑作用，对二者关系进行实证研究，具有重要的理论和实践价值。

（一）提出假设

企业战略转换是指企业为适应内外部环境和市场需求的变化，

而对其原有的战略方向、产品组合、市场定位、组织架构、管理体系、资金运作、品牌形象等方面进行重大调整和改变的过程。企业战略转换的目的是有效应对市场竞争的压力，提高企业的竞争力和盈利能力，从而达到企业长期稳定发展的目标。企业战略转换是一个复杂的过程，必然导致战略要素的变化，只有实现企业战略与战略要素的动态匹配，企业才能及时进行战略调整和转型。动态能力是企业战略转型过程中不可或缺的强大推动力。其中，动态财务能力作为动态能力的重要组成部分，在战略转型中起着至关重要的作用。企业在进行战略转换时需要大量的资金支持，而企业动态财务能力的强弱决定了企业在获取财务能力方面的灵活性，从而影响到企业战略调整方向和战略要素的组合。企业动态财务能力能够使企业进行灵活调整和风险控制，从而保障企业的稳健和长期发展。

研究文献表明，动态财务能力可以帮助企业在战略转型过程中更好地应对风险、优化资源配置，并提高战略执行的效果。Dess，G. G. 和 Davis，P. S.（1984）探讨了动态能力对企业战略转型的影响。研究发现，企业拥有强大的动态能力可以更好地适应市场变化、抓住机遇并有效应对挑战。这种能力包括灵活的资本调配、及时的财务决策和资源整合等，使企业能够快速做出反应，调整战略方向，并在转型过程中实现经济增长。杜晓荣（2007）指出，财务资源、财务能力作为重要的战略资源，企业对其进行有效整合，能够对企业的战略管理起到非常重要的作用。吴永林（2014）在《战略管理》一书中指出，战略转换是企业面对内外部环境变化时所做出的重要决策，它的起点在于准确感知环境。然而，环境变化时常以一种隐蔽的形式逐渐浮现。因此，企业必须具备准确识别环境变化的能力，才能够及时调整战略以适应变化。企业动态财务能力作为环境和企业互动过程中的感应器，通过对财务能力变化的追踪观察，能够帮助企业及时发现风险所在，从而进行合理的战略调整。动态财务能力对战略转换发挥着非常重要的作用。因此，本节提出如下假设：

假设1：动态财务能力对企业的战略转换具有显著的支撑作用。

（二）研究设计与样本选择

1. 研究设计思路

本书对动态财务能力对企业的战略转换的支撑作用分别从静态和动态角度进行实证检验。

在静态分析中，被解释变量为战略转换，用托宾Q值的增量dq来表示；解释变量为动态财务能力，用动势（kp）来表示。在回归分析中逐步加入滞后1—3期的解释变量进行回归。在稳健性检验过程中，将样本数据分为业绩较高组和业绩较低组，分别进行检验。

在动态分析中，被解释变量为战略转换，用托宾Q值的增量dq来表示；解释变量用动态财务能力的增量，用动势的增量（dkp）来表示。在回归分析中逐步加入滞后1—3期的解释变量进行回归。在稳健性检验过程中，同样将样本数据分为业绩较高组和业绩较低组，分别进行检验。

2. 变量设计

（1）因变量。因变量是企业战略转换。企业战略转型通常是指企业从一种战略定位或方向转向另一种战略定位或方向的过程。这可能包括从一个市场转移到另一个市场，产品线或商业模式的变化，以及组织结构和资源分配的重新安排等。企业战略转型通常使用多个指标进行评价和分析，以下是常用的几个指标：财务指标包括营业收入、利润率、托宾Q值、市场份额等财务指标，用于了解企业战略转型的财务绩效和效果。组织变革指标包括员工人数、组织结构调整、领导层变动等指标，用于观察战略转型过程中组织内部的变化。市场指标包括市场占有率、市场增长率、顾客满意度等指标，用来评价战略转型后市场地位和竞争优势的变化。技术指标包括研发投入、专利申请量、技术创新能力等指标，用来衡量企业在战略转型中的技术能力和创新能力。考虑到回归模型的需要，如果选择一个指标来衡量企业战略转换的效果，托宾 Q 值的变化可能是一个较为合适的指标。孙林（2017）指出，高战略水平下的企业价值大于低战略水平下的企业价值，换言之，企业实施战略转换可以增加企业价值。并且本书借鉴了陈海生、卢丹（2011）用托宾 Q 值衡量企业价值的方法。本书采用托宾 Q 值的增量 dq 来衡量企业战略转换。这是因为托宾 Q 值是衡量投资回报的财务指标。企业战略转型往往涉及资金投入和资源配置的变化，因此可以通过衡量投资回报率的变化来评价战略转型的财务效果。托宾 Q 值增量可以反映企业长期价值创造能力的变化。战略转变旨在提高竞争优势和市场地位，通过监测托宾 Q 值的增长，可以评估公司是否能够继续创造长期价值。托宾 Q 值增量，可以相对于企业之间进行比较。不同行业和企业之间的托宾 Q 值可以用来进行横向比较评估其战略转移的效果，从而更全面地分析行业竞争。托宾 Q 值增量可以用来评价企业战略转型的绩效，并作为决策者进行战略决策的评价依据，帮助优化资源配置和战略调整。总之，采用托宾 Q 值的增量作为衡量企业战略转换的指标之一，可以提供定量的、财务角度的评估。因此，本文采用托宾 Q 值的增量 dq 来衡量企业战略转换。

（2）自变量。动态财务能力是指企业有目的地创造、扩张财务能力的潜能。在进行静态分析时，自变量采用本书计算出的动势，用 kp 来表示。在进行动态分析时，采用动势的增量，用 dkp 表示。

（3）控制变量。模型采用的控制变量主要有：资产有形性、经营效率、产品独特性、企业规模、产权性质、成熟度、行业和年度，见表 5 - 1。

表 5－1 变量定义表

变量性质	变量名称	变量符号	变量计算方法
被解释变量	战略转换	dq	托宾 Q 值的增量
解释变量	动态财务能力	kp	动势
	动态财务能力增量	dkp	动势的增量
控制变量	资产有形性	tang	固定资产占总资产的比重
	经营效率	eff	总资产周转率 = 营业收入/平均资产总额
	产品独特性	unique	（销售费用 + 管理费用）/营业收入
	企业规模	size	资产总额的自然对数
	产权性质	property	国企为 1，非国企为 0
	成熟度	maturity	年度 - 上市年度
	行业	industry	以行业大类生成的虚拟变量
	年度	year	以年度生成的虚拟变量

①资产有形性。代理成本理论指出，由于股东和债权人的利益存在冲突，债权人可能面临道德风险和逆向选择问题。在进行战略转换时，高风险性可能导致理性的经理人变得风险厌恶，他们可能会选择低风险和低收益的决策以保护自己的声誉，并抑制战略转换的发生。而有形资产的担保可以降低债务代理成本，从而减少股东和债权人之间的利益冲突。因此，资产的有形性可能会影响战略转换的发生和效果。本书使用固定资产占总资产的比重来衡量资产的有形性。

②经营效率。Fiegebaum 和 Thomas（1988）指出企业绩效的大幅下降或者预期大幅下降，都会促使企业改变原有的经营模式，实现旧模式向新模式的转换。因此，经营效率会影响企业战略转换。

③产品独特性。在进行战略转换时，企业的财务杠杆水平与风险息息相关。高财务杠杆会增加企业面临的风险，如果战略转换导

致企业经济压力和现金流问题，这种风险可能会被进一步加剧，从而降低企业的灵活性。根据 Titman 和 Wessels（1988）的研究，具有独特性产品的公司倾向于具有较少杠杆。因此，在考虑战略转换的因素时，产品独特性应该被视为一个重要的考虑因素之一。

④企业规模。Kiattichai Kalasin（2020）研究发现高级外籍经理能积极推动和实施组织变革，但是企业规模削弱了高级外籍经理与企业战略变革的关系。根据权衡理论，公司规模较大时，其利益相关者会更加庞大和复杂，资源配置也会变得更加复杂，竞争环境和市场压力也会更加严峻，这些因素都会影响战略转换。

⑤产权性质。卢锐（2008）指出产权性质的不同决定了管理层对公司治理体系的影响能力，国有上市公司受内部人控制以及“一股独大”的股权结构导致企业控制权转移到管理层手中。企业的战略转换行为由控制人直接决定，国有公司及少数非国企公司由于控制权较为集中，进行战略转换的决定较为简单，其余公司进行战略转换效率则较低。因此，产权性质会对战略转换产生影响。

⑥成熟度。企业在其生命周期不同阶段的演化，会导致其战略转换的特点不同。初创阶段的企业由于市场和业务尚未成熟，因此战略转换相对容易。而当企业成长到一定程度时，其在业务、组织、文化等方面逐渐固定化，战略转换的难度逐渐增大。一般而言，企业成熟度越高，其战略转换的难度越大。

3. 样本选择与数据来源

与上一章的样本和数据来源相同，以 2007—2020 年主板市场纯 A 股上市公司做样本，剔除了金融业企业和相关指标缺失或异常的企业，得到 458 家企业连续 14 年的相关数据。相关数据主要来源于 CSMAR 中国经济金融研究数据库（原国泰安数据库）（http：//cn. gtadata. com）。因计算 kp 和托宾 Q 增量会损失 2007 年数据，计算 dkp 会损失 2008 年数据，使用滞后变量也会影响实际参加运算的样本期间，因此实际参与运算的样本期间分布在2008—2020年度。

（三）实证检验与分析

1. 变量的描述性统计

表5-2是对变量进行描述性统计的结果。其中，战略转换（dq）的平均值为0.008，标准差为0.712，说明数据存在一定波动，各个企业的战略转换水平稳定性较差。战略转换最大值为11.567，最小值则为-9.52，这说明各个企业间战略转换差距很大，出现了两极分化的现象，从而可进一步得出我国上市公司战略转换的成功程度不尽相同。动态财务能力（kp）的平均值为1.045，结合最小值、最大值分析，说明大部分上市公司整体动态财务能力偏低。

表5-2　　主要变量描述性统计结果

变量	样本量	平均值	标准差	最小值	最大值
dq	5306	0.008	0.712	-9.52	11.567
kp	5496	1.045	0.39	0.266	14.385
dkp	5496	0.002	0.484	-13.533	13.113
tang	5496	0.294	0.2	0	0.936
eff	5496	0.683	0.628	0.003	9.38
unique	5394	0.12	0.104	0.002	1.425
size	5496	22.888	1.267	18.828	28.257
property	5496	0.69	0.463	0	1
maturity	5496	16.192	4.862	2	30

资产有形性（tang）的平均值为0.294，标准差为0.2，说明企业的固定资产所占比例存在一定程度的波动。同样通过最大值、

最小值的差异可以看出我国上市公司的资产有形性出现了两极分化现象，最大值为0.936，说明存在部分企业固定资产的比重过大的情况。经营效率（eff）的均值为0.683，标准差为0.628，结合其最大值、最小值的差异，表明只有少部分企业经营效率较高，平均值远低于最大值，经营效率普遍偏低。产品独特性（unique）的平均值则为0.12，最小值、最大值分别为0.002、1.425，说明企业的产品独特性整体偏低，且波动较大。企业规模（size）的均值为22.888，通过最小值、最大值、均值的数据可以看出整体波动程度不是很大。

2. 变量的相关性分析

在进行回归之前，首先进行相关性分析，在某种程度上有助于我们对加入模型的变量的合理性做初步判断。表5-3是对各变量之间的相关性分析结果具体情况的汇总。dq与kp之间的相关系数为-0.029，且两变量在10%的水平上显著，这是一个与假设相反的现象。由于两变量的简单数值相关可能会受到其他控制变量的影响，需要通过加入控制变量的回归分析进一步分析变量之间的关系，后文将通过回归分析进行进一步检验。dq与dkp之间的相关系数为0.050，且两变量在10%的水平上显著。模型中的解释变量和控制变量之间的相关系数较低、相关性较小，说明模型存在共线性的可能性较低。

表5-3　　　　变量的相关性分析

变量	(1)	(2)	(3)	(4)	(5)	(6)	(7)	(8)	(9)
(1) dq	1.000								
(2) kp	-0.029* (0.035)	1.000							

续表

变量	(1)	(2)	(3)	(4)	(5)	(6)	(7)	(8)	(9)
(3) dkp	0.050* (0.000)	0.634* (0.000)	1.000						
(4) tang	0.046* (0.001)	0.023 (0.093)	0.005 (0.694)	1.000					
(5) eff	0.006 (0.680)	-0.073* (0.000)	-0.017 (0.208)	-0.133* (0.000)	1.000				
(6) unique	0.016 (0.241)	0.034* (0.012)	0.035* (0.011)	-0.095* (0.000)	-0.212* (0.000)	1.000			
(7) size	-0.086* (0.000)	0.057* (0.000)	0.013 (0.353)	0.071* (0.000)	-0.100* (0.000)	-0.298* (0.000)	1.000		
(8) property	-0.004 (0.796)	0.061* (0.000)	0.001 (0.963)	0.195* (0.000)	0.064* (0.000)	-0.194* (0.000)	0.135* (0.000)	1.000	
(9) maturity	-0.085* (0.000)	-0.081* (0.000)	-0.022 (0.100)	-0.143* (0.000)	-0.072* (0.000)	0.009 (0.505)	0.221* (0.000)	-0.030* (0.025)	1.000

注：*** $p<0.01$，** $p<0.05$，* $p<0.1$。

3. 实证结果与分析

（1）静态分析。通过对面板数据模型的检验鉴别，固定效应模型与混合效应模型检验的 F（457，4717）=0.66，p 值 >0.05；随机效应的 Breusch 和 Pagan 拉格朗日乘数检验，p 值 >0.05，这些结果说明采用混合效应模型比较适合当前的数据分析。因此，采用面板数据的混合效应模型。模型的多重共线性 VIF 检验也全部通过检验。为了防止异方差的问题和短面板数据的序列相关性问题，在做面板数据的混合效应模型归时均采用了以企业编号做群集变量的群集稳健标准误进行回归分析。

回归分析结果如表 5－4 所示，dq 与 kp 在 1% 的水平上显著，其系数为 0.117，说明动态财务能力对战略转换起到了显著的正向效应，验证了本节假设。控制变量当中，dq 与 tang、eff、maturity 呈现显著正相关，dq 与 size 呈现显著负相关。其余控制变量与战略转换之间不存在显著性。R^2 为 0.246，说明模型的拟合优度较好。F 值为 27.285，P 值为 0.000，说明整个模型回归效果显著。

表 5－4　　静态回归分析结果

变量	系数	标准误	t 值	p 值	95% 置信区间		显著性
kp	0.117	0.029	4.07	0	0.06	0.173	***
tang	0.16	0.044	3.65	0	0.074	0.246	***
eff	0.024	0.009	2.69	0.007	0.007	0.042	***
unique	0.018	0.105	0.17	0.867	－0.189	0.224	
size	－0.03	0.005	－6.23	0	－0.04	－0.021	***
property	－0.013	0.012	－1.13	0.258	－0.036	0.01	
maturity	0.002	0.001	1.78	0.075	0	0.005	*
industry	控制	控制	控制	控制	控制	控制	
年度	控制	控制	控制	控制	控制	控制	
Constant	1.249	0.117	10.64	0	1.018	1.479	***
R^2		0.246	样本量			5206	
F 值		27.285	P 值			0.000	
AIC		9916.270	BIC			10132.670	

注：*** p<0.01，** p<0.05，* p<0.1。

对解释变量 kp 进行滞后分析，表 5－5 为加入滞后解释变量的静态分析结果，可以看出 dq 与 kp 之间在 1% 的水平上显著正相关，说明动态财务能力对战略转换具有显著支撑作用。而 dq 与滞后一期、二期、三期的 kp 之间均不显著，这说明 kp 对战略转换支撑作用不具有显著的滞后性。

表 5-5　加入滞后的静态回归分析结果

	(1) dq	(2) dq	(3) dq
kp	0.113*** (0.028)	0.112*** (0.029)	0.131*** (0.04)
L. kp	0.02 (0.016)	0.016 (0.017)	0.024 (0.019)
L2. kp		-0.001 (0.014)	0.011 (0.012)
L3. kp			-0.082 (0.059)
tang	0.16*** (0.044)	0.144*** (0.038)	0.192*** (0.046)
eff	0.025*** (0.009)	0.027*** (0.009)	0.027** (0.011)
unique	0.017 (0.106)	-0.075 (0.09)	-0.066 (0.096)
size	-0.03*** (0.005)	-0.008 (0.005)	0 (0.006)
property	-0.014 (0.012)	-0.004 (0.014)	0.006 (0.018)
maturity	0.002* (0.001)	0.004** (0.002)	0.006*** (0.002)
industry	控制	控制	控制
year	控制	控制	控制
_cons	1.237*** (0.118)	-0.009 (0.135)	-0.877*** (0.176)
Observations	5206	4755	4304
R^2	0.246	0.172	0.201

注：括号内是标准误；*** $p<0.01$，** $p<0.05$，* $p<0.1$。

(2) 动态分析

假设的动态分析回归结果如表 5－6 所示，dq 与 dkp 在 1% 的水平上显著，其系数为 0.49，说明动态财务能力的增量对战略转换起到了显著正向效应，验证了本节假设。控制变量当中，dq 与 tang、eff、maturity 呈现显著正相关，dq 与 size 呈现显著负相关。其余控制变量与战略转换之间不存在显著性。R^2 为 0.244，说明模型的拟合优度较好。F 值为 27.414，p 值为 0.000，说明整个模型回归效果显著。

表 5－6　　　　动态回归分析结果

变量	系数	标准误	t 值	p 值	95% 置信区间		显著性
dkp	0.049	0.018	2.74	0.006	0.014	0.084	***
tang	0.161	0.044	3.68	0	0.075	0.248	***
eff	0.019	0.009	2.17	0.031	0.002	0.037	**
unique	0.045	0.104	0.44	0.663	-0.158	0.249	
size	-0.027	0.005	-5.61	0	-0.036	-0.018	***
property	-0.007	0.012	-0.58	0.563	-0.029	0.016	
maturity	0.002	0.001	1.88	0.061	0	0.005	*
industry	控制	控制	控制	控制	控制	控制	
year	控制	控制	控制	控制	控制	控制	
Constant	1.298	0.119	10.95	0	1.065	1.531	***
R^2		0.244	Number of obs		5206		
F 值		27.414	P 值		0.000		
AIC		9933.999	BIC		10150.399		

注：*** p<0.01，** p<0.05，* p<0.1。

对解释变量 dkp 加入滞后项，表 5－7 为加入滞后项的动态分析回归结果，可以看出 dq 与 dkp 之间在 1% 的水平上显著正相关，说明动态财务能力的增量对战略转换具有显著支撑作用。加滞后项之后，动态分析表现出滞后两阶的动态财务能力增量都正显著的情况，但静态分析时战略转换与动态财务能力的滞后变量间没有显著性，说明动态财务能力有动态调整的情况，后面一章将会进一步对动态财务能力的动态调整的进行实证检验。

表 5 - 7　　加入滞后的动态回归分析结果

	(1)	(2)	(3)
	dq	dq	dq
dkp	0.071 ***	0.108 ***	0.09 ***
	(0.024)	(0.038)	(0.032)
L. dkp	0.045 **	0.113 **	0.081 ***
	(0.018)	(0.047)	(0.026)
L2. dkp		0.103 *	0.066 ***
		(0.054)	(0.02)
L3. dkp			0.016
			(0.012)
tang	0.147 ***	0.194 ***	0.126 ***
	(0.038)	(0.047)	(0.043)
eff	0.022 **	0.024 **	0.011
	(0.009)	(0.011)	(0.011)
unique	-0.048	-0.053	-0.041
	(0.09)	(0.097)	(0.085)
size	-0.005	0.001	-0.013 **
	(0.005)	(0.006)	(0.006)
property	0.003	0.011	0.006
	(0.014)	(0.018)	(0.014)
maturity	0.004 **	0.006 ***	0.004 **
	(0.002)	(0.002)	(0.002)

续表

	(1) dq	(2) dq	(3) dq
industry	−0.084** (0.036)	−0.044 (0.047)	−0.049 (0.034)
year	0.02 (0.045)	0.675*** (0.055)	0.116*** (0.028)
_cons	0.069 (0.132)	−0.816*** (0.168)	0.184 (0.132)
Observations	4755	4304	3859
R^2	0.17	0.2	0.164

注：括号内是标准误；*** p<0.01，** p<0.05，* p<0.1。

（四）稳健性检验

为了验证本节实证结果是稳定的，而不是通过一次样本而出现的偶然结果，接着对样本分组进行稳健性检验。按 ROE 是否低于均值分成两类，将企业 ROE 大于等于均值的称为业绩较高组，低于均值的称为业绩较低组，对其分别分析检验。

1. 静态分析结果

静态分析的结果见表 5－8，其中（1）组为业绩较高组，（2）组为业绩较低组。业绩较高组的 dq 与 kp 之间在 5% 的水平上显著相关，且系数为 0.224，说明动态财务能力与战略转换之间存在正相关性。业绩较低组的 dq 与 kp 之间在 1% 的水平上显著相关，且系数为 0.104，说明业绩较低组的动态财务能力对战略转换也有支撑作用。业绩较高组与业绩较低组对应的 R^2 分别为 0.252 和 0.256，说明模型的拟合优度较好。整体来看，动态财务能力对战略转换具有支撑作用，这说明静态回归分析结论具有稳健性。

表 5-8　静态分析分组回归结果

	(1) dq	(2) dq
kp	0.224** (0.1)	0.104*** (0.028)
tang	0.172*** (0.065)	0.142** (0.062)
eff	0.029* (0.016)	0.016 (0.019)
unique	0.121 (0.156)	-0.047 (0.149)
size	-0.035*** (0.01)	-0.042*** (0.008)
property	-0.011 (0.021)	-0.007 (0.023)
maturity	0.003 (0.002)	0.002 (0.003)
industry	控制	控制
year	控制	控制
_cons	1.289*** (0.203)	1.479*** (0.205)
Observations	2792	2414
R^2	0.252	0.256

注：括号内是标准误；*** $p<0.01$，** $p<0.05$，* $p<0.1$。

加入滞后的静态分析分组回归结果见表5-9，(1)组(2)组为ROE高业绩组。(3)组(4)组是低业绩组。由表5-9可以看出，不论是业绩较高组还是业绩较低组，dq与滞后一期、滞后二期的kp之间均不具有显著性。此结论与分组前加入滞后的回归分析结论一致。

以上静态分析分组检验结果说明与不分组情况基本一致，说明静态分析的结果比较稳健。

表 5 - 9　　加入滞后项的静态分析分组回归结果

	(1) dq	(2) dq	(3) dq	(4) dq
kp	0.228** (0.103)	0.188* (0.114)	0.101*** (0.027)	0.103*** (0.028)
L. kp	-0.005 (0.02)	-0.005 (0.019)	0.051 (0.031)	0.052 (0.033)
L2. kp		-0.002 (0.013)		0.001 (0.035)
tang	0.172*** (0.065)	0.132** (0.056)	0.142** (0.062)	0.154** (0.065)
eff	0.029* (0.016)	0.04** (0.017)	0.017 (0.019)	0.009 (0.018)
unique	0.12 (0.155)	0.153 (0.181)	-0.063 (0.155)	-0.26** (0.114)
size	-0.035*** (0.01)	-0.004 (0.013)	-0.042*** (0.008)	-0.021** (0.009)
property	-0.011 (0.021)	-0.003 (0.025)	-0.009 (0.023)	0.005 (0.023)
maturity	0.003 (0.002)	0.005* (0.003)	0.003 (0.003)	0.003 (0.003)
industry	-0.05 (0.058)	-0.159* (0.087)	0.037 (0.04)	-0.011 (0.045)
year	-0.759*** (0.071)		-0.837*** (0.093)	
常数项	1.294*** (0.202)	-0.086 (0.276)	1.432*** (0.21)	0.148 (0.204)
样本量	2792	2521	2414	2234
R^2	0.252	0.166	0.257	0.202

注：括号内是标准误；*** $p<0.01$，** $p<0.05$，* $p<0.1$。

2. 动态分析结果

表 5-10 是动态分析分组回归的结果，其中（1）组为业绩较高组，（2）组为业绩较低组。从表 5-10 中结果可以看出，dq 与业绩较高组的 dkp 之间不存在显著性，而业绩较低组的 dq 与 dkp 在 1% 的水平上显著相关。

表 5-10　　动态分析分组回归结果

	(1) dq	(2) dq
dkp	0.014*** (0.022)	0.062*** (0.022)
tang	0.178*** (0.065)	0.139** (0.062)
eff	0.021 (0.015)	0.014 (0.02)
unique	0.123 (0.155)	0.004 (0.143)
size	-0.017** (0.008)	-0.042*** (0.008)
property	-0.003 (0.02)	-0.002 (0.024)
maturity	0.003 (0.002)	0.002 (0.003)
industry	控制	控制
year	控制	控制
常数项	1.11*** (0.192)	1.589*** (0.201)
样本量	2792	2414
R^2	0.25	0.253

注：括号内是标准误；*** $p<0.01$，** $p<0.05$，* $p<0.1$。

动态分析加入滞后项的情况如表5-11所示。情况与不加滞后项类似，dq与滞后一期、二期的业绩较高组dkp之间仍不具有显著性。

总之，对于动态分析无论加与不加滞后项，业绩较高组都不显著。出现这种情况的原因可能是高盈利能力的公司战略转换相对会更容易实现，而低盈利能力公司的战略转换相对较难，因此动态财务能力发挥战略效应的作用相对更大，对战略转换的作用更明显。

表5-11　　加入滞后项的动态分析分组回归结果

	(1) dq	(2) dq	(3) dq	(4) dq
dkp	0.02 (0.032)	0.165 (0.147)	0.081*** (0.027)	0.084*** (0.028)
L. dkp	0.009 (0.017)	0.17 (0.156)	0.071** (0.033)	0.093*** (0.03)
L2. dkp		0.177 (0.161)		0.055*** (0.017)
tang	0.136** (0.056)	0.196*** (0.063)	0.158** (0.066)	0.177** (0.069)
eff	0.033** (0.016)	0.041** (0.019)	0.007 (0.019)	0.009 (0.019)
unique	0.154 (0.181)	0.1 (0.199)	-0.175 (0.122)	-0.123 (0.101)
size	0.011 (0.01)	0.019 (0.017)	-0.02** (0.009)	-0.019** (0.009)
property	0.004 (0.025)	0.013 (0.031)	0.013 (0.023)	0.014 (0.024)

续表

	(1) dq	(2) dq	(3) dq	(4) dq
maturity	0.005* (0.003)	0.007** (0.003)	0.003 (0.003)	0.005* (0.003)
industry	控制	控制	控制	控制
year	控制	控制	控制	控制
常数项	-0.202 (0.271)	-1.371*** (0.401)	0.295 (0.2)	-0.232 (0.197)
样本量	2521	2209	2234	2095
R^2	0.164	0.209	0.2	0.214

注：括号内是标准误；*** $p<0.01$，** $p<0.05$，* $p<0.1$。

（五）小结

本节旨在探究动态财务能力对战略转换的支撑作用，通过实证分析来分析两者之间的关系。本节选取了2007—2020年主板市场纯A股上市公司做样本，基于静态和动态的视角，运用描述性统计、回归分析等方法对数据进行深度的分析与挖掘。通过整个实证过程的分析，我们发现动态财务能力对战略转换具有显著支撑作用，验证了提出的假设。总体来说，企业动态财务能力能够使企业进行灵活调整和风险控制，从而保障企业的稳健和长期发展。

二、动态财务能力对融资约束的缓冲作用

为分析动态财务能力是如何发挥对战略的财务支持作用的，本部分以融资约束作为切入点，实证分析动态财务能力在融资约束和

战略转换间的作用。动态财务能力和融资约束都是影响企业战略制定和实施的重要因素。动态财务能力具有显著的战略支撑作用，能够为企业提供财务支撑，在经营中主动调整其财务结构，提高自身应对风险的能力。从融资视角看，企业需要通过融资来支持其业务发展和扩张，但是如果融资能力受到约束，就会限制企业的融资渠道和融资规模，直接影响企业的战略选择。因此，在这种情况下，动态财务能力对于融资约束的缓冲作用就变得至关重要。虽然有关动态财务能力对融资约束的研究已经有了一定的进展，但是目前仍缺乏从融资约束角度研究动态财务能力对战略的支撑作用。因此，本节尝试从融资约束的角度对动态财务能力的作用进行实证分析。

（一）理论分析

在日益激烈的竞争环境下，企业要想在资本市场中实现健康和长期的发展，就要有对战略的支撑能力，其中对战略的财务支持作用至关重要，战略的财务支持作用是指财务部门为企业实现战略目标提供资金、信息和决策支持的过程。动态财务能力是实现企业战略转型的强大推动力，对企业的战略转换有显著的支撑作用，动态财务能力的强弱决定了企业获取资金能力的强弱。付蓉（2023）指出一部分企业在战略转型过程中没有意识到投融资能力的关键性，使得在后期出现越来越多不合时宜的转型。由此可见，企业融资能力会影响战略转型。当企业面临融资约束时，就会影响企业获取资金的能力，进一步影响企业的战略方向和战略中心，降低企业创新能力和竞争力。

目前对于动态财务能力和融资约束关系的研究较少。学者韩剑、严兵（2013）研究发现，我国企业在内部融资极为有限的情况下，研发活动更多依赖外部融资的支持，在外部融资便利的情况下，企业才能实现研发投入与利润增长的良性互动。由此可以看出，当企业受到融资约束时，会影响企业的研发活动，进而影响企业的创新能力和战略转换能力。吴树畅（2012）认为动态财务能力是企业保持财务柔性的能力，动态财务能力和广义的财务柔性概念相近，对财务柔性和融资约束的关系的文献进行研读发现，对本节研究动态财务能力和融资约束的关系具有重要借鉴意义。刘翰林、邹温红（2015）指出财务柔性具有缓解融资约束的作用。学者邱丽娟、乔金杰、武志勇（2020）研究发现，提高财务柔性水平，可缓解高融资约束给企业价值带来的负面影响。胡国晖、洪莉艳（2021）指出财务柔性是对企业自身外部融资能力评估后主动采取的一种短期降低融资约束的行为，当评估的融资约束能力较低时，即企业受融资约束较严重时，企业就会加大财务柔性。学者周密、郑芳园（2022）研究发现，财务柔性对融资约束存在抑制作用，即企业储备财务柔性能在一定程度上改善企业的融资约束困境。由此，本书提出动态财务能力会对融资约束对战略转换的反向作用产生缓冲作用，即动态财务能力能够调节企业融资约束的影响，使融资约束的影响减弱。基于此提出假设：动态财务能力对企业的融资约束具有显著缓冲作用。

（二）研究设计思路

为分析动态财务能力是如何发挥对战略的财务支持作用的，本部分以融资约束作为切入点，实证分析动态财务能力在融资约束和战略转换间的作用。具体可通过以下步骤进行分析：

1. 对企业受融资约束程度进行定量测度。

2. 计算企业融资约束指数进行描述性统计。

3. 将动态财务能力作为调节变量，采用群集稳健标准误对变量进行回归分析，检验动态财务能力的调节作用。

下面将依据这些步骤以此进行论述。

其中，本部分的变量设置除融资约束外，其他与上一部分一致，不再赘述，见表 5-12。

表 5-12 变量定义表

变量性质	变量名称	变量符号	变量计算方法
被解释变量	战略转换	dq	托宾 Q 值的增量
解释变量	融资约束	sa	SA 指数
调节变量	动态财务能力	kp	动势
控制变量	资产有形性	tang	固定资产占总资产的比重
	经营效率	eff	总资产周转率 = 营业收入/平均资产总额
	产品独特性	unique	(销售费用 + 管理费用) /营业收入
	企业规模	size	资产总额的自然对数
	产权性质	property	国企为 1，非国企为 0
	成熟度	maturity	年度 - 上市年度
	行业	industry	以行业大类生成的虚拟变量
	年度	year	以年度生成虚拟变量

(三) 融资约束的计量方法

关于融资约束的度量，本节使用 Hadlock 和 Pierce (2010) 构建的 SA 指数对融资约束进行计量，原因是 SA 指数的计算方法不含财务杠杆率、现金流等变量，在一定程度上缓解了内生性融资变量的干扰，且 SA 指数相对稳健。SA 指数构建如下：

$SA = -0.737 \times Size + 0.043 \times Size^2 - 0.04 \times Age$。

其中，size 为企业规模（单位为百万元）的自然对数，age 为企业年龄，企业规模和企业年龄是两个随时间变化不大且具有很强外生性的变量。按照 SA 指数计算公式，本书计算了每个企业观测年度的 SA 指数，SA 指数全为负。在 SA 全部为负数的情况下，如果用 SA 的绝对值 abssa 表示融资约束，那么 abssa 越大，表示企业受到的融资约束程度越严重。

（四）实证检验与分析

1. 变量的描述性统计

表5－13是对2007—2020年主板市场纯A股上市的458家企业融资约束指数的描述性统计表。从表中结果可看出，2007—2020年，sa指数的标准差在逐年增大，2007年，sa指数标准差为0.162，2020年为0.213，说明融资约束在不同企业间表现出较强的差异性。2007年sa指数的最大值为－3.089，最小值为－4.118，2020年sa指数的最大值为－3.116，最小值为－4.534，相比于2007年，sa指数极值差变大，表明企业间的融资约束程度差异逐年变大。同时，sa的平均值在逐年减小，即sa绝对值的平均值逐年增加，2007为3.569，至2020年达到4.03，表明企业在融资过程中面临的困难程度加大，受融资约束越来越严重。企业急需寻求缓解融资约束的途径以便能稳定发展。

表5－13　　各年度sa描述性统计表

年度	样本量	标准差	最小值	平均值	最大值
2007	458	0.162	－4.118	－3.569	－3.089
2008	458	0.165	－4.157	－3.609	－3.027
2009	458	0.168	－4.193	－3.648	－2.934
2010	458	0.169	－4.220	－3.687	－2.982
2011	458	0.172	－4.250	－3.726	－3.02
2012	458	0.175	－4.282	－3.763	－3.066
2013	458	0.178	－4.319	－3.8	－3.117
2014	458	0.18	－4.353	－3.835	－3.16
2015	458	0.181	－4.372	－3.87	－3.189
2016	458	0.187	－4.392	－3.903	－3.017
2017	458	0.194	－4.418	－3.933	－3.056

续表

年度	样本量	标准差	最小值	平均值	最大值
2018	458	0. 2	-4. 454	-3. 964	-3. 101
2019	458	0. 206	-4. 492	-3. 997	-3. 115
2020	458	0. 213	-4. 534	-4. 03	-3. 116

表 5-14 为各年度分行业大类融资约束（sa）情况统计表，本部分着重分析企业较多的行业，分别是行业 B、C、D、E、F、G。2007—2020 年，行业 B、C 的 sa 绝对值整体呈现上升趋势，且变化较明显，说明行业 B、C 面临的融资约束越来越严重，行业 D、E、F、G 的 sa 指数比较稳定，波动幅度不大，说明这几个行业受融资约束程度变化不明显。从表中还可看出，至 2020 年，行业 R 的 sa 绝对值较大，达到 4. 265，表明该行业受融资约束较强，行业 K 的 sa 绝对值较小，为 3. 116，表明该行业受融资约束较弱。该表表明不同行业间融资约束程度不同，这可能是由于行业特性、市场条件以及企业自身特点影响的。

2. 变量的相关性分析

表 5-15 为本节使用变量间的相关系数矩阵表。本部分着重分析 sa 与各变量的关系，其他变量之间的关系已在战略支撑效应分析说明。从表 5-15 中可以发现：（1）sa 与 unique、maturity 呈负相关，与其他变量呈正相关。（2）sa 和 dq 相关性系数为 0. 001，为正相关关系，但是由于 sa 全部为负数情况下，abssa 即 sa 绝对值表示融资约束，因此，abssa 和 dq 为负相关关系，初步说明企业受融资约束越高，战略转换越困难。sa 和 kp 相关性系数为 0. 138，也初步说明了动态财务能力与融资约束间为负相关关系。（3）自变量间的相关系数都很小，相关性不明显，表明自变量间存在多重共线性的可能性较小。为进一步检验自变量间是否存在多重共线性，本书通过方差膨胀因子（VIF）作进一步检验（见表 5-16）。

表 5－14　　　　**sa 各年度分行业统计表**

行业大类	年度													
	2007	2008	2009	2010	2011	2012	2013	2014	2015	2016	2017	2018	2019	2020
A	-3.369	-3.388	-3.419	-3.479	-3.52	-3.594	-3.64	-3.684	-3.73	-3.782	-3.822	-3.868	-3.898	-3.946
B	-3.389	-3.404	-3.43	-3.459	-3.446	-3.48	-3.515	-3.547	-3.572	-3.606	-3.631	-3.646	-3.686	-3.708
C	-3.199	-3.245	-3.263	-3.293	-3.303	-3.367	-3.377	-3.376	-3.326	-3.373	-3.402	-3.438	-3.431	-3.444
D	-3.089	-3.152	-2.934	-2.982	-3.02	-3.066	-3.117	-3.162	-3.211	-3.017	-3.056	-3.101	-3.14	-3.141
E	-3.386	-3.425	-3.45	-3.443	-3.442	-3.45	-3.463	-3.453	-3.441	-3.433	-3.39	-3.402	-3.419	-3.425
F	-3.397	-3.462	-3.484	-3.456	-3.452	-3.439	-3.44	-3.442	-3.467	-3.444	-3.39	-3.363	-3.301	-3.244
G	-3.279	-3.027	-3.052	-3.084	-3.07	-3.1	-3.135	-3.16	-3.189	-3.185	-3.173	-3.207	-3.251	-3.265
H	-3.432	-3.471	-3.513	-3.554	-3.605	-3.835	-3.87	-3.904	-3.794	-3.777	-3.82	-3.86	-3.898	-3.941
I	-3.256	-3.263	-3.266	-3.305	-3.33	-3.373	-3.363	-3.416	-3.434	-3.484	-3.557	-3.653	-3.638	-3.678
K	-3.364	-3.414	-3.482	-3.527	-3.54	-3.492	-3.443	-3.46	-3.426	-3.337	-3.225	-3.136	-3.115	-3.116
L	-3.372	-3.436	-3.481	-3.466	-3.454	-3.647	-3.684	-3.726	-3.863	-3.895	-3.923	-3.953	-3.982	-4.019
N	-3.452	-3.483	-3.553	-3.696	-3.754	-3.461	-3.457	-3.479	-3.469	-3.443	-3.363	-3.943	-3.982	-4.018
R	-3.475	-3.511	-3.544	-3.571	-3.613	-3.957	-3.994	-4.016	-3.986	-4.081	-4.106	-4.163	-4.204	-4.265
S	-3.327	-3.336	-3.294	-3.335	-3.411	-3.48	-3.504	-3.547	-3.577	-3.617	-3.659	-3.703	-3.758	-3.805

表 5-15　　变量之相关系数

变量	(1)	(2)	(3)	(4)	(5)	(6)	(7)	(8)	(9)
(1) sa	1.000								
(2) dq	0.001 (0.938)	1.000							
(3) kp	0.138 (0.000)	-0.006 (0.668)	1.000						
(4) tang	0.148 (0.000)	0.031 (0.019)	0.018 (0.159)	1.000					
(5) eff	0.072 (0.000)	-0.007 (0.617)	-0.074 (0.000)	-0.136 (0.000)	1.000				
(6) unique	-0.103 (0.000)	0.012 (0.380)	0.037 (0.005)	-0.095 (0.000)	-0.216 (0.000)	1.000			
(7) size	0.008 (0.497)	-0.015 (0.256)	0.059 (0.000)	0.054 (0.000)	-0.096 (0.000)	-0.284 (0.000)	1.000		
(8) property	0.112 (0.000)	-0.004 (0.760)	0.060 (0.000)	0.191 (0.000)	0.063 (0.000)	-0.192 (0.000)	0.132 (0.000)	1.000	
(9) maturity	-0.761 (0.000)	0.022 (0.089)	-0.057 (0.000)	-0.157 (0.000)	-0.086 (0.000)	0.025 (0.046)	0.291 (0.000)	-0.034 (0.007)	1.000

注：括号中是显著性 p 值。

3. 实证结果与分析

通过对面板数据模型的检验鉴别，固定效应模型与混合效应模型检验的 F 检验的 p 值 >0.05；随机效应的 Breusch 和 Pagan 拉格朗日乘数检验，p 值 >0.05，说明采用混合效应模型比较适合当前的数据分析。因此，采用面板数据的混合效应模型。模型的多重共线性检验平均 VIF 为 2.53，说明变量之间的多重共线性是可以接受的。为了防止异方差的问题和短面板数据的序列相关性问题，在做面板数据的混合效应模型归时均采用了以企业编号做群集变量的群集稳健标准误进行回归分析。

表 5-16　VIF 检验

变量	VIF	1/VIF
c_kp	1.32	0.755238
c_sa	2.96	0.337425
c_kpsa	1.22	0.817123
tang	1.56	0.639242
eff	1.45	0.690673
unique	1.43	0.697360
size	1.68	0.594849
property	1.14	0.879809
maturity	3.88	0.257835
industry	控制	控制
year	控制	控制
平均 VIF	2.53	

为了减小回归方程中变量间多重共线性的问题，本部分对 sa、kp 及二者交互项做去中心化处理，并分别用 c_sa、c_kp、c_kpsa 表示。表 5-17 为混合模型下采用群集稳健标准误的回归结果。结果分析如下：

模型 1 的回归结果如表 5-17 第（1）列所示，可以发现，本节所关注的核心变量 SA 的系数为 0.248，P 值 <1%，说明 SA 指数与战略转换为显著正相关关系。由于 SA 的绝对值越大表示融资约束越大，并且由于本书每个企业观测年度的 SA 指数全为负。这个回归结果说明融资约束（sa 的绝对值）与战略转换具有显著负相关关系，表明企业的战略转换显著受到的融资约束的限制。

模型 2 的回归结果如表 5-17 第（2）列所示，核心变量 kp 的系数为0.116，$p<1\%$，说明动态财务能力对企业战略转换具有促进作用，且该促进作用在1%的显著性水平上显著。

模型3的回归结果如表5－17第（3）列所示，本节所关注的动态财务能力和融资约束的交乘项kpsa的系数为－0.209，$p<5\%$，说明动态财务能力在融资约束和战略转换间起到了反向调节作用，即融资约束对战略转换的反向作用会随着动态财务能力的增加而减少，且这种作用在5%的显著性水平上显著，验证了本节假设，即动态财务能力对企业的融资约束具有显著缓冲作用。

模型（1）、（2）、（3）的 R^2 分别为0.292、0.295、0.296，三个模型的 R^2 值逐渐增高，说明模型的拟合度在增高，意味着模型（3）的预测精度和可靠性更高，可以更好地用于解释和预测数据。控制变量中，资产有形性（tang）、经营效率（eff）、成熟度（maturity）与企业战略转换显著正相关，企业规模（size）与企业战略转换呈显著负相关，其余控制变量则没有表现出显著关系。

表5－17　　回归结果

	(1) dq	(2) dq	(3) dq
c_sa	0.248*** (0.052)	0.211*** (0.052)	0.235*** (0.054)
c_kp		0.116*** (0.029)	0.136*** (0.033)
c_kpsa			−0.209** (0.089)
tang	0.146*** (0.041)	0.145*** (0.041)	0.145*** (0.041)
eff	0.017* (0.009)	0.022** (0.009)	0.021** (0.009)

续表

	(1) dq	(2) dq	(3) dq
unique	0.046 (0.091)	0.009 (0.092)	0.004 (0.093)
size	-0.033*** (0.007)	-0.034*** (0.007)	-0.034*** (0.007)
property	-0.01 (0.013)	-0.015 (0.013)	-0.016 (0.013)
maturity	0.009*** (0.002)	0.008*** (0.002)	0.009*** (0.002)
industry	控制	控制	控制
year	控制	控制	控制
常数项	-0.228* (0.136)	-0.174 (0.136)	-0.186 (0.136)
样本量	5645	5645	5645
R^2	0.292	0.295	0.296

注：括号内是标准误；*** $p<0.01$，** $p<0.05$，* $p<0.1$。

（五）稳健性检验

为验证本书实证结果是稳定的，而不是通过一次样本出现的偶然结果，本书将数据按照不同的标准调整分类进行稳健性检验，分组方法同战略效应部分。稳健性检验结果见表5-18和表5-19。由表5-18可知，对于高roe组，sa的系数为0.206，且在1%水平上显著，kp相关性系数为0.162，且在10%水平上显著，kasp的相关性系数为-0.697，且在1%水平上显著，表中第（1）列、（2）列、（3）列的R^2分别为0.342、0.343、0.346，表明模型

(3) 的拟合度更好；对于低 roe 组，sa 的相关性系数为 0.28，且在 1% 水平下显著，kp 相关性系数为 0.103，且在 1% 水平上显著，kasp 的相关性系数为 -0.203，表中第（1）列、(2) 列、(3) 列的 R^2 分别为 0.254、0.258、0.259，表明模型（3）的拟合度更好。尽管不同 ROE 水平下变量的系数和显著性有所变化，但是结论同前文仍旧一致，即动态财务能力对融资约束具有缓冲作用。业绩较高组模型的 R^2 值均高于业绩较低组模型的 R^2 值，表明业绩较高组模型的可靠度更高。ROE 分组结果基本稳健，但是业绩较高组 kpsa 显著，业绩较低组 kpsa 不显著，由于动态财务能力是企业有目的地对财务能力进行创造、扩张和调整的潜能，因此，高盈利能力组的公司，动态财务能力在融资约束和战略转换间的反向调节作用更强，即高盈利能力组的公司，动态财务能力对融资约束的缓冲作用更明显。

表 5-18　　　　业绩较高组稳健性检验结果

	(1) dq	(2) dq	(3) dq
c_sa	0.206*** (0.073)	0.141* (0.074)	0.119 (0.074)
c_kp		0.162* (0.096)	0.499*** (0.151)
c_kpsa			-0.697*** (0.231)
tang	0.15** (0.063)	0.147** (0.064)	0.159** (0.066)
eff	0.043** (0.019)	0.05** (0.02)	0.062*** (0.021)
unique	0.043 (0.135)	0.044 (0.135)	0.076 (0.139)

续表

	(1) dq	(2) dq	(3) dq
size	-0.018 (0.012)	-0.026 ** (0.012)	-0.037 *** (0.013)
property	-0.042 * (0.023)	-0.046 * (0.024)	-0.052 ** (0.025)
maturity	0.009 *** (0.003)	0.007 ** (0.003)	0.008 *** (0.003)
industry	控制	控制	控制
year	控制	控制	控制
常数项	-0.647 ** (0.261)	-0.437 (0.279)	-0.187 (0.29)
样本量	3141	3141	3141
R^2	0.342	0.343	0.346

注：括号内是标准误； *** $p<0.01$， ** $p<0.05$， * $p<0.1$。

表 5-19　　业绩较低组稳健性检验结果

	(1) dq	(2) dq	(3) dq
c_sa	0.28 *** (0.104)	0.283 *** (0.103)	0.298 *** (0.102)
c_kp		0.103 *** (0.029)	0.113 *** (0.029)
c_kpsa			-0.203 (0.129)
tang	0.143 ** (0.063)	0.148 ** (0.063)	0.143 ** (0.062)

续表

	(1) dq	(2) dq	(3) dq
eff	-0.014 (0.016)	-0.012 (0.015)	-0.013 (0.015)
unique	0.04 (0.11)	-0.032 (0.116)	-0.041 (0.116)
size	-0.05 *** (0.013)	-0.049 *** (0.013)	-0.05 *** (0.013)
property	0.041 * (0.023)	0.035 (0.023)	0.036 (0.023)
maturity	0.009 ** (0.004)	0.009 ** (0.004)	0.009 ** (0.004)
industry	控制	控制	控制
year	控制	控制	控制
常数项	0.262 (0.243)	0.237 (0.244)	0.262 (0.245)
样本量	2504	2504	2504
R^2	0.254	0.258	0.259

注：括号内是标准误；*** p<0.01，** p<0.05，* p<0.1。

（六）小结

本节旨在从融资约束的角度探究动态财务能力对战略的财务支撑作用，并通过实证分析验证其有效性和作用机制。为此，我们以2007—2020年A股上市企业为研究对象，运用描述性统计、群集稳健标准误、稳健性检验等方法对相关数据进行了深入挖掘和分析。在研究过程中，我们发现动态财务能力对融资约束具有显著的缓冲作用，这表明动态财务能力可以通过缓冲融资约束发挥战略支撑作用。简而言之，企业可以通过不断提高动态财务能力水平来缓解融资约束对企业筹资能力的限制，为企业的战略转换提供支撑和保障，以达到企业长期稳定发展的目标。

第六章

动态财务能力的调整

一、引言

企业得以立足发展有一部分是因为其所处的经营环境对其发展壮大有利，企业如何看待和采取恰当的举措以应对环境变化，对其经营成功与否产生重要影响。从国际角度看，很多大型企业出现的程度不同的财务危机，大多是由于外部经营环境的不确定性，加上部分企业缺乏良好的预警机制和有效的防范措施，因此很难寻找和利用优势资源以摆脱财务困境，从而难逃破产倒闭的命运。从国内角度看，国内企业因动态财务能力水平较低而在外界环境发生变化时陷入财务困境的企业也不在少数。

伴随着世界经济全球化，尤其是我国在世界贸易组织中的地位日益突出并发挥着越来越重要的作用，从而使我国企业与世界上其他经济组织的经济活动往来日益密切，自改革开放以来，我国在经济上奉行“走出去”的发展战略，使我国企业不仅仅面对本国消费市场，而且要面向整个世界市场，同世界各地的企业频繁进行贸易往来和经济交流。而与此同时，随着我国周边地区愈演愈烈的冲突与摩擦，也给地区的经济发展造成了一定程度的阻碍，这将对我国企业的战略发展和投资选择产生影响。环境不确定性目前成为经济全球化时期的一个重要特征，而企业如何应对不确定性已然成为当今时代的重要课题，本章正是基于此条件背景下撰写的，通过对相关理论的分析研究有助于企业正确认识动态财务能力调整问题，从而使得企业能够以此为前提，科学地进行有关财务管理的决策。

国内外的专家学者目前对环境不确定性、动态财务能力或和其他经济变量之间的关系进行了不同方面与角度的研究探索，但对于环境不确定性与动态财务能力之间的相关性研究较少。另外，在中国知网的搜索栏内进行关键词检索可以发现，当输入“环境不确定性”关键词时显示中外文献共有3166条结果，输入“动态财务能力”关键词进行检索时可以检索到113条结果，将“环境不确定性”与“动态财务能力”同时进行检索时仅得到14条结果，可见相关文献的缺乏。企业储备动态财务能力水平就是为了应对多变的经营环境不确定性，并且企业储备的动态财务能力能够根据环境变化而改变时，才有其存在的意义，更能够使企业将有限的资源进行更加合理的配置。本章的理论意义，一是对现有的动态财务能力研究的理论进行丰富的补充。本章进一步从动态角度出发，对动态财务能力调整的相关问题进行补充。二是进一步对环境不确定性与动态财务能力调整关系研究的理论框架进行相应扩充。本章在现有研究成果的基础上进一步分析论证环境不确定性变化对动态财务能力调整方式的影响，使得研究内容更丰富。

在经济全球化的今天，我国企业在享受改革开放的硕果的同时也要面临更加复杂多变的市场环境，环境不确定性对企业的威胁日益加剧，当然企业对动态财务能力的重视程度也在提高，动态财务能力是一种能够帮助企业在环境不确定的条件下通过各种方式筹集资金的能力，但若使动态财务能力始终保持在企业的目标动态财务能力之上，对于企业来讲又是一种资源的浪费，因此，研究动态财务能力调整能够使企业在把握动态财务能力的“预防”和“利用”的属性的基础上帮助企业实现资本结构的动态调整和财务资源的合理分配，能够更好地帮助企业把握稍纵即逝的投资机会，达到企业价值最大化。本书的实践价值主要体现在以下两个方面：一是使我国企业增强动态财务能力储备意识，在调度财务资源时要综合考虑各种因素，例如，股利分配政策、企业成长性等，使企业能够借助动态财务能力的调整更好地将分配政策与投融资决策相联系，帮助企业建立适度储备动态财务能力的理念。二是增强企业在进行动态财务能力调整时的可操作性与目的性，本书在现有文献的研究结果上，进一步将环境不确定性的变化引入到动态财务能力调整上来，希望能够帮助企业在面对环境不确定的变化时能够正确运用动态财务能力，提高企业在经营环境发生变化时的财务能力。

二、文献综述

目前，国内外研究环境不确定性和动态财务能力关系的文献较少见，但是动态财务能力与广义财务柔性有一定的关联性，研读环境不确定性和财务柔性关系的文献对本书研究具有重要参考价值。

在国外，DeAngelo 和 DeAngelo（2007）将财务柔性分为现金柔性、负债柔性和权益柔性，提出财务柔性理论，这奠定了财务柔性研究的理论基础。Cook 和 Tang（2010），提出企业资本结构的调整速度会受到宏观经济环境影响的观点，并且他们还认为企业资金周转状况会对该种影响产生交叉作用。Byoun（2011）把财务柔性和环境不确定性紧密联系，提出企业之所以储备财务柔性是因为要应对环境不确定性观点。对于不确定性的来源，不同的专家学者持有各自不同的观点，总体而言将不确定性来源分为组织外部环境和组织内部环境，Tung（1979）提出源于组织外部的观点，Milliken（1987）认为是管理者对外部环境产生的一种认知，因此是源于组织内部。

在国内，2011 年，曾爱民、傅元略等发表文章论证企业融资行为、金融危机冲击及财务柔性储备的关系，初次使用多元回归方法研究企业事先储备的财务柔性对其在不利环境下融资行为的影响，但没有彻底解决如何选取恰当的财务政策及适度储备财务柔性的问题；2013 年，邓康林、刘名旭对上市公司现金股利、环境不确定性与财务柔性问题进行研究，得出了在不确定性环境中企业在获取权益柔性与债务柔性方面受到限制，低股利政策更易达到预期结果的观点，得出权益柔性和债务柔性不可控，仅能从改变现金柔性来控制财务柔性；2014 年，刘名旭、向显湖研究认为企业面临的不确定性越强、可用于抵押融资的资产越少，其财务柔性水平越高，但文章仅从国家、社会等针对宏观环境和行业环境不确定性方面提出建议，对企业自身如何应对调整财务柔性以适应环境的不确定性未提出具体措施；2016 年，杨荣华、黄陟发表文章指出环境不确定性程度的增大会促进财务柔性对企业价值的提升；2016 年，许诺在论文中针对环境不确定性、管理者过度自信与财务柔性动态调整问题进行研究，基于权衡理论、财务权变理论等理论论证了企业存在目标财务柔性、环境不确定性会加快财务柔性动态调整速度，管理者过度自信会降低环境不确定性对财务柔性动态调整速度的敏感性，但也指出目前缺乏全面反映企业财务柔性储备指标和变量，并在此基础上构建更为系统的度量目标财务柔性拟合估计模型及对影响企业财务柔性调整方式的因素的进一步探索。2018 年，周崇伦研究了环境不确定性及其变化对企业财务柔性的影响以及两职合一在其中的调节作用，并且采用企业近三年净资产利润率的标准差来度量不确定性；2017 年，王爱群、唐文萍认为企业面临的环境不确定性与财务柔性呈正相关关系，且环境不确定性会抑制财务柔性与企业成长性的负相关关系，且抑制效应在国有企业更明显；2018 年，张博、庄汶资、袁红柳采用双重差分的方法，论证了新会计准则的实施能够提高资本结构调整速度，且这种效应在非国有企业及信息不对称较高的企业更明显。2019 年，刘瑶、吴祥虎以非效率投资视角研究了财务柔性对企业投资行为的影响，通过理论分析阐述财务柔性和非效率投资关系；2019 年，刘嫦、杨茜雅、李丽丹的研究基于权变理论、委托代理理论论证了不确定性环境下企业费用黏性水平更高。

综上所述，目前少见关于动态财务能力动态调整和环境不确定性影响的研究，本章将借鉴上面的一些研究展开相关的讨论，一是进一步从动态角度出发，对动态财务能力调整的相关问题进行研究，从而对现有的动态财务能力研究的理论进行补充；二是在现有研究成果的基础上进一步分析论证环境不确定性变化对动态财务能力调整方式的影响，使得研究内容更丰富。

三、相关理论概述

当今时代的信息科学技术在给我们的生活方式带来巨大便利的同时，也为企业的生产经营模式提供新思路，环境不确定性是企业动态财务能力存在和调整的基础和前提，企业提前储备的良好的动态财务能力可以帮助企业对环境不确定性造成的风险进行有效预防并起到一定的缓冲作用，使企业能够将动态财务能力的潜在能力转化为调控的现实能力，进而能够为企业对环境不确定性及其变化进行有效应对并提供物质资金上的保障，使此时动态财务能力的作用得到充分体现。本部分主要针对本书要用到的环境不确定性理论等有关内容着重进行总结整理，为进一步论证提供有力依据。

（一）环境不确定性理论

不确定性是在进行行为和组织研究时难以避免的因素之一，故而研究环境不确定性理论的意义重大，对于环境不确定性理论的研究内容主要是环境不确定性概念及影响，本节在参考相关文献的基础上主要从环境不确定性理论的本质和影响路径进行分析。对于环境不确定性的本质，汤普森（2007）在研究中提出环境不确定性具有动态性与复杂性特点。企业的生产经营环境千差万别是由环境不确定性造成的，导致其往往陷入内忧外患的尴尬境地，给企业及时进行生产经营安排带来了困难，若企业面临这种困难时不能够适时调整，就会使得企业生产经营出现各种问题，进而有导致企业破产的可能，在2008年金融危机时就有大量的企业因为没能及时调整而破产倒闭，给世界经济带来了巨大的冲击。同样是面临危机，那些业绩优良的企业却能提前预见或在平时的经营活动中进行技术、资金等的储备从而有效应对不确定性，在危机中找到并把握发展机遇。正因为存在环境的不确定性才使企业有必要建立适合自己的动态财务能力并能够随着对外界环境的不确定性的预测而适时调整，可以这么说，如果把企业比作弓箭，那么动态财务能力就好比箭上的弦，动态财务能力的存在则就为企业更好地应对环境中不确定性造成的风险提供财务张力，能够保证企业最有效的实现企业价值最大化的目标，使企业能够灵活应对财务风险，并且企业存在的动态财务资源能够使企业获得更好把握环境不确定性中潜在机遇的可能性，从而推动企业又好又快地发展。

（二）权衡理论

Modigliani 和 Miller（1958）提出了 MM 定理，该定理指出在资本市场完善条件下，融资渠道不会影响企业价值，并且任何的内外部因素均不会影响企业的融资渠道的选择；Kraus 和 Litzenberger（1973）认为企业的税前收入会因债务利息带来的税盾效应而减少，但也会带来因过量负债而造成的破产倒闭的风险，因此企业在进行相关财务决策时需要进行权衡，而同时将财务困境成本、风险债务以及代理费用等因素引入 MM 定理后，促进了权衡理论的形成。权衡理论经过一定时期的发展与演化，逐渐分流为两个主要方向，这就是接下来本书要阐述的动态、静态权衡理论。

对企业负债带来的税收收益与财务困境成本进行研究，并对二者作出权衡，用以指导资本结构决策正是基于静态权衡理论的观点，用公式表示为：

$$V = D + E = \overline{V} + PV_i - PV_c$$

在等式当中，用 V 表示负债企业的价值，用 $\overline{V}$ 表示完全无负债的企业价值，用 PV_i 表示由企业债务利息的税盾效应带来的抵税收益，同时用 PV_c 表示企业违约产生的财务困境成本。汪昌云（2006）指出因企业到期无力偿付而给企业带来的经济损失就是财务困境成本，主要包括财务拮据成本和破产成本，Haugen 和 Senbet（1978）将企业的破产成本分为直接成本和间接成本，直接成本是由于企业无力偿还债权人到期债务而不得不申请破产或者寻求重组而造成企业的现金流出，其中不仅包含律师费用等法律成本，还包含企业资产的损失等在内的管理成本；企业在申请破产保护之前所发生的一系列费用被认为是企业破产的间接成本，债权人与股东之间的代理冲突是造成企业破产的间接成本的来源之一，从根本上讲是因为二者之间的目标函数不同，企业的管理者主要追求股东利益最大化，所以即使是在企业违约风险很高时，他们也有可能为追求股东利益最大化而选择高风险的投资项目，而将风险损失转嫁给债权人，而对于企业外部的债权人来说情况则恰恰相反，债权人只想让企业稳健经营从而使自己能够及时收回债务本息，这是因为即使企业获得高额收益，债权人也不会获得超过自己本息之外的额外收益，但却要承担企业高杠杆经营带来的风险，这必然会使债权人加强对企业经营的监督，如聘用相关的审计评级机构定期对企业的财务状况进行报告，这就导致了代理成本的发生。除了代理成本以外，在企业濒临破产之前对其利益相关者造成的影响是形成间接破产成本的另一个来源，这可以从消费者、上游供应商以及潜在的投资者角度进行分析，首先如果消费者产生企业到期无力偿还债务的感觉，并且出于对自身利益的保护采取停止继续购买企业的产品或服务的行动，这会对企业的正常生产和销售造成困难；其次是对处于企业上游的供应商来说，他们会提出更为严格的供货条件，通过采取降低企业的信用额度、缩短收账期等手段尽量减少发生在该企业的坏账损失，这对于陷入财务困境的企业来说无疑是雪上加霜；最后是会对企业的再融资带来阻碍，由于企业经营状况的恶化会使企业的潜在债权人和股东等投资者为降低投资风险收回投资或不愿追加投资，使得财务困难企业在面临投资机会时不能筹集到资金以获取收益。由此可知，静态权衡理论主要从静态角度研究负债的抵税效应和由它引发的财务危机成本之间存在的一种平衡，即企业理应具备一个目标资本结构。

动态权衡理论所持的主要观点为：企业的资本结构并不总是保持在最优水平上，而是在受到一系列内外部因素的综合影响下，可能经常会处在偏离其最优水平的状态，所以企业需要重视经营环境的变化而且不断调整安排其资本结构决策。动态权衡理论与静态权衡理论相比更加具有进步性，尽管静态权衡理论在理论上提出了最优资本结构的可行性，然而它仅仅关注的是企业在某一时期的资本结构决策，并未全面考虑有关资本结构的动态调整。从本质上讲，资本结构具有动态性，尽管静态权衡理论在某种程度上能够帮助企业解决目标资本结构的相关问题，但却对企业发展造成制约，致使企业往往需要以目标资本结构为中心来安排其融资决策，围绕目标资本结构来安排企业的融资决策极有可能使企业尤其是那些成长性较高的企业丧失大量有利投资机会，影响企业发展。Brennan 和 Schwartz（1984）通过研究得出企业并非保持恒定不变的债务比例，其比例维持在一定范围水平内，在资产负债率的偏离程度超过预定水平时，企业随后就会采取相应的措施进行调整以重新回归到其目标资本结构水平。企业的实际资本结构与其目标水平之间产生差异主要取决于以下两点：一是由于随机的情况或者意外的事件的发生，使得企业迫不得已而改变或者放弃原有的资本结构安排，在其后的一段时间内企业会逐步调整由不确定性事件产生的偏差，从而使其再次接近最优资本结构；二是由于调整成本的存在。Myers (1984) 在其研究中得出倘若调整成本不存在，那么企业的实际资本结构必然会达到其最优资本结构水平这一结论，但这种理想状况在现实生活中无法达到，而且随着企业的调整成本越高其偏离目标资本结构的时间就会越长。制度成本和固定成本构成调整成本，公司内部治理机制相对落后等因素是制度成本的主要来源；而诸如会计费、律师费和资产评估费等在企业资本结构调整过程中不可避免的费用成本构成了固定调整成本，相应的成本也许会因公司规模等因素的差异而略有区别，以上因素使得企业的融资约束受到限制，这也会进一步增加融资的机会成本。

（三）财务权变理论

权宜应变是对财务权变理论中的“权变”的恰当解释，在企业日常的经营管理中遇到困难时，企业应随机应变、权衡利弊及时根据现状作出相应的调整和决策。权变理论的“变”可体现在以下三个方面：首先是灵活的决策。不同行业的企业组织或者同一行业的不同企业所面临的环境不确定性情况也千差万别，依据所处环境和情况的不同，企业及时采取措施有效应对各种问题，才能使得企业稳健运营，逐步实现其价值最大化的目标。其次是设立恰当的经营目标。不论企业处于哪个行业，每个企业都应根据自己的实际情况和相关的战略发展规划确立行之有效、较为详尽的长短期经营目标，这使得企业在面临不确定性情况时，能够有效应对，有的放矢。最后是对于影响因素的深入分析。这也是企业管理活动中最重要的一点，只有企业在选择管理方式之前能够充分分析各影响因素与管理活动之间的关系，包括函数关系及其他相关关系，充分区分企业经营活动中各要素之间的关系类型，才能更好地制订计划、应对变化。

按照财务权变理论的观点，如果企业想要在这场竞争中脱颖而出，就要学会循着资本结构演化路径，以内外部环境的变化为依托，及时进行自身资本结构的动态调整，从而使其实际的资本结构达到最优的水平，以实现企业价值的目标。财务权变能力即财务权变理论在企业实践中主要表现，主要包括以下四个主要特征：首先，路径依赖性在财务权变能力中极为重要，所谓路径依赖是指这种能力在某种程度上具有连续性，会随着企业的发展而发展与变化；其次，资产专用型是财务权变能力的第二个特征，这是因为企业无法在市场交易中获得它，仅能根据自身的活动要素和资源状况而探索到；再次，知识特征强烈是其第三个特征，财务权变能力并非企业轻易就能获得的，它更是企业的一种积累；最后，价值创造功能是财务权变能力的第四个特征，它能够使企业把握先机，获得有利的投资机会，从而在激烈的竞争中能够实现价值最大化，立于不败之地。王欣和王磊（2012）在研究中对财务权变理论进行四个维度的划分，即路径依赖、内部因素、外部环境及可持续发展。

四、目标动态财务能力存在性分析

动态财务能力是企业有目的地创造、扩张或调整其财务能力的潜能。企业动态财务能力是企业动态能力的子能力。当企业面临内外部环境变化时，通过预先储备的财务资源，企业能够将潜在财务能力转化为实际能力，及时有效地调整财务战略，以缓解资源约束、确保可持续发展，并提高应对内外部危机的能力。因此，企业的动态财务能力为实现财务战略调整提供了有力的物质支持，同时也提供了缓冲能力，避免企业在面对不利冲击时陷入财务困境。虽然动态财务能力能在企业经营过程中起到一定程度的作用，但是企业在储备动态财务能力的过程中必然要付出一定的成本。随着企业动态财务能力的提高，其成本也会增加，必然会削弱动态财务能力带来的价值提升。在动态财务能力的储备成本和储备收益之间进行权衡来决定企业当期的动态财务能力水平是非常关键的。企业是否存在目标动态财务能力，这个问题值得我们进行更为深入的思考。

（一）提出假设

由于关于动态财务能力的相关研究尚不多见，本部分主要参考财务柔性的相关研究作参考。赵华、张鼎祖（2010）指出财务柔性是以主动适应动态变化的财务环境和处理系统不确定性带来的管理财务风险为直接目标，以财务资源、能力有效整合为基础和动力，以财务行为决策优化为路径，以财务行为的风险管理过程和结果为表现的一种系统综合能力。曾爱民（2013）指出企业事前准备的财务柔性能有效增强其抵御不利冲击的能力。宋蔚蔚（2021）在研究财务柔性时指出财务柔性在一定范围内会提升企业成长性，超过临界值，财务柔性对企业成长性反而起到负向作用。

企业的动态财务能力通常发挥着抵御外来风险和迎接投资机会、缓解融资约束的作用。在公司的经营环境存在着不确定性风险的情况下，公司一方面可利用其及时增加、扩张或调整财务能力抵御外部风险，化险为夷；另一方面，当有利的投资机会出现时，公司可通过动态财务能力增加、扩张或调整财务能力抓住机遇，把握投资机会。但是，动态财务能力的这种“进可攻，退可守”的特性也并非越强越好，由于储备动态财务能力是需要成本的，而这种成本是显性的，但是动态财务能力的收益是潜在的，也就是收益是隐性的，是通过将动态财务能力调整为财务能力来实现的。首先，企业获得更多的潜在收益储备、更多的动态财务能力也可能会导致过度投资，其次，因企业的负债需要定期偿还而对管理层的行为产生一定的约束作用，若企业无法清偿到期债务就会有破产倒闭的风险，故而会对管理者的过度投资行为起到一定的约束作用。因此企业的目标动态财务能力的存在就有了其合理性，是在企业储备动态财务能力的“得”与过度投资的“失”之间权衡的结果。因此本节提出如下假设：

假设 H1：企业动态财务能力存在目标动态财务能力。

（二）研究设计与样本选择

1. 研究设计思路

为了检验假设 H1，可以采用二次曲线模型进行回归分析，因变量采用企业目标，自变量采用的是前一期的动态财务能力及其平方。如果一次项的系数为正，二次项的系数为负，则动态财务能力相对于企业目标来说就是一个开口向下的倒“U”形曲线，顶点就是目标动态财务能力，也就说明存在目标动态财务能力。

2. 变量设计

（1）因变量。

如果存在目标动态财务能力，会针对企业战略转换这个目标，因此，选择战略转换作为因变量，用托宾 Q 值的增量 dq 来表示。

（2）自变量。

本书的自变量为前一期的动态财务能力及其平方，采用前一期的动势 lkp 和其的平方 lkpsq。

（3）控制变量。

在企业经营过程中，有很多因素会影响战略转换。这些影响因素可能会在模型中对本书的回归结果产生一定的影响。为了更加准确地分析目标动态财务能力的存在性，本书引入控制变量加入到实证模型之中。因为被解释变量与第五章相同，因此控制变量的选用与上一章也相同。

第一，资产有形性。代理成本理论指出，由于股东和债权人的利益存在冲突，债权人可能面临道德风险和逆向选择问题。在进行战略转换时，高风险性可能导致理性的经理人变得厌恶风险，他们可能会选择低风险和低收益的决策以保护自己的声誉，并抑制战略转换的发生。而有形资产的担保可以降低债务代理成本，从而减少股东和债权人之间的利益冲突。因此，资产的有形性可能会影响战略转换的发生。本书使用固定资产占总资产的比重来衡量资产的有形性。

第二，经营效率。Fiegebaum、Thomas（1988）指出企业绩效的大幅下降或者预期大幅下降，都会促使企业改变原有的经营模式，实现旧模式向新模式的转换。因此，经营效率会影响企业战略转换。

第三，产品独特性。在进行战略转换时，企业的财务杠杆水平与风险息息相关。高财务杠杆会增加企业面临的风险，如果战略转换导致企业经济压力和现金流问题，这种风险可能会被进一步加剧，从而降低企业的灵活性。根据 Titman 和 Wessels（1988）的研究，具有独特性产品的公司倾向于较低杠杆。因此，在分析战略转换的因素时，产品独特性应该被视为一个重要的考虑因素之一。

第四，企业规模。Kiattichai Kalasin（2020）研究发现高级外籍经理能积极推动和实施组织变革，但是企业规模削弱了高级外籍经理与企业战略变革的关系。且根据权衡理论，公司规模较大时，其利益相关者会更加庞大和复杂，资源配置也会变得更加复杂，竞争环境和市场压力也会更加严峻，这些因素都会影响战略转换。

第五，产权性质。卢锐（2008）指出产权性质的不同决定了管理层对公司治理体系的影响能力，国有上市公司受内部人控制以及“一股独大”的股权结构导致企业控制权转移到管理层手中。企业的战略转换行为由控制人直接决定，国有公司及少数非国企公司由于控制权较为集中，进行战略转换的决策较为容易，其余公司进行战略转换效率则较低。因此，产权性质会对战略转换产生影响。

第六，成熟度。企业在其生命周期不同阶段的演化，会导致其战略转换的特点不同。初创阶段的企业由于市场和业务尚未成熟，因此战略转换相对容易。而当企业成长到一定程度时，其在业务、组织、文化等方面逐渐固定化，战略转换的难度逐渐增大。一般而言，企业成熟度越高，其战略转换的难度越大。

表 6－1　　变量定义表

变量性质	变量名称	变量符号	变量计算方法
被解释变量	战略转换	dq	托宾 Q 值的增量
解释变量	动态财务能力	lkp	滞后一期的动势
	动态财务能力的平方	lkpsq	滞后一期动势的平方
控制变量	资产有形性	tang	固定资产占总资产的比重
	经营效率	eff	总资产周转率＝营业收入/平均资产总额
	产品独特性	unique	（销售费用＋管理费用）/营业收入
	企业规模	size	资产总额的自然对数
	产权性质	property	国企为 1，非国企为 0
	成熟度	maturity	年度－上市年度
	行业	industry	行业虚拟变量
	年度	year	年度虚拟变量

3. 样本选择与数据来源

以 2007—2020 年主板市场纯 A 股上市公司做样本，剔除了金融业企业和相关指标缺失或异常的企业，得到 458 家企业连续 14 年的相关数据。相关数据主要来源于 CSMAR 中国经济金融研究数据库（原国泰安数据库）（http：//cn. gtadata. com）。因计算 kp 和托宾 Q 增量计算会损失 2007 年数据，因此实际参与运算的样本期间分布在 2008—2020 年度之间。

（三）实证检验与结果分析

1. 描述性统计与相关性分析

本章的变量与数据与上一章基本相同，关于变量的描述性统计和相关分析也基本相同，不再重复说明。战略转换（dq）的平均值为 0.008，标准差为 0.712，说明数据存在一定波动，各个企业的战略转换水平稳定性较差。战略转换最大值为 11.567，最小值则为 -9.52，这说明各个企业间战略转换差距很大，出现了两极分化的现象，结合动态财务能力（kp）的平均值、最小值、最大值分析，说明大部分上市公司整体动态财务能力偏低。进行相关性分析，在某种程度上有助于我们对加入模型的变量的合理性做初步判断。解释变量之间的相关系数较低，相关性较小，共线性的可能性较低。

2. 实证结果与分析

采用面板数据的混合效应模型。模型的多重共线性检验 VIF 平均为 2.70，说明变量之间的多重共线性是可以接受的。为了防止异方差的问题和短面板数据的序列相关性问题，在做面板数据的混合效应模型回归时均采用了以企业编号做群集变量的群集稳健标准误进行回归分析。

表 6-2　　VIF 检验

变量	VIF	1/VIF
lkp	5.75	0.173842
lkpsq	5.05	0.19808
tang	1.57	0.638525
eff	1.45	0.687794

续表

变量	VIF	1/VIF
unique	1.43	0.697541
size	1.42	0.706063
property	1.13	0.882708
maturity	2.54	0.393793
industroy	控制	
year	控制	
平均 VIF	2.7	

表 6-3　　　　回归分析结果

变量	系数	标准误	t 值	p 值	95% 置信区间		显著性
lkp	0.36	0.064	5.58	0	0.233	0.486	***
lkpsq	-0.025	0.007	-3.84	0	-0.038	-0.012	***
tang	0.137	0.042	3.26	0.001	0.054	0.22	***
eff	0.03	0.009	3.46	0.001	0.013	0.047	***
unique	0.014	0.09	0.16	0.874	-0.162	0.19	
size	-0.027	0.005	-5.06	0	-0.037	-0.016	***
property	-0.015	0.012	-1.21	0.228	-0.039	0.009	
maturity	0.001	0.001	0.97	0.331	-0.001	0.004	
industry	控制	控制	控制	控制	控制	控制	
年度	控制	控制	控制	控制	控制	控制	
常数项	-0.572	0.136	-4.22	0	-0.839	-0.306	***
R^2		0.297	样本量		5645		
F 值		47.251	p 值		0.000		
AIC		10748.300	BIC		10980.648		

注：*** p<0.01，** p<0.05，* p<0.1。

回归分析结果如表 6-3 所示，R^2 为 0.297，说明模型的拟合优度较好。F 值为 47.251，p 值为 0.000，说明整个模型联合显著。

dq与lkp在1%的显著水平上显著，其系数为0.36，dq与lkpsq在1%的显著水平上显著，其系数为-0.25，两变量之间呈现负相关关系。因此，这验证了本节的假设：企业动态财务能力存在目标动态财务能力。控制变量当中，dq与tang、eff呈现显著正相关，dq与size呈现显著负相关。其余控制变量与战略转换之间不存在显著性。

（四）稳健性检验

为了验证本节实证结果是稳定的，接着对样本分组进行稳健性检验。首先，按roe是否低于均值分成两类，企业roe高于等于均值的称为业绩较高组，低于均值的称为业绩较低组，对其分别分析检验。其次，将样本企业按照国企和非国企来划分，进行分组回归分析。

1. 按roe高低分组

将企业ROE高于、等于均值的称为业绩较高组，ROE低于均值的称为业绩较低组。第一列是业绩较高组，第二列是业绩较低组。

从表6-4可以看出，不论是业绩较高组还是业绩较低组，dq与lkp在1%的显著性水平上显著相关，且相关系数均为正值。dq与lkpsq在1%的显著性水平上显著负相关，这说明本节的假设：企业动态财务能力存在目标动态财务能力。以上以业绩高低分组回归结果说明回归分析结果具有稳健性。

表6-4　　以业绩高低分组的回归结果

	(1) dq	(2) dq
lkp	0.842 *** (0.226)	0.368 *** (0.075)

续表

	(1) dq	(2) dq
lkpsq	-0.15*** (0.044)	-0.025*** (0.007)
tang	0.136** (0.063)	0.132** (0.056)
eff	0.043*** (0.016)	0.018 (0.016)
unique	0.167 (0.148)	-0.092 (0.118)
size	-0.039*** (0.011)	-0.028*** (0.008)
property	-0.018 (0.022)	-0.008 (0.022)
maturity	0.003 (0.002)	0.001 (0.003)
industry	控制	控制
年度	控制	控制
常数项	-0.69*** (0.234)	-0.473** (0.209)
样本量	3018	2627
R^2	0.307	0.304

注：括号内是标准误；*** $p<0.01$，** $p<0.05$，* $p<0.1$。

2. 按企业性质分组

表6-5是以是否为国企为划分依据的回归结果，第（1）列为国企，第（2）列为非国企相关数据。不论企业是国企还是非国企，dq与lkp之间均在1%的显著性水平上显著正相关；dq与lkpsq之间也显著负相关。以上结果可以说明动态财务能力存在目

标动态财务能力的回归分析结果是稳健的。

表 6 – 5　　以是否为国企的分组回归结果

	(1) dq	(2) dq
lkp	0.315*** (0.067)	0.779*** (0.261)
lkpsq	-0.022*** (0.006)	-0.105** (0.049)
tang	0.084** (0.039)	0.253*** (0.096)
eff	0.019* (0.01)	0.074*** (0.027)
unique	-0.081 (0.099)	0.148 (0.145)
size	-0.023*** (0.005)	-0.035** (0.014)
maturity	0.001 (0.002)	0.003 (0.004)
industry	控制	控制
year	控制	控制
常数项	-0.558*** (0.136)	-0.872** (0.336)
样本量	3916	1729
R^2	0.296	0.324

注：括号内是标准误；*** $p<0.01$，** $p<0.05$，* $p<0.1$。

（五）小结

本节旨在探究目标动态财务能力的存在性，通过实证分析进行深入探究。本节选取了2007—2020年主板市场纯A股上市公司做样本，运用描述性统计、回归分析、稳健性分析等方法对数据进行深度的分析与挖掘。通过整个实证过程的分析，我们发现目标动态财务能力存在的证据，支持了提出的假设。

五、动态财务能力的动态调整

企业的目标动态财务能力并非恒定不变，它会根据战略目标选择和风险可控度的变化而变化。在外部环境变动时，企业需要根据经营和财务状况做出及时调整。当企业发现有利的投资机会时，为了支持这项决策，很可能会提前动用动态财务能力储备。这使得企业的动态财务能力偏离目标水平。动态财务能力作为企业主动寻求的一种抵御风险和把握投资机会的手段与方法，它的作用不仅体现在其储备上，更体现在其对动态财务能力的主动调整上，只有在调整的过程中，动态财务能力的作用才能够被最大限度地发挥出来。因此，探究动态财务能力的调整非常具有理论和实践意义。

（一）提出假设

企业动态财务能力可以抵御外部风险，也可以抓住机遇、把握投资机会。但是过高的动态财务能力储备也会导致代理成本的增加。因此在储备收益与成本之间权衡，企业应当存在目标动态财务能力。尽管企业有目标动态财务能力，但由于外部环境不断变化，企业需要根据经营状况进行调整以适应变化。因此，动态财务能力无法一直保持目标水平，可能会偏离。同时，企业的目标动态财务能力并非恒定不变的，而是随着内外环境、战略目标和投融资决策的变化而波动。Leary和Roberts（2005）通过实证研究发现企业积极地在平衡其杠杆以将资本结构保持在最优范围内。连玉君和苏治

(2008) 指出中国上市公司的现金持有行为具有较强的理性，存在目标现金持有水平。现金柔性和债务柔性也是动态财务能力的一部分，因此本书提出如下假设：

H1：企业动态财务能力储备会向目标动态财务能力方向调整。

(二) 研究设计与样本选择

1. 研究设计思路

本节对企业动态财务能力储备向目标动态财务能力方向调整进行实证研究。因变量为动态财务能力的增量，用 dkp 来表示。自变量为滞后一期的动态财务能力的增量，用 ldkp 来表示。如果通过回归分析自变量对因变量有显著的解释能力，就可以说明企业动态财务能力储备显著的向目标动态财务能力方向调整。

2. 变量设计

表 6-6 为变量定义表，因变量为动态财务能力的增量，用 dkp 来表示。动态财务能力的增量等于当期动态财务能力减去上期动态财务能力。自变量为上一期的动态财务能力的增量，用 ldkp 来表示。控制变量采用企业规模、行业虚拟变量、年度虚拟变量等变量。

表 6-6　　变量定义表

变量性质	变量名称	变量符号	变量计算方法
被解释变量	动态财务能力增量	dkp_t	动势的增量
解释变量	滞后一期动态财务能力的增量	ldkp	滞后一期动态财务能力的增量
控制变量	企业规模	size	年末总资产自然对数
	行业虚拟变量	industry	
	年度虚拟变量	year	

3. 样本选择与数据来源

以2007—2020年主板市场纯A股上市公司做样本，剔除了金融业企业和相关指标缺失或异常的企业，得到458家企业连续14年的相关数据。相关数据主要来源于CSMAR中国经济金融研究数据库（原国泰安数据库）（http：//cn.gtadata.com）。因kp计算会损失2007年数据，计算dkp会损失2008年数据，因此实际参与运算的样本期间分布在2009—2020年度之间。

（三）实证检验与结果分析

1. 变量的描述性统计

表6－7是历年动态财务能力增量的描述性统计结果。通过对分析可以发现，2011—2014年以及2017—2018年，动态财务能力增量的平均值均为负值，这说明2011—2014年我国上市公司的动态财务能力在变小，企业生产经营环境逐步好转，对动态财务能力的储备也相对下降。同时，2011—2014年，动态财务能力增量的标准差较大，表明数据的波动程度较高，说明我国上市公司储备动态财务能力的意愿不尽一致。2015—2020年动态财务能力增量的平均值由正转负再转正，说明我国上市公司经营环境波动性加剧，促使企业储备动态财务能力的决策不断增强。2009—2020年，动态财务能力变化量的最小值为－13.533，最大值为13.113，二者之间有较大差距，表明我国不同年份、不同行业的上市公司的动态财务能力水平也存在显著差异，企业会根据自身的经营状况对企业动态财务能力进行调整。

表6－7　　历年动态财务能力增量的描述性统计

年度	样本量	平均值	标准差	最小值	最大值
2009	458	0.008	0.281	－3.947	2.308
2010	458	0.296	0.480	－2.687	8.909

续表

年度	样本量	平均值	标准差	最小值	最大值
2011	458	-0.019	0.567	-8.999	6.509
2012	458	-0.222	0.599	-6.945	9.066
2013	458	-0.085	0.781	-9.632	13.113
2014	458	-0.090	0.638	-13.533	0.858
2015	458	0.126	0.180	-1.892	1.653
2016	458	0.222	0.459	-1.465	6.468
2017	458	-0.124	0.432	-6.429	1.521
2018	458	-0.153	0.151	-1.933	0.714
2019	458	0.000	0.162	-0.802	1.997
2020	458	0.063	0.262	-1.157	4.688

2. 实证结果与分析

由于模型中含有滞后因变量，是动态面板数据，且样本数据是n较大而T较小的短动态面板，采用系统GMM方法。应用计算两步估计量的方法，为了改善扰动项的自相关问题，模型里加入了滞后两期的因变量做自变量。为了改进异方差问题，采用稳健标准误。

从表6-8的数据可以看出，滞后一期的dkp（ldkp）的回归系数为-0.511，在1%的水平上显著为负，滞后两期的dkp（l2dkp）的回归系数为-0.269，在1%的水平上显著为负。这表明存在目标动态财务能力，企业动态财务能力储备会向目标动态财务能力方向调整，验证了本节假设。模型中其他控制变量都不显著。结果说明企业在经营环境变化时，会根据财务和经营状况主动调整动态财务能力水平。面对财务风险或有利投资机会时，企业会调整动态财务能力水平以满足财务能力需求，导致企业动态财务能力水平偏离目标水平。随后，企业会主动调整动态财务能力水平，使其重新回到目标范围。

表 6-8　　回归分析结果

变量	系数	标准误	t 值	p 值	95% 置信区间		显著性
ldkp	-0.511	0.044	-11.55	0	-0.597	-0.424	***
l2dkp	-0.269	0.016	-17.01	0	-0.3	-0.238	***
industry_2	1.062	0.957	1.11	0.267	-0.814	2.939	
industry_3	1.196	1.031	1.16	0.246	-0.825	3.218	
industry_4	1.181	0.888	1.33	0.183	-0.559	2.92	
industry_5	1.052	0.883	1.19	0.233	-0.678	2.782	
industry_6	1.158	0.822	1.41	0.159	-0.452	2.768	
industry_7	1.07	0.913	1.17	0.241	-0.718	2.859	
industry_8	1.395	0.77	1.81	0.07	-0.114	2.904	*
industry_9	1.328	1.251	1.06	0.288	-1.124	3.779	
industry_10	1.25	1.102	1.13	0.257	-0.91	3.411	
industry_11	1.236	0.742	1.66	0.096	-0.219	2.69	*
industry_12	1.188	0.782	1.52	0.129	-0.344	2.719	
industry_13	1.372	1.446	0.95	0.343	-1.463	4.207	
industry_14	1.402	1.029	1.36	0.173	-0.614	3.418	
industry_15	1.441	1.232	1.17	0.242	-0.973	3.856	
size	0.044	0.041	1.08	0.282	-0.036	0.125	
常数项	-2.207	1.448	-1.52	0.127	-5.044	0.631	
因变量平均值		-0.028	因变量标准差			0.491	
样本量		4580	Chi-square			498.785	

注：*** $p<0.01$，** $p<0.05$，* $p<0.1$。

由于是动态面板数据回归需对模型进行过度识别检验和扰动项自相关检验。过度识别检验通常使用 Sargan 检验或 Hansen 检验进行。其原假设是工具变量与误差项之间不存在相关性，即工具变量是有效的，模型没有被过度识别。在工具变量的过度识别检验中 chi2 (405) $=444.3452$，$P=0.0864>0.05$，说明所有工具变量是有效的。表6－9是模型的扰动项自相关检验结果，检验结果显示P＞0.05，扰动项不存在二阶自相关。以上两个检验都通过了检验，说明采用动态面板数据模型处理是合适的。

表6－9　　模型的扰动项自相关检验结果

Arellano－Bond 检验

阶	z	p 值
1	－1.808	0.071
2	0.708	0.479

注：H0：无自相关。

（四）小结

本部分旨在探究动态财务能力的动态调整，通过实证研究来进行探究。本节选取了2007—2020年主板市场纯A股上市公司做样本，运用描述性统计和回归分析等方法对数据进行深度分析与挖掘。通过整个实证过程的分析，我们发现企业动态财务能力储备会向目标动态财务能力方向调整，验证了提出的假设。

六、环境不确定性对动态财务能力调整的影响

（一）研究假设

在高速发展的互联网时代，企业面临的环境不确定性也日益增加，这将会对企业的动态财务能力管理产生影响。根据前文对于环境不确定性理论的相关分析，企业在经营发展过程中不可避免地会面临各种不确定性，也正因如此，企业建立适合自己的动态财务能力并能够依据环境不确定性的变化而适时调整才显得格外重要，而

权衡理论又进一步指出，在企业进行相应动态财务能力调整过程中又会受到诸如调整成本、随机情况或者意外事件发生的制约，因此企业在面临环境不确定性时，需要做出权衡与调整，对于企业而言，在面临环境不确定性情况下，要想在激烈的竞争中立于不败之地，就要能够随时根据环境变化而适时调整自己的财务水平显得十分必要，通常情况下，企业的动态财务能力调整速度会随着环境不确定性情况的存在而有所加快，于是本书提出的假设如下：

假设：企业的动态财务能力调整速度会随着环境不确定性的增大而增大，从而使二者之间呈现出一定的正相关关系。

（二）研究设计

1. 变量选择

（1）被解释变量。动态财务能力采用第四章计算的动势 Kp。

（2）解释变量。解释变量是环境不确定性。

首先对环境不确定性概念进行界定。所谓不确定性，就是因为人们对环境认知水平有限，使得其不能够准确把握事物本质，所以对未来的状况也不能可靠估计。由于企业从事的经营活动复杂、面对的环境复杂、参与决策的个体的能力有限等问题的客观存在，所以不确定性在企业生产经营活动中不可避免，不确定性并不等同于风险，Knight（1921）在研究中最先对环境不确定性与风险进行区别，并对环境不确定性与风险在定量分析和对企业影响上的差别进行明确阐述。他通过企业管理者在对过往经验教训及历史规律进行总结的基础上，借助相关理论模型可推导出风险概率和系数，由此可得出企业能够准确估算出风险。然而，在对环境不确定性相关问题进行分析时却不能够如此系统直观地得出分析结果，这主要是由于企业管理者对不确定性事件的基本认识有待提高，对会产生何种结果也无法确切估计，由于企业对不确定性事件的整体把握不够具体，因而对如何进行准确预估也就无从下手了。环境不确定性，即不确定性状态下的环境，Ducan（1972）围绕企业决策进行了三个方面的综合阐述，在决策时缺乏相关的环境信息、无法明确决策结果和无法准确预测环境而对决策产生影响均构成环境不确定性。由上述分析可知，结合本书的研究目的，本书对环境不确定性所做的定义如下：由于人们无法识别或预测的环境因素，或者信息不对称的存在而导致的企业不能合理预判其发展趋势的环境特征。

其次，关于环境不确定性的度量。目前有关不确定性的度量方式的文献不计其数，但存在的区别也较大。理论界主要分为特征度量法和分类度量法。分类度量法，顾名思义即为分类分别度量，这是研究此问题的关键，根据目前的研究成果看，主要分为宏观层面、行业层面以及公司个体层面等三个层面，然后再分别研究它们各自对因变量的影响的方法。但是，这种度量方式看似清晰明了，实则各个层面的环境不确定性往往会相互作用，三个层面通常会存在一种三角关系，即宏观环境、行业环境与企业自身之间通常并不是相互独立的，而是相互作用、相互影响的，使得操作起来相对困难，且结论的准确性也有待进一步考量。

因此，本书基于多方面分析选用特征度量法。本书考虑用单一指标对环境不确定性进行度量，而且对这一指标的选取也要更加符合环境不确定性的本质，该指标要尽可能地综合反映出宏观、行业、企业层面的整体对动态财务能力调整影响，因为通常情况下净利润是企业经营成果的体现，同时本书认为采用这一度量方式综合考虑了企业所面临的外部环境变化以及公司管理层以此为依据进行决策的内部环境的变化，故而本书认为该种设置有一定的合理性。本书用 uc 表示企业的环境不确定性。

（3）控制变量选择。学术界研究目标动态财务能力影响因素的相关文献并没有很多，且多数文献的影响因素存在交叉，本书在对目标动态财务能力进行拟合时，综合考虑研究的可靠性与数据的可得性，本书参考 Fama 和 French（2002）、Gamba 和 Triantis（2008）及许诺（2016）的相关研究，运用拟合值法，通过对影响企业动态财务能力的一系列的特征变量构建回归模型估计企业的目标动态财务能力水平，资产构成、企业规模、盈利能力及企业成长性等为本书选取的四个特征因素，并设置年度和行业虚拟变量。

第一，资产有形性。企业的有形资产不仅能够体现企业的经济实力，还可对企业的经济效益带来保障。Shleifer 等（1992）提出有形性较高的资产更易于重新部署。Tirole（2006）研究了资产有形性对企业融资的影响，认为资产有形性越高，项目启动所需的初始资金越低，资产有形性有助于企业融资。有形资产可以用作负债融资的抵押品，通过抵押有形资产，企业可以获得更有利的贷款条件，借入更多的资金来支持运营或发展计划。有形资产还可以在一定程度上降低企业的风险，帮助企业降低债务违约风险。因此，本书认为资产有形性对企业的动态财务能力有正向影响，预期回归系数符号为正号。对于资产构成的度量方法，本书在研究中用固定资产占总资产的比重作为衡量资产有形性的指标。

第二，企业规模。企业规模反映了企业的经营能力和盈利能力水平，较大规模的企业通常拥有较多的财务和非财务资源，例如，资金、技术、人力等。这些资源可以用于创新、研发、市场拓展等方面，增强企业的动态能力。企业规模越大，一般意味着可投入的资源越多，更有可能在不同的市场环境下作出灵活和迅速的反应。较大的规模往往更具备更加灵活的组织结构，可能拥有更高效的决策机制、协调机制和信息流通渠道，使得企业能更好地响应市场的变化和机遇。焦豪（2010）通过方差分析也验证了公司规模对动态能力有显著影响。综上所述，本书认为企业规模对动态财务能力有正向影响，预期回归系数符号为正号。对于公司规模的替代变量的选择，本书选用总资产的自然对数代表企业规模。

第三，盈利能力。盈利能力主要用来衡量企业的经营效益。企业生存、发展的重要前提就是盈利性，也是企业进行日常经营活动的关键。高盈利能力的企业可能选择将利润大部分用于分配给股东，而不是进行再投资。这样一来，会限制企业内部资金积累，从而减弱了其实施战略性投资、研发创新和扩大业务规模的能力。盈利能力强的企业可能会受到短期经济利益的驱使，在短期内追求高回报率的项目，从而忽视长期战略投资和资本积累的重要性，在这种情况下，企业的动态财务能力可能会受到限制。而且，当盈利能力较强时，管理层可能缺乏动力去审视和改进企业内部的财务流程、业务模式以及资源配置策略，从而影响动态财务能力的发展。因此，本书认为企业盈利能力和动态财务能力呈负相关关系，预期回归系数符号为负号。对于企业盈利能力的替代变量的选择，本书在研究中以主营业务净利润率作为企业盈利性的替代变量。

第四，企业成长性。企业的成长性在衡量企业的发展前景方面具有重要作用。成长性企业的本质特征在于成长的可持续性。在动态复杂环境下，企业要想持续发展，必须建构动态能力，实施与动态变化环境相适应的动态战略，从而获得长远的竞争优势。对于成长性较低的企业，更迫切需要拥有持续性竞争优势以实现可持续发展，要求企业能快速、主动促使自身的核心知识和能力动态转化，增强柔性，建构企业动态能力，有效应对环境变化所带来的挑战。因此，本书认为企业成长性和动态财务能力呈负相关关系，预期回归系数符号为负号。本书在研究中采用企业总资产增长率作为企业成长性替代变量。变量的具体定义见表6－10。

表 6－10　　变量定义表

变量性质	变量名称	变量符号	变量计算方法
被解释变量	动态财务能力	kp	动势
解释变量	环境不确定性	uc	公司近三年净资产利润率的标准差
	上期动态财务能力	lkp	上一期的动势
	交乘项	uclkp	以上两个变量的乘积
控制变量	资产有形性	tang	固定资产/年末资产总额
	企业规模	size	年末总资产自然对数
	盈利能力	profit	净利润/主营业务收入
	企业成长性	growth	（年末总资产－年初总资产）/年初总资产
	行业	industry	行业虚拟变量
	年度	year	年度虚拟变量

2. 模型建立

在前文分析基础之上，对假设 1 和假设 2 进行实证检验，本书在参考了 Byoun（2008）及许诺（2016）等的研究成果后，构建了动态财务能力部分调整模型（6－1）。

$$kp_{i,t} - kp_{i,t-1} = \lambda\left(kp_{i,t}^{*} - kp_{i,t-1}\right) + \varepsilon_{i,t} \qquad (6-1)$$

$kp_{i,t}$表示第 i 个企业 t 期的实际动态财务能力，$kp_{i,t-1}$表示第 i 个企业在 t－1 期的实际动态财务能力，$kp_{i,t}^{*}$表示第 i 个企业在 t 时期的目标动态财务能力，回归系数 λ 称为动态财务能力趋向目标的调整速度。λ＝1 时，表示企业的实际动态财务能力与目标动态财务能力完全相同；λ＝0 时，表示企业的实际动态财务能力并不会向目标动态财务能力进行调整；0＜λ＜1 时，反映企业实际动态财务能力每年仅能向目标调整一部分。接下来将目标动态财务能力拟合模型（6－2）代入模型（6－1）整理得到模型（6－3）。

$$kp_{i,t}^{*}=\alpha+\beta_1 tang+\beta_2 lsize+\beta_3 profit+\beta_4 growth+\sum year+\sum industry+\varepsilon_{i,t} \quad (6-2)$$

$$kp_{i,t}=\alpha+(1-\lambda)\ kp_{i,t-1}+\lambda\beta_1 tang+\lambda\beta_2 lsize+\lambda\beta_3 profit+\lambda\beta_4 growth+\sum year+\sum industry+\varepsilon_{i,t} \quad (6-3)$$

本书参考许诺（2016）等相关文献研究构建模型（6－2），上式（6－2）中所列变量除年份和行业外均为对企业动态财务能力储备产生影响的一系列特征因素，包括资产构成（tang）、企业规模（lsize）、盈利能力（profit）以及企业成长性（growth）等。

为达到验证假设的研究目的，本书基于模型（6－3）引入环境不确定性，得到模型（6－4）。

$$kp_{i,t}=[(1-\lambda)+\eta uc_{i,t}]kp_{i,t-1}+\gamma uc_{i,t}+\lambda_1\beta_1 tang+\lambda_1\beta_2 lsize+\lambda_1\beta_3 profit+\lambda_1\beta_4 growth+\sum year+\sum industry+\varepsilon_{i,t} \quad (6-4)$$

由上式可知，企业的动态财务能力调整速度为（$\lambda_1-\eta Uc_{i,t}$）。若 η 的符号为负，表明环境不确定性与动态财务能力调整速度呈正相关关系。

3. 样本选择与数据来源

样本选择与数据来源同前。样本期间 2007—2020 年，因计算 uc 需要三年数据，因此实际运算的是 2009—2020 年数据。

（三）实证检验

1. 描述性统计分析

表 6－11 为变量描述性统计结果，通过对表 6－11 的数据进行分析可以看出，企业动态财务能力的均值是 1.045，标准差为 0.39，最小值为 0.266，最大值为 14.385，说明企业总体动态财务能力水平为 1.045，且在不同企业间差距较大。企业的环境不确定性（uc）的均值为 0.066，标准差为 0.124，表明环境不确定性企业之间存在的波动明显，最小值为 0，最大值为 2.634，在某种程

度上反映了我国企业面临的环境不确定性存在一定的差异。

表 6 - 11　　　　变量描述性统计

变量	样本量	平均值	标准差	最小值	最大值
kp	5496	1.045	0.39	0.266	14.385
uc	5496	0.066	0.124	0	2.634
tang	5496	0.294	0.2	0	0.936
size	5496	22.888	1.267	18.828	28.257
profit	5496	0.058	0.35	-15.058	4.162
growth	5496	0.17	0.693	-0.758	21.335

2. 变量相关性分析

在进行回归之前，首先进行相关性分析，在某种程度上有助于我们对加入模型的变量的合理性作初步判断，一方面要保证变量的解释能力；另一方面又要防止解释变量之间的严格多重共线性。表 6 - 12 为变量的相关性分析表，由表 6 - 12 可知，uc 的相关性系数为 0.247，$p < 0.01$，说明环境不确定性和动态财务能力呈显著正相关关系。Tang、size 与 kp 间的相关性系数分别为 0.023、0.057，p 值均显著，说明资产有形性、企业规模与动态财务能力均呈正相关关系。Profit、growth 与 kp 的相关性系数分别为 -0.237、 -0.047，p 值均小于 0.01，说明企业盈利能力、成长性与动态财务能力呈显著负相关关系，均与预期符号相同。上述结果表明本书当中的被解释变量能够由解释变量表示，说明上述四个特征因素的选取有一定的道理。

同时，全部解释变量之间的相关系数均在 0.5 以下，由相关系数可知解释变量之间的相关性较弱，可初步验证严格多重共线性问题不存在于解释变量当中，若要进行进一步判断，通常需要进行多重共线性检验。

表 6-12　　变量的相关性分析

变量	(1)	(2)	(3)	(4)	(5)	(6)
(1) kp	1.000					
(2) uc	0.247***	1.000				
	(0.000)					
(3) tang	0.023*	0.040***	1.000			
	(0.093)	(0.003)				
(4) size	0.057***	-0.107***	0.071***	1.000		
	(0.000)	(0.000)	(0.000)			
(5) profit	-0.237***	-0.149***	-0.016	0.105***	1.000	
	(0.000)	(0.000)	(0.237)	(0.000)		
(6) growth	-0.047***	-0.021	-0.033**	0.059***	0.046***	1.000
	(0.000)	(0.115)	(0.013)	(0.000)	(0.001)	

注：*** $p<0.01$，** $p<0.05$，* $p<0.1$。

3. 回归结果分析

在对模型进行了描述性统计和相关性分析之后，对模型进行了异方差、多重共线性检验，通过 BP 检验和怀特检验的结果可以看出模型的解释变量存在异方差，故在回归时采用稳健标准误进行估计。表 6-13 为 VIF 检验结果，模型的多重共线性检验平均 VIF 为 2.5，VIF <5 说明模型变量之间不存在严重的多重共线性问题。接下来进行多元回归分析，来检验本书提出的假设是否正确。

表 6-13　　VIF 检验

变量	VIF	1/VIF
c_lkp	3.85	0.259783
c_uclkp	3.33	0.300288
c_uc	1.16	0.864117
tang	1.56	0.641466

续表

变量	VIF	1/VIF
size	1.29	0.772767
profit	1.08	0.925329
growth	1.02	0.976021
industry	控制	控制
year	控制	控制
平均 VIF	2.5	

本文通过对三个面板数据模型进行鉴别判断，得出混合效应模型是最佳选择。采用群集稳健标准误进行回归。表 6-14 为环境不确定性与动态财务能力调整速度的回归分析结果。由表 6-14 可知，混合模型回归结果中 $R^2=0.308$，说明模型对数据的拟合度还可以，$F=116.245$，$p=0.000$，说明整个模型联合显著。表 6-14 中，c_lkp 系数为 0.456，$p=0.001$，交乘项 c_uclkp 系数为 -0.684，$p=0.001$，说明 η 为负数，由前文可知，企业动态财务能力调整速度为（$\lambda_1-\eta Uc_{i,t}$），当 η 为负数时，$-\eta$ 为正数，当 uc 增加时，（$\lambda_1-\eta Uc_{i,t}$）也会增大（见图 6-14），验证了假设，即企业动态财务能力调整速度会随着环境不确定性的增大而增大。

表 6-14　环境不确定性与动态财务能力调整速度的回归分析

变量	系数	标准误	t 值	p 值	95% 置信区间		显著性
c_lkp	0.456	0.143	3.19	0.001	0.176	0.737	***
c_uclkp	-0.684	0.207	-3.30	0.001	-1.091	-0.276	***
c_uc	0.697	0.222	3.15	0.002	0.262	1.132	***
tang	-0.049	0.039	-1.24	0.216	-0.126	0.029	
size	0.03	0.008	3.98	0	0.015	0.045	***
profit	-0.24	0.136	-1.76	0.079	-0.508	0.028	*
growth	-0.032	0.007	-4.88	0	-0.045	-0.019	***

续表

变量	系数	标准误	t 值	p 值	95% 置信区间		显著性
industry	控制	控制	控制	控制	控制	控制	控制
year	控制	控制	控制	控制	控制	控制	控制
常数项	-0.568	0.161	-3.52	0	-0.885	-0.251	***
R^2		0.308	样本量			5496	
F 值		116.245	P 值			0.000	
AIC		3278.687	BIC			3496.875	

注：*** p<0.01，** p<0.05，* p<0.1；c_kp、c_lkp、c_uclkp、c_uc 分别是 kp、lkp、uclkp、uc 的中心化后的变量。

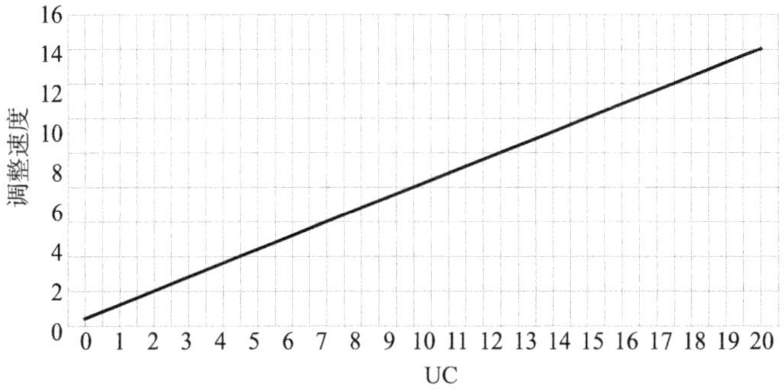

图 6-1 环境不确定性与动态财务能力调整速度关系（c_lkp=1）

（四）稳健性检验

为验证本书实证结果是稳定的，而不是通过一次样本出现的偶然结果，本书将数据按照产权性质调整分类进行稳健性检验，第一组为国企，第二组为非国企。表 6-15 为稳健性检验结果，由表 6-15 可知，对于国企 c_lkp 系数为 0.468，$p<0.01$，交乘项 c_uclkp 系数为 -0.696，$p<0.01$；对于非国企，c_lkp 系数为 0.326，$p<0.01$，交乘项 c_uclkp 系数为 -0.566，$p<0.05$，无论是国企还是非国企都验证了假设，环境不确定性对动态财务能力调

整速度有显著促进作用。当面临环境不确定性时，国有企业动态财务能力调整速度更快，原因可能是与非国企相比，国企在资源、信息获取等方面具有一定优势，能更迅速进行动态财务能力调整，以应对环境变化。

表 6－15　　　　稳健性检验结果

	(1) c_kp	(2) c_kp
c_lkp	0.468 *** (0.166)	0.326 *** (0.07)
c_uclkp	－0.696 *** (0.232)	－0.566 ** (0.234)
c_uc	0.68 ** (0.264)	0.751 ** (0.298)
tang	－0.068 (0.049)	－0.011 (0.041)
size	0.031 *** (0.009)	0.028 *** (0.005)
profit	－0.232 (0.149)	－0.33 *** (0.095)
growth	－0.032 *** (0.008)	－0.028 *** (0.009)
industry	控制	控制
year	控制	控制
常数项	－0.526 ** (0.204)	－0.633 *** (0.106)
样本量	3792	1704
R^2	0.287	0.456

注：括号内是标准误；*** $p<0.01$，** $p<0.05$，* $p<0.1$。

七、本章总结

环境不确定性是企业在经营管理过程中不可避免的命题，它蕴藏机遇，却又暗藏风险。在企业迫不得已面对环境不确定性时，合理储备动态财务能力便是最佳选择，使企业的动态财务能力储备达到“进可攻，退可守”的状态，既能化解风险，又能节约资源。本书的研究重点是企业的动态财务能力调整，本书共选取2007—2020年上交所和深交所A股上市公司的5496个样本数据，借鉴已有文献选取了特征因素对目标动态财务能力进行拟合，并选取行业、年份等作为控制变量，在经过理论推敲和实证检验之后，达到本书论证目的。在全球化发展的今天，企业经营环境的重要特征之一即为环境不确定性，正是由于环境不确定性的存在企业才有必要储备动态财务能力，也进一步推动企业及时根据环境变化调整动态财务能力，通过对上述章节的研究，本书的研究结论如下：

第一，企业有一个较为合理的目标动态财务能力水平，且企业的实际动态财务能力会不断向目标收敛。

本书经过研究发现，正如企业的资本结构存在一个平衡点一样，对于动态财务能力而言同样成立，在这个水平上的能力值对企业来说最有利，但企业的动态财务能力储备并不会时时处在最优值，而是处在一个无限趋近但无法保持的、不断对目标动态财务能力进行调整的过程。企业提前储备的动态财务能力水平一方面可以帮助其化解经营过程中遇到的风险，另一方面可以帮助企业在面对有利投资条件时，能够抓住机遇，提升企业价值。

第二，环境不确定性会加快动态财务能力的调整速度。理论分析和实证检验均得出企业可随时调整自身动态财务能力储备以应对不确定性，当外部环境变化剧烈时，企业之前储备的动态财务能力很可能与目标水平相去甚远，这就导致企业对财务资源的需求无法得到有效满足，也就阻碍了企业持续稳定经营。实证结果表明，企业的动态财务能力调整速度会随着环境变化程度不确定性的增大而增大，因此，在企业面临环境不确定性时，通常要结合实际情况对自身的财务管理策略重新评估，使其调整速度加快，从而使其动态财务能力水平保持在最优值附近的小范围内波动。

综上所述，通过本章的研究，一是从动态角度出发对动态财务能力调整的相关问题进行研究，对现有的动态财务能力研究的理论进行丰富补充。二是在现有研究成果的基础上进一步分析论证环境不确定性变化对动态财务能力调整方式的影响，进一步丰富了环境不确定性与动态财务能力关系研究的理论体系。

第七章

动态财务能力的主动决策效应

一、问题的提出

贾雨文教授等（1997）运用系统科学的研究方法，提出了我国古典决策思想是与西方理性决策思想有所不同的另一个思想体系，即主动性决策体系。他们认为我国古典决策思想的核心是“制人而不制于人”，构成了一个独立的思想体系，被称为主动性决策理论。《孙子兵法》中提出了：“善战者，立于不败之地而不失敌之败也”；“先为不可胜，以待敌之可胜”。用现代的语言来表述则是，第一要保证生存，第二要追求发展，两者缺一不可，并且顺序不能颠倒。这便是主动性决策理论最基本的决策原则，由此推导出其他决策原则。理性决策理论强调理性选择，是人类社会发展到一定阶段的产物。而主动性决策的一些原则不仅在人类活动的早期就应用起来了，而且在动物的捕食或避险活动中也可以观察到。因此，主动性决策理论实际上是比理性决策理论更为基本、更具一般性、适用范围更广泛的决策理论。对于企业在动态财务能力决策方面是否也具有主动性决策的特点，这值得我们深入进行实证研究。

二、理论分析与假设

L. J. Bourgeois（1980）指出企业经营管理中面临的环境是不断变化的。随着企业生存的环境越来越复杂，环境不确定性成为影响企业发展的重要因素。为了应对日益增长的环境不确定性，动态权变理论、组织学习理论和战略管理理论均认为，个体组织不是环境的被动接受者，而是会随着环境变化主动适应的。企业主动应对环境变化的能力即为企业柔性，在财务上体现为财务柔性。Deangelo（2007）研究发现财务柔性能在企业未来出现盈余下降和资金需求时对企业做出有利调整。刘名旭等（2014）研究发现环境不确定性对决策灵活性的要求越高，财务柔性越有价值，不确定性是企业获取财务柔性的前提，企业面临的不确定性程度越高，需获取的财务柔性水平越高。王爱群（2017）指出环境不确定性和财务柔性的期权特性决定企业为了规避风险必须储备财务柔性，并通过实证研究发现企业面临的环境不确定性程度能显著促进企业储备财务柔性。王满（2015）认为在企业内部进行财务柔性的储备，从本质上说是为了应对环境中的不确定性，环境不确定性的程度越高，企业储备的财务柔性越能够在应对不利冲击中发挥更强有力的作用。

当环境不确定性增加时，企业会主动增加动态财务能力的储备，“先为不可胜，以待敌之可胜”，增强企业主动应变能力，使企业具有“主动应变”的灵活性，顺利实现企业战略的转变，实现可持续发展的目标。本书将企业依据经营环境的变化主动储备动态财务能力，以帮助企业实现战略转变的特性，称为主动决策效应。因此，提出假设：

假设：动态财务能力具有显著的主动决策效应。

三、研究设计思路

为了检验动态财务能力的主动决策效应，本书以企业经营不确定性作为主动决策的切入点，采用2阶段最小二乘法模型，构建企业经营不确定性与动态财务能力对企业战略影响的两阶段模型。具体通过以下步骤进行分析：

第一步，首先估计企业经营不确定性冲击；

第二步，利用估计出的企业经营不确定性冲击，估计出动态财务能力的预测值；

第三步，利用第二步估计的动态财务能力预测值作为工具变量，检验在企业经营不确定性冲击下，动态财务能力的主动决策效应。

下面将依据这些步骤以依次进行论述。

四、样本与数据来源

与上一章的样本和数据来源相同，以2007—2020年主板市场纯A股上市公司做样本，剔除了金融业企业和相关指标缺失或异常的企业，得到458家企业连续14年的相关数据。相关数据主要来源于CSMAR中国经济金融研究数据库（原国泰安数据库）（http：//cn. gtadata. com）。因计算相关变量和增量以及采用滞后变量会影响实际参加运算的样本期间，比如，计算经营不确定性会损失2年的数据，再计算不确定性冲击再会损失3年的数据等。因此实际参与运算的样本期间分布在2013—2020年度，不再一一赘述。

五、不确定性冲击的估计

（一）不确定性冲击的估算模型

利用公式（7－1）进行估计，所得残差项 e_{it} 作为企业经营不确定性冲击（用符号 ucs1 表示）。

$$uc_{i,t}-uc_{i,t-1}=\tau_0+\tau_1(uc_{i,t-1}-uc_{i,t-2})+\tau_2(uc_{i,t-2}-uc_{i,t-3})+\tau_3(uc_{i,t-3}-uc_{i,t-4})+e_{i,t} \quad (7-1)$$

式中，uc_{it}是企业最近 3 年 ROE 的标准差。

（二）估计模型

因面板数据模型解释变量中存在滞后因变量，因此是动态面板数据模型，本书采用系统 GMM 方法采用稳健标准误对模型进行估计。通过对模型进行自相关检验（Arellano－Bond test），结果显示 $z=1.2102$，p 值 $=0.2262>0.05$，说明不存在二阶自相关。通过对模型进行工具变量冗余检验（Sargan test），结果显示 chi2（47）$=48.37692$，p 值 $=0.4171>0.05$，说明工具变量都是有效的。这些检验结果说明采用系统 GMM 方法是合适的。表 7－1 为模型回归结果，回归结果显示，模型的 Chi－square＝42.959，在 0.01 水平上显著，说明模型整体上具有显著解释能力的。

表 7－1　　回归结果

变量	系数	标准误	t 值	p 值	95% 置信区间		显著性
L	0.002	0.02	0.12	0.905	－0.037	0.042	
L2	－0.024	0.028	－0.86	0.39	－0.08	0.031	
L3	－0.279	0.044	－6.32	0	－0.366	－0.193	***

续表

变量	系数	标准误	t 值	p 值	95% 置信区间		显著性
Constant	0.001	0.001	1.47	0.143	0	0.002	
因变量平均值		0.002	因变量标准差			0.088	
样本量		3664	Chi - square			42.959***	

注：*** p<0.01，** p<0.05，* p<0.1。

（三）生成经营不确定性冲击变量的数据

上述模型生成的残差就可以作为企业经营不确定性冲击变量的数据 ucs1。各年度的统计结果见表 7－2。由表 7－2 可知，2013—2020 年企业经营不确定性冲击变量均值为 0.001，说明在这几年间，平均而言企业经营不确定冲击对企业的经营状况影响不大。受不确定性冲击影响较大的是 2015 年，均值为 0.009，不受影响的是 2013 年，均值为 0.000。2013—2020 年，企业经营不确定性冲击标准差为 0.085，说明样本企业之间的经营不确定性冲击存在明显差异，其中 2018 年差异最大，标准差为 0.135，2019 年差异最小，标准差为 0.057。在这几年间，不确定性冲击最小值为 －1.413，最大值为 1.818，说明样本企业所遭遇的经营不确定冲击的幅度较大，变化范围广，且不同企业所受影响的程度和方向存在差异，有些企业更好地适应和应对了这些冲击，而有些企业则可能受到了更大的负面影响。

表 7－2　　ucs1 分年度描述性统计结果

年度	样本量	平均值	标准差	最小值	最大值
2013	458	0.000	0.072	－0.602	0.783
2014	458	－0.007	0.071	－0.439	0.812
2015	458	0.009	0.077	－0.256	1.114

续表

年度	样本量	平均值	标准差	最小值	最大值
2016	458	0.002	0.070	-0.833	0.480
2017	458	-0.002	0.093	-1.413	0.547
2018	458	0.003	0.135	-0.993	1.818
2019	458	-0.006	0.057	-0.405	0.355
2020	458	0.008	0.076	-0.567	0.617
2013—2020	3664	0.001	0.085	-1.413	1.818

六、估计动态财务能力的预测值

（一）模型设计

利用模型（7-2），估计出拟合值作为动态财务能力的预测值 kpstar1。模型中 kp 为动势代表动态财务能力，ucs1 为上一部分计算得出的经营不确定性冲击，α 为其他解释变量，详见变量设计。

$$kp_{i,t} = \gamma_0 + \gamma_1 ucs1_{i,t} + \gamma_2 \alpha_{i,t} + induatry + year + \varepsilon_{it} \quad (7-2)$$

（二）变量设计

1. 被解释变量

被解释变量为动态财务能力，动态财务能力采用动势 kp。

2. 解释变量

（1）经营不确定性冲击。上一部分计算得出的 ucs1。解释变量除了 ucs1 外，本书还选取资产构成、企业规模、盈利能力及企业成长性等为解释变量，并设置年度和行业虚拟变量作为控制变量。

（2）资产有形性。企业的有形资产不仅能够体现企业的经济实力，还可对企业的经济效益带来保障。Shleifer 等（1992）提出有形性较高的资产更易于重新部署。Tirole（2006）研究了资产有形性对企业融资的影响，认为资产有形性越高，项目启动所需初始资金越低，资产有形性有助于企业融资。有形资产可以用作负债融资的抵押品，通过抵押有形资产，企业可以获得更有利的贷款条件，借入更多的资金来支持运营或发展计划。有形资产还可以在一定程度上降低企业的风险，帮助降低债务违约风险。因此，本书认为资产有形性对企业的动态财务能力有正向影响。对于资产构成的度量方法，本书在研究中用固定资产占总资产的比重作为衡量资产有形性的指标。

（3）企业规模。企业规模反映了企业的经营能力和盈利能力水平，较大规模的企业通常拥有较多的财务和非财务资源，如资金、技术、人力等。这些资源可以用于创新、研发、市场拓展等方面，增强企业的动态能力。企业规模越大，一般意味着可投入的资源越多，更有可能在不同的市场环境下作出灵活和迅速的反应。较大的规模往往更具备更加灵活的组织结构，可能拥有更高效的决策机制、协调机制和信息流通渠道，使得企业能更好地响应市场的变化和机遇。焦豪（2010）通过方差分析也验证了公司规模对动态能力有显著影响。综上所述，本书认为企业规模对动态财务能力有正向影响。对于公司规模的替代变量的选择，本书选用总资产的自然对数代表企业规模。

（4）盈利能力。盈利能力主要用来衡量企业的经营效益。企业生存、发展的重要前提就是盈利性，也是企业进行日常经营活动的关键。高盈利能力的企业可能选择将利润大部分用于分配给股东，而不是进行再投资。这样一来，会限制企业内部资金积累，从而减弱了其实施战略性投资、研发创新和扩大业务规模的能力。盈利能力强的企业可能会受到短期经济利益的驱使，在短期内追求高回报率的项目，从而忽视长期战略投资和资本积累的重要性，在这种情况下，企业的动态财务能力可能会受到限制。而且，当盈利能力较强时，管理层可能缺乏动力去审视和改进企业内部的财务流程、业务模式以及资源配置策略，从而影响动态财务能力的发展。因此，本书认为企业盈利能力和动态财务能力呈负相关关系。对于企业盈利能力的替代变量的选择，本书在研究中以主营业务净利润率作为企业盈利性的替代变量。

（5）企业成长性。企业的成长性在衡量企业的发展前景方面具有重要作用。成长性企业的本质特征在于成长的可持续性。在动态复杂环境下，企业要想持续发展，必须建构动态能力，实施与动态变化环境相适应的动态战略，从而获得长远的竞争优势。对于成长性较低的企业，更迫切需要拥有持续性竞争优势以实现可持续发展，要求企业能快速、主动地促使自身的核心知识和能力动态转化，增强柔性，建构企业动态能力，有效应对环境变化所带来的挑战。因此，本书认为企业成长性对动态财务能力有影响。本书在研究中采用企业总资产增长率作为企业成长性替代变量。

变量的具体定义见表7－3。

表7－3　　变量定义表

变量性质	变量名称	变量符号	变量计算方法
被解释变量	动态财务能力	kp	动势
解释变量	环境不确定性冲击	ucs1	上一部分计算得出
	资产有形性	tang	固定资产/年末资产总额
	企业规模	size	年末总资产自然对数
	盈利能力	profit	净利润/主营业务收入
	企业成长性	growth	（年末总资产－年初总资产）/年初总资产
控制变量	行业	industry	行业虚拟变量
	年度	year	年度虚拟变量

（三）变量的描述性统计与相关分析

各变量描述性统计如表 7 – 4 所示。从表 7 – 4 结果可以看出，企业动态财务能力的均值是 1.04，标准差为 0.38，最大值为 14.385，最小值为 0.266，说明企业总体动态财务能力水平为 1.04，且在不同企业间差距较大，出现了两极分化的现象。经营不确定性冲击描述性统计分析参见上一部分。资产有形性均值为 0.299，说明企业固定资产所占比例整体水平为 0.299，标准差为 0.2，最小值为 0，最大值为 0.96，说明企业间资产有形性存在显著差异，且存在部分企业对固定资产投入比重过低，而部分企业有对固定资产投入比重过高的情况。企业规模均值为 22.758，说明样本企业规模整体较大，标准差为 1.283，最小值为 18.828，最大值为 28.257，说明样本企业规模存在波动，企业规模存在差异。企业成长性的均值为 0.182，标准差为 0.739，最小值为 –0.758，最大值为 23.894，说明企业成长性整体水平不高，且存在一定差距，部分企业成长性较差。企业盈利能力均值为 0.06，说明总体上，样本企业盈利能力较差，标准差为 0.329，最小值为 –15.058，最大值为 4.162，说明盈利能力在企业间表现出较强的差异性，部分企业出现亏损的情况。

表 7 – 4　　各变量描述性统计结果

变量	样本量	平均值	标准差	最小值	最大值
kp	5954	1.04	0.38	0.266	14.385
ucs1	3664	0.001	0.085	–1.413	1.818
tang	6412	0.299	0.2	0	0.96
size	6412	22.758	1.283	18.828	28.257
growth	6412	0.182	0.739	–0.758	23.894
profit	6412	0.06	0.329	–15.058	4.162

表7-5为各变量相关性分析，初步判断各个变量之间的相互关系及强弱。从表7-5可看出，ucs1与kp相关系数为0.288，$p<0.1$，说明ucs1与kp呈显著正相关关系。Tang、size与kp的相关系数分别为0.018，0.059，且size的p值小于0.1，初步说明资产有形性、企业规模与动态财务能力均呈正相关关系。Growth、profit与kp的相关性系数分别为-0.049，-0.241，且其p值均小于0.1，初步说明企业成长性、盈利能力与动态财务能力均为显著负相关关系。从表7-5还可看出，解释变量间的相关系数较低，相关性较小，说明存在共线性的可能性较低。后文通过方差膨胀因子（VIF）进一步检验解释变量间是否存在多重共线性，并通过回归分析进一步检验变量间的相关关系。

表7-5　各变量相关性分析

变量	(1)	(2)	(3)	(4)	(5)	(6)
(1) kp	1.000					
(2) ucs1	0.288* (0.000)	1.000				
(3) tang	0.018 (0.159)	-0.003 (0.877)	1.000			
(4) size	0.059* (0.000)	-0.011 (0.502)	0.054* (0.000)	1.000		
(5) growth	-0.049* (0.000)	-0.031 (0.060)	-0.033* (0.008)	0.059* (0.000)	1.000	
(6) profit	-0.241* (0.000)	-0.102* (0.000)	-0.011 (0.373)	0.104* (0.000)	0.047* (0.000)	1.000

注：*** $p<0.01$，** $p<0.05$，* $p<0.1$。

（四）回归结果

采用面板数据混合模型，采用群集稳健标准误以企业作为群集变量。表 7 - 6 为 VIF 检验结果，由表 7 - 6 可知，VIF 检验平均值为 2.61，各变量的 VIF 值 <5，说明变量的多重共线性较小，是可以接受的。

表 7 - 6　　　VIF 检验

变量	VIF	1/VIF
ucs1	1.02	0.98325
tang	1.57	0.636411
size	1.19	0.841336
growth	1.02	0.977619
profit	1.08	0.928232
industry	控制	控制
year	控制	控制
平均 VIF	2.61	

表 7 - 7 为回归分析结果，通过回归分析进一步检验变量间的关系。由表 7 - 7 可知，ucs1 的相关性系数为 1.174，$p < 0.01$，说明经营不确定性冲击对动态财务能力起到了显著的正向效应。Tang、size 与 kp 的相关系数分别为 0.017、0.046，说明资产有形性、企业规模与动态财务能力为正相关关系。Growth、profit 与 kp 的相关性系数分别为 -0.032、-0.106，说明企业成长性、盈利能力与动态财务能力呈负相关关系。混合模型回归结果的 $R^2 = 0.210$，说明模型对数据的拟合度可以接受，$F = 66.006$，$p = 0.000$，说明整个模型联合显著。

表 7 - 7　　　回归结果

变量	系数	标准误	t 值	p 值	95% 置信区间		显著性
ucs1	1.174	0.365	3.21	0.001	0.456	1.891	***
tang	0.017	0.051	0.32	0.748	-0.084	0.117	

续表

变量	系数	标准误	t值	p值	95%置信区间		显著性
size	0.046	0.014	3.33	0.001	0.019	0.073	***
growth	-0.032	0.007	-4.61	0	-0.045	-0.018	***
profit	-0.106	0.052	-2.02	0.044	-0.208	-0.003	**
industry	控制	控制	控制	控制	控制	控制	控制
year	控制	控制	控制	控制	控制	控制	控制
R^2		0.210	样本量		3664		
F值		66.006	p值		0.000		
AIC		2114.251	BIC		2275.615		

注：*** p<0.01，** p<0.05，* p<0.1。

（五）拟合值生成

表7-8为动态财务能力预测值kpstar1分年度描述性统计结果。由表7-8可知，截至2020年，企业动态财务能力均值为0.999，标准差为0.122，最小值为0.343，最大值为1.781。2013—2020年企业动态财务能力均值为0.997，标准差为0.165，最小值为-0.585，最大值为3.036，说明动态财务能力预测值在企业间表现出较强的差异性。

表7-8　　kpstar1的分年度描述性统计

年度	样本量	平均值	标准差	最小值	最大值
2013	458	0.953	0.116	0.176	2.021
2014	458	0.864	0.115	0.363	1.941
2015	458	0.990	0.128	0.479	2.257
2016	458	1.213	0.132	0.213	2.580

续表

年度	样本量	平均值	标准差	最小值	最大值
2017	458	1.089	0.138	-0.585	1.835
2018	458	0.935	0.177	-0.338	3.036
2019	458	0.936	0.103	0.384	1.355
2020	458	0.999	0.122	0.343	1.781
2013—2020	3664	0.997	0.165	-0.585	3.036

七、主动决策效应的检验

（一）模型设计

把滞后一期动态财务能力的预测值 kpstar1 代入公式（7-3），对公式（7-3）进行回归估计，从而来检验主动决策效应。

$$dq_{i,t} = \rho_0 + \rho_1 kpstar1_{i,t-1} + \rho_2 \alpha_{i,t} + induatry + year + \mu_{it} \qquad (7-3)$$

（二）变量设计

1. 被解释变量

企业战略转换采用托宾 Q 值的增量 dq。

2. 解释变量

滞后一期的动态财务能力预测值，l. kpstar1。

3. 控制变量

本书控制变量选择同战略转换支撑效应部分，分别选用资产有形性（tang）、经营效率（eff）、产品独特性（unique）、企业规模（size）、产权性质（property）、成熟度（maturity）、行业（industry）、年度（year）作为控制变量，以增强模型的解释力度，使模型能够更好地说明被解释变量与解释变量之间的关系。

具体的变量定义见表 7－9。

表 7－9　　　　变量定义表

变量性质	变量名称	变量符号	变量计算方法
被解释变量	战略转换	dq	托宾 Q 值的增量
解释变量	滞后一期的动态财务能力预测值	l. kpstarl	见上一部分
控制变量	资产有形性	tang	固定资产占总资产的比重
	经营效率	eff	总资产周转率 = 营业收入/平均资产总额
	产品独特性	unique	（销售费用 + 管理费用）/营业收入
	企业规模	size	资产总额的自然对数
	产权性质	property	国企为 1，非国企为 0
	成熟度	maturity	年度 - 上市年度
	行业	industry	以行业大类生成的虚拟变量
	年度	year	以年度生成虚拟变量

（三）变量的描述性统计

表 7－10 为变量描述性统计结果。由表 7－10 可知，dq 均值为 -0.052，说明企业实施战略转换效果较差，标准差为 0.737，最小值为 -9.52，最大值为 11.567，表明样本企业战略转换水平存在差异，进一步可看出样本企业对战略转换的效果不同。动态财务能力拟合值的均值为 0.997，说明整体上企业动态财务能力水平不高，标准差为 0.165，最小值为 -0.585，最大值为 3.036，表明动态财务能力拟合值在不同企业间的差距也较大。

表 7-10　　变量描述性统计结果

变量	样本量	平均值	标准差	最小值	最大值
dq	5749	-0.052	0.737	-9.52	11.567
kpstar1	3664	0.997	0.165	-0.585	3.036
tang	6412	0.299	0.2	0	0.96
eff	6412	0.697	0.631	0.003	9.38
unique	6302	0.119	0.101	0.002	1.425
size	6412	22.758	1.283	18.828	28.257
property	6412	0.693	0.461	0	1
maturity	6412	15.193	5.287	0	30

（四）变量的相关性分析

变量间相关性分析结果如表 7-11 所示。本部分根据需要主要解释下 kpstar1 与各变量的关系，其他变量之间的关系虽然战略支撑效应里有，但由于需要生成的变量使样本量发生变化了，还是有所不同。由表 7-11 可知，Tang、size、property、maturity 与 L. kpstar1 间的相关系数分别为 0.050、0.331、0.063、0.041，其 p 值均小于 0.1，表明资产有形性、企业规模、产权性质、成熟度与动态财务能力呈显著正相关关系。Eff、unique 与 L. kpstar1 间的相关系数分别为 -0.050，-0.081，其 p 值均小于 0.1，表明经营效率、产品独特性与动态财务能力呈显著负相关关系。从表 7-11 中还可知，解释变量间相关系数都很小，初步分析基本不存在共线性问题，需进一步通过 VIF 进行检验。

表 7-11　　变量的相关性分析结果

变量	(1)	(2)	(3)	(4)	(5)	(6)	(7)	(8)
(1) dq	1.000							
(2) L. kpstar1	-0.164* (0.000)	1.000						

续表

变量	(1)	(2)	(3)	(4)	(5)	(6)	(7)	(8)
(3) tang	0.031* (0.019)	0.050* (0.005)	1.000					
(4) eff	-0.007 (0.617)	-0.050* (0.005)	-0.136* (0.000)	1.000				
(5) unique	0.012 (0.380)	-0.081* (0.000)	-0.095* (0.000)	-0.216* (0.000)	1.000			
(6) size	-0.015 (0.256)	0.331* (0.000)	0.054* (0.000)	-0.096* (0.000)	-0.284* (0.000)	1.000		
(7) property	-0.004 (0.760)	0.063* (0.000)	0.191* (0.000)	0.063* (0.000)	-0.192* (0.000)	0.132* (0.000)	1.000	
(8) maturity	0.022 (0.089)	0.041* (0.020)	-0.157* (0.000)	-0.086* (0.000)	0.025* (0.046)	0.291* (0.000)	-0.034* (0.007)	1.000

注：*** $p<0.01$，** $p<0.05$，* $p<0.1$。

（五）实证结果与分析

通过面板数据模型的比较，固定效应模型与混合效应模型比较的 F 检验，F（457，2482）=0.41，p 值>0.05，说明比较适合混合效应模型。随效应模型与混合效应的检验（Breusch and Pagan Lagrangian Multiplier Test），chibar2（01）=0.00，p 值>0.05，说明比较适合混合效应模型。通过对面板数据三种模型的鉴别，目前适合的是混合效应模型。

VIF 检验平均值为 2.68，各变量的 VIF 值<5，说明变量的多重共线性较小，是可以接受的。为了防止异方差的问题和短面板数据的序列相关性问题，在做面板数据的混合效应模型归时，均采用了以企业编号做群集变量的群集稳健标准误进行回归分析。

混合效应模型的回归结果如表 7-12 所示。由表可知，L. kpstar1

与 dq 间相关系数为 0.204，$p<0.05$，说明动态财务能力拟合值与战略转换呈显著正相关关系，验证了本书的假设，即动态财务能力具有显著的主动决策效应。控制变量同战略转换间的关系基本同战略效应部分，在此不再赘述。该回归结果中，$R^2=0.171$，说明模型的拟合优度较好。$F=18.879$，$p=0.000$，p 值小于 0.05，说明模型整体上具有显著解释能力。

表 7-12　混合效应模型的回归结果

变量	系数	标准误	t 值	p 值	95% 置信区间		显著性
L. kpstar1	0.204	0.098	2.08	0.038	0.011	0.396	**
tang	0.179	0.049	3.63	0	0.082	0.276	***
eff	0.004	0.016	0.23	0.82	-0.027	0.035	
unique	-0.12	0.103	-1.16	0.245	-0.322	0.082	
size	-0.019	0.007	-2.62	0.009	-0.033	-0.005	***
property	0.007	0.017	0.45	0.652	-0.025	0.04	
maturity	0.004	0.002	1.90	0.058	0	0.007	*
industry	控制	控制	控制	控制	控制	控制	控制
year	控制	控制	控制	控制	控制	控制	控制
R^2		0.171	样本量			2963	
F 值		16.879	p 值			0.000	
AIC		5308.444	BIC			5470.281	

注：*** $p<0.01$，** $p<0.05$，* $p<0.1$。

八、小结

本书选取 2007—2020 年主板市场纯 A 股上市的 458 家企业为样本，采用面板回归模型对经营不确定冲击与动态财务能力间的关系进行了实证研究，并进一步利用估计出的经营不确定性冲击值估计动态财务能力值，研究动态财务能力是否具有显著的主动决策效应。进行系列分析后得出如下结论：经营不确定性冲击对动态财务能力具有显著的促进作用，即企业会依据经营环境的变化主动储备动态财务能力；动态财务能力具有显著的主动决策效应。这说明在经营不确定性冲击下，企业主动进行动态财务能力政策决策，提升企业动态财务能力，以实现战略转换的目标。

第八章

基于 ABMS 的动态财务能力规划探索

前面七章通过兵法思想提炼出动态财务能力的计量方法，具体地分析出样本企业的动态财务能力，并进一步通过实证研究的方法对动态财务能力的战略效应、动态调整以及主动决策效应等进行了研究，实证研究的结论均支持企业要储备动态财务能力以应对环境的变化和企业战略的调整结论。企业究竟需要储备多少动态财务能力呢？储备动态财务能力也需要付出储备成本，比如：增加现金持有量使企业具备更强的现金柔性；降低负债率使企业具备更好的债务柔性，等等，这些方法都会增强企业的动态财务能力，但同时也会使企业增加一定的成本。可是动态财务能力是一种潜能，只有在需要时这种潜能转变成财务能力了，才好体现出显性的收益。因此，一些企业不愿意储备动态财务能力，使得环境变化或战略调整时无法有效地应对导致的损失，另外一些企业储备了较多的动态财务能力，因企业并无额外财务能力的需求，从而也使储备的动态财务能力丧失了作用、损失了储备成本。因此，企业如何进行动态财务能力的规划，保持合理的动态财务能力是企业界和学术界非常关注的方向。

一、基于 ABMS 的模型设计方法

（一）ABMS 方法对动态财务能力规划的适用性

1. ABMS 方法简介

基于 Agent 的建模与仿真（Agent - Based Modeling & Simulation，ABMS），用于自下而上、从个别到整体、从微观到宏观来研究复杂系统的行为的方法。它最早可以追溯到冯·诺依曼开发的元胞自动机研究，并经过不同领域的长期发展形成了许多经典的 Agent 应用模型。随着 SWARM、NetLogo、Repast、AnyLogic 等代理仿真开发环境软件的出现，ABMS 被广泛应用于经济、社会、生态和军事等领域复杂系统的深入研究。

ABMS 通过使用许多相互作用的自治 Agent 对系统进行描述和抽象，将复杂系统看作是一个由多个 Agent 交互协作组成的复杂适应系统，因此将复杂系统的建模分解为对行为主体的建模。ABMS 强调实体的自治性和实体间的交互性，而非简单地叠加个体行为进行建模。在仿真实验中，ABMS 强调个体成员的局部交互对整个系统的影响，同时关注群体中每个个体的特性和个体间的交互作用，从而可以更真实地表示复杂系统的涌现特性。这一特点使 ABMS 成为研究经济、社会、生态和军事等领域复杂系统的有力工具。

不同学科领域的不同研究人员对 Agent 有不同的定义和认识，如自治 Agent（Autonomous Agent）、软件 Agent（Software Agent）、智能 Agent（Intelligent Agent）以及更专用的接口 Agent（Interface Agent）、虚拟 Agent（Virtual Agent）、信息 Agent（Information Agent）、移动 Agent（Mobile Agent）等。SMART 框架确定了面向 Agent 的一个直观的概念框架，在该框架中，环境包含实体集合，

实体集合包含对象集合，对象集合包含 Agent 集合，Agent 集合包含自治 Agent 集合。Agent 是一种具有能够按照目标影响环境能力的对象。本书根据研究对象对采用的 Agent 称为智能 Agent 或智能体。

2. ABMS 方法的特点

ABMS 仿真与一般仿真方法不同，在 ABMS 中，模型由封装了组成系统的不同个体行为的 Agent 集合组成，这些行为的并发模拟构成了仿真运行过程。整体上看，ABMS 关注两种实体：个体和观察量。模型中的个体可以彼此进行交互，建模人员更加关注随着模型运行而变化的观察量。与系统动力学等方法不同，ABMS 并不直接基于这些观察量之间的关系进行建模。ABMS 模型另一个特点是模型聚焦的层次。一个系统由相互作用的个体集合构成，在系统层次上可以定义一些感兴趣的观察量，并且其他观察量可以在个体层次上表达或者在系统层次上进行聚集。ABMS 倾向于根据个体 Agent 所拥有的局部信息来定义其行为，因此其行为不依赖于整个系统层次的信息，并且从 Agent 的模型行为中会显现出系统层次观察量变化特征。

3. ABMS 方法的适用性

ABMS 仿真一般适于以下情况：当存在与 Agent 对应的自然表示时；当决策和行为能够被离散定义时（包含边界）；当 Agent 适应和改变行为对于分析非常重要时；当 Agent 动态策略行为中的学习和交互比较重要时；当仿真中 Agent 与其他 Agent 具有动态的关系时；当 Agent 形成的组织自适应和学习对于组织层次重要时；当 Agent 具有一个与它们的行为和交互对应的空间组件时；当需要伸缩到多个系统层次进行系统分析时；当系统的过程结构变化是模型的结果，而不是输入时。

动态财务能力是企业有目的地创造、扩张和调整财务能力的潜能。这种潜能只有发挥出来才能显示出作用，只有结合这种潜能的微观变化过程来进行研究，才可能有所收获，显然采用传统的实证研究方法不易实现这个目的。如果我们将动态财务能力和财务能力作为 Agent，显然，动态财务能力的适应和改变行为对于分析非常重要，仿真中动态财务能力与财务能力具有动态的关系，动态财务能力具有一个与它们的行为和交互对应的空间组件即企业系统，研究动态财务能力需要结合潜能的微观变化过程来进行研究。我们研究的这些特点和需求，显然比较适合采用基于智能体的建模与仿真（Agent - Base Modeling and Simulation，ABMS）方法。将基于智能体的模型（BA）和系统动力学模型（SD）结合起来，用 BA 实现动态财务能力转化为财务能力的模拟，SD 模型实现因企业对市场的需求而产生的财务能力的需求，从而实现微观和宏观问题的结合，以实现对动态财务能力的规划问题的探讨。

（二）ABMS 模型的建模步骤

构建基于智能体的仿真模型的建模过程主要包括：问题描述与需求分析、发现和识别 Agent、Agent 交互关系与环境定义、Agent 行为表示、Agent 模型定义这 5 个阶段。这些建模过程构成智能体建模的迭代过程。

1. 问题描述与需求分析

该阶段的主要任务是确定需要使用智能体仿真解决的问题，并确立仿真研究的目标和要求。在这一阶段，需要完成以下任务：

（1）系统分析：对被研究系统进行详细分析，包括了解系统的组成、边界以及环境条件。这有助于确定需要模拟的实际系统，并确保所构建的仿真模型具有可靠性和适用性。

（2）初步实体识别：初步识别和确定系统中的实体，包括个体代理、资源、环境等。这涉及到对系统中各个元素的定义和描述，为后续的行为建模做准备。

（3）属性和状态定义：明确系统中实体的属性和状态。属性指代各个实体的固有特征和属性，而状态则表示实体在仿真过程中的变化和演化。这将为 Agent 的行为建模提供基础。

（4）行为规则确定：根据系统的特点和目标，初步确定 Agent 的行为规则和决策策略。这包括了 Agent 在特定情境下做出的响应、交互方式、决策过程等，为建模提供指导。

（5）定量指标设定：明确用于系统分析和实验的定量指标。这些指标包括系统性能、效率、可行性等，以帮助评估仿真模型的有效性和准确性。

（6）前提假设条件：制定建模前提约定和假设条件。这是为了简化建模过程和降低模型的复杂性，以及在模型应用中提供一定的假设基础。

（7）模型细节和精度：确定模型的层次类型、详尽程度、精度指标和适用范围。根据研究目标和要求，确定模型的抽象程度和细节层次，以及所需的精度水平。

（8）数据需求和来源：明确建模所需数据以及数据来源。这包括收集和整理系统相关的数据，例如实体属性、环境参数等，以支持仿真模型的构建和验证。

通过完成上述任务，可以为后续的智能体仿真建模提供清晰的目标和要求，并确保所构建的模型在解决问题和满足研究需求方面具有可行性和可靠性。

2. 发现和识别智能体

该阶段主要按照 Agent 仿真思想确定仿真模拟中需要表示的实体和对象。在智能体仿真研究中，一个关键的任务是确定仿真模型中需要表示的实体和对象。根据 Agent 仿真思想，可以将构成系统的各种物质、能量、信息和组织等有实际意义的物理或逻辑单元称为实体（Entity），这些实体是系统的组成部分。在进行仿真研究时，不可能将系统中的所有实体都建模为 Agent，而是应根据研究问题的需要，对系统进行抽象和简化。这涉及到对系统中包含的实体进行取舍、抽象和聚集，以适应仿真模型的建立和目标的实现。在这个过程中，可以使用 SMART 框架来明确相关实体是否为对象或 Agent。发现和识别 Agent 是确定智能体仿真模型中包含的实体类型和相应的行为表示层次的关键步骤。通过对系统进行分析和观察，可以确定哪些实体具有自主性、决策能力和行为能力，从而被定义为 Agent。这些 Agent 与其他实体或对象之间会存在交互、通信和影响关系，其行为的建模将成为仿真研究的重要组成部分。需要注意的是，在确定 Agent 时，还需考虑仿真研究的目标、时间和资源限制，以及模型的可行性和实用性。通过合理地确定仿真模型中的实体和 Agent，可以更好地实现对系统行为和性能的分析、评估和优化。

3. Agent 交互关系与环境定义

在 ABMS 中，Agent 不可能孤立存在，Agent 的建模不仅涉及到对 Agent 本身的行为建模，还需要考虑 Agent 之间的关系和交互，以及 Agent 与环境之间的相互作用。这样才能更准确地反映出 Agent 行为对其他 Agent 和整个系统的影响。Agent 之间的交互是 ABMS 中的重要组成部分，它们之间的交互不仅涉及 Agent 自身，还受到环境的制约和影响。在建立 Agent 模型的过程中，不可能对 Agent 之间所有的关系和交互进行详细建模，因此需要对这些交互和关系进行抽象和简化。在发现和识别 Agent 的基础上，需要根据研究问题的需要，对 Agent 之间的关系和交互进行取舍、抽象和聚集。这意味着要根据问题的研究目标和模型的可行性来确定需要建模的交互关系以及对环境影响因素的抽象和简化程度。在确定 Agent之间的关系和交互时，需要考虑 Agent 与其他 Agent 以及与环境之间的相互作用。这包括但不限于信息传递、资源共享、合作竞争等方面的交互和关系。通过合理地抽象和简化这些交互和关系，可以定义 Agent 模型需要考虑的交互行为，从而奠定 Agent 模型的基础。

4. Agent 行为表示

在复杂 Agent 仿真中，Agent 一般扮演着系统中的决策者角色，这包括传统的决策者（如管理者）和非传统的决策角色（如具有自主行为的复杂计算机系统）。为了更好地模拟 Agent 的行为，建模者需要选择适合的研究问题特点和相关领域背景的 Agent 行为理论。行为理论能够提供对 Agent 行为的解释和指导。在行为理论的支持下，建模人员可以从一个基准模型开始，然后使用该模型作为起点来开发一个更简单和更具描述性的启发式行为模型。如果在领域问题中存在可直接应用的行为理论，建模人员可以直接从一个行为模型开始建模。举例来说，针对消费者购物行为的建模问题，已经存在大量围绕基于经验数据的行为理论。这些理论可以作为模型的基础，从而更好地描述和预测消费者的购物行为。此外，面向 Agent 推理的领域已经开发和建立了许多形式化的逻辑框架，例如 BDI（Belief – Desire – Intent）模型。这些框架可以提供 Agent 的行为表示模型的基础，帮助建模人员更好地理解和描述 Agent 的决策过程。总之，在复杂 Agent 仿真中，选择合适的 Agent 行为理论对于建模人员来说非常重要。Agent 行为理论可以为建模过程提供指导，并帮助创建更符合实际的 Agent 行为模型。

5. Agent 模型定义

根据确定的 Agent、Agent 交互关系以及 Agent 的行为表示，可以通过变量、参数和算法来表示 Agent 和环境的属性、状态、参数和行为。此外，还可以采用面向对象的设计方法，将 Agent 和环境定义为对象类，明确它们的属性、状态和参数，并明确每个 Agent 对象类和环境对象类的输入和初始化数据需求，以及它们的输入输出关系。通过面向对象的方法，可以将 Agent 和环境表示为对象类，并定义它们各自的属性、状态和参数。每个 Agent 对象类和环境对象类可以具有自己的方法，用于表示相应的行为和交互过程。这样可以清晰地界定在 ABMS（Agent – Based Modeling and Simulation）建模过程中所形成的 Agent 对象类和环境类，以及它们之间的组成关系和交互关系。面向对象的设计方法可以帮助建模人员更好地理解系统的结构和组成，同时为 Agent 模型的设计和实现提供了基础。通过定义 Agent 和环境的对象类、属性和方法，可以更加清晰地描述 Agent 系统的行为，使建模过程更加可控和易于管理。

ABMS 研究一般会在这些阶段进行多次迭代，并且在每个阶段都需要不断检查前面各阶段的工作。由于 ABMS 涉及到复杂系统的建模和仿真，模型的表示会随着研究的深入和细化而不断调整和修改。因此，不能指望按照固定的流程一次性完成 Agent 的建模工作，而是需要在每个阶段中进行反复迭代和检查。在每个阶段中，需要关注前面各阶段的假设、数据可用性和实验分析的可行性等问题。如果发现前面阶段存在问题或不完善的地方，就必须回到这一阶段，对相应的工作进行调整和修改。这样可以确保模型的准确性和可靠性。因此，在 ABMS 的研究过程中，需要具备耐心和灵活性，在每个阶段中进行反复迭代和检查，以确保模型的质量和适用性。只有经过反复的调整和修改，才能得到更准确、可靠和实用的 Agent 模型。

（三）模型的建模工具

目前各种仿真建模软件，主要支持三种建模方法：多智能体、离散事件系统和系统动力学。根据我们的需求，选择将多智能体模型和系统动力学模型结合在一起，同时支持 ABMS 建模和系统动力学建模的软件主要有以下几种：

（1）AnyLogic：AnyLogic 是一种多方法建模软件，支持离散事件仿真、系统动力学和基于代理的建模。它提供了一个统一的建模环境，可以在同一个模型中同时使用 ABMS 和系统动力学建模方法。

（2）Repast HPC：Repast HPC 是 Repast 建模平台的一个分支，

它扩展了原始的 Repast 软件，支持高性能计算环境中的 ABMS 和系统动力学建模。它的并行计算功能使得模型可以在大规模计算集群上运行，加快模拟和分析的速度。

（3）GAMA：GAMA（General Architecture for Model Agents）是一种开源的多智能体建模平台，支持 ABMS 和系统动力学建模。它提供了丰富的建模语言和功能，使得用户可以同时应用不同的建模方法来探索问题。

这些软件都具有灵活的建模能力，既可以应用 ABMS 来研究个体行为和交互，也可以使用系统动力学来研究整体系统行为和复杂性。AnyLogic 软件是目前为数不多的同时支持三种建模方法的软件，并且它能在一个统一的建模环境中同时进行多方法集成仿真的建模。具体来说 AnyLogic 软件具有以下优势：

（1）多方法支持：AnyLogic 集成了三种主要的建模方法，包括离散事件仿真、系统动力学和基于代理的建模。这使得用户能够根据需求选择最适合的方法，灵活地建立模型并进行设计。

（2）强大的仿真功能：AnyLogic 提供了丰富的仿真功能，支持复杂系统的建模和分析。用户可以轻松地构建现实世界的情境，并进行详细的仿真和实验，以评估不同策略和决策对系统行为的影响。

（3）可视化建模环境：AnyLogic 提供了直观和用户友好的建模环境，通过图形化界面和拖放操作，用户可以轻松地创建、编辑和组合各种模型元素，快速构建复杂的模型结构。

（4）高度可扩展性：AnyLogic 支持多个领域的建模和仿真，包括物流、制造、运输、医疗等。它提供了广泛的建模库和工具，可以自定义扩展和集成现有的模型元素，满足不同行业和应用的需求。

（5）多种编程语言支持：AnyLogic 允许用户使用不同的编程语言，如 Java、Python 等，进行高级定制和扩展。这为有经验的用户提供了更大的灵活性和自由度。

考虑到 AnyLogic 软件是目前为数不多的同时支持三种建模方法的软件，并且它能在一个统一的建模环境中同时进行多方法集成仿真的建模和上面的诸多优点，因此我们选择 AnyLogic 软件进行建模。

二、动态财务能力规划模型的构建

（一）背景介绍

1. 公司概况

ZF 公司是一家移动存储生产公司，该公司在行业内具有较好的发展前景。随着移动设备和数据需求的不断增长，移动存储市场成为一个充满竞争和机遇的市场，市场规模不断扩大，市场更新速度快，产品生命周期短，市场竞争激烈。由于市场变化较快，使公司面临较大的不确定性，从而使公司财务面临较大的挑战。因此，企业迫切需要根据产品市场需求的变化对动态财务能力进行规划，将财务规划与战略对接，提高企业风险应对能力，增强决策有用性。

2. 产品市场情况

产品市场总规模是 1000 万件，市场基本符合巴斯扩散模型，产品的广告作用为 0.0001/月，口碑作用为 0.5/月，产品替换率为 0.1/月，平均单位能力成本为 6.5 万元（公司财务能力单位是按每万件产品所需的财务能力作为一个财务能力单位）。预期消费者会受到财务能力满足率的影响，没有被满足的预期消费者，将重新变为潜在消费者。

3. 财务能力投资政策

公司会为财务能力投资提供一笔初始投资，后续公司根据能力需求按能力收益的一定比例补充能力投资。财务能力的使用成本、动态财务能力的储备成本、财务能力的准备成本从财务能力投资中支出。投资优先用于财务能力的投资，其他再用于储备动态财务能力。财务能力配合人财物产供销等资源为企业带来企业收益，其中通过归集和分配，得到付出能力所获得那部分收益作为能力受益。能力收益根据最大投资比率和 DFC 上限来确定为能力调整所需的再投资数量，能力收益减去能力成本作为剩余收益，剩余收益的积累量作为累积盈余。

4. 公司现有能力投资政策

目前公司的动态财务能力的投资政策比较保守，公司对开发财务能力的投资为 65 万元，能力再投资投资额控制在能力收益的 20%，动态财务能力最大储备控制在 30 单位以下。这些保守的动态财务能力政策，使公司的财务能力满足率仅为 59%，从而制约了公司的发展。

5. 公司需求

公司近期需要推出一种新产品，预测的产品广告作用为 0.00015/月，口碑作用为 0.55/月，产品替换率为 0.1/月，保持不变，公司希望根据市场需求的发展对动态财务能力进行规划，从而改进动态财务能力投资政策。

（二）Agent 规则和 Agent 设计（AB 部分）

1. Agent 规则设计

该公司财务能力和动态财务能力转化逻辑，由于动态财务能力与财务能力的逻辑关系现有研究并没有深入的研究，根据本书的定义和本书前期研究，动态财务能力是企业有目的地创造、扩张和调整财务能力的潜能。这种潜能只有转化成财务能力才能为企业带来显性的收益。因此，本书为了便于设计模型，从合理性和可操作性的角度，将财务能力和动态财务能力的转化逻辑设计如下：在企业投资资金条件许可的情况下，企业在动态财务能力单元（DFCA）

上限的范围内，储备一定的动态财务能力单元 DFCA（DFCA 的数量即是企业的动态财务能力）；当企业对财务能力需求增加，而财务能力单元不足 FCA 时，动态财务能力单元会按一定的速度转化为财务能力单元 FCA（FCA 数量即是企业的财务能力）；当企业对财务能力需求减少，企业为了降低成本，会将多余的财务能力单元 FCA，调整为动态财务能力单元 DFCA。

2. Agent 设计

设计一个智能体群为能力群，这个能力群由动态财务能力智能体构成。能力群在符合条件的情况下，开始创造新能力事件。这个条件是在企业投资资金允许的情况下，增加财务能力单元和储备符合限度的动态财务能力单元。具体设置如图 8－1 所示。

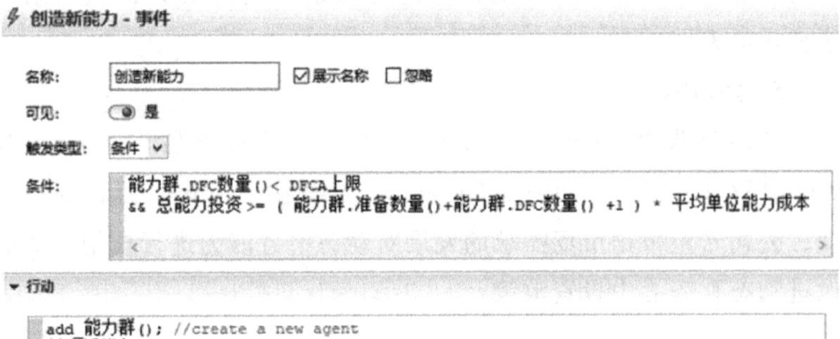

图 8－1　创造新能力事件

动态财务能力智能体的状态如图 8－2 所示，智能体包含能力的三种状态：准备状态、DFCA 状态（动态财务能力单元）、FCA 状态（财务能力状态单元），当开始创造新能力事件后，智能体首先进入准备期，准备期期间内的智能体会随机根据 FC 需求优先转化为 FCA，在满足 FC 需求后根据 DFCA 上限转化成 DFCA；当 FC 需求没被满足时，已有的 DFCA 会随机在 DFCA 调整速度基数范围内转化成 FCA；当 FC 需求过剩时，FCA 会将过剩的 FCA 调整为

DFCA，以节约成本。FCA 连续在 FCA 状态大于 FC 最短使用期并且 FC 收益小于退出阈值时，FCA 就会被淘汰；处于 DFCA 状态的智能体，如果连续在 DFC 周期阈值的时间内，也会被淘汰以节约成本。处于 FCA 状态的智能体会依据收益函数获得相应收益，由于 FC 收益函数会受到 FC 所应用的产品个体生命周期的影响会呈现非线性的状态，根据现有财务能力和企业收益的数据，测算出单位财务能力收益数据曲线，作为计算 FCA 收益的依据。处于准备状态和 DFCA 状态的智能体只有付出成本，没有收益。

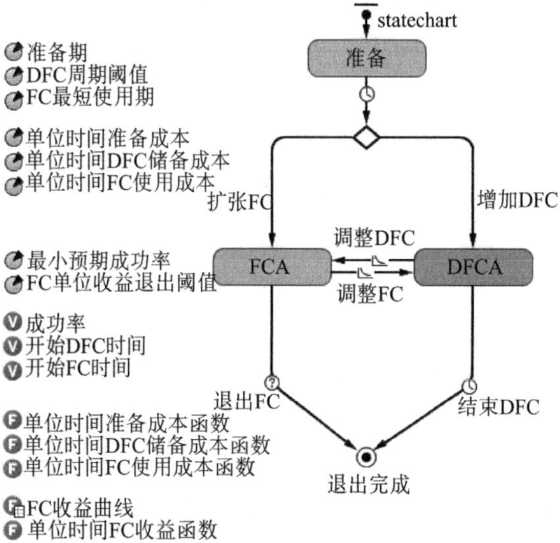

图 8-2　动态财务能力智能体的状态

智能体群的主要参数设置如表 8-1 所示。

表 8-1　　　　智能体群的主要参数设置

参数	数值	单位
单位时间准备成本	0.5	万元
单位时间 DFC 储备成本	2	万元

续表

参数	数值	单位
单位时间 FC 使用成本	4	万元
准备期	1	期
DFC 周期阈值	2	期
FC 最短使用期	2	期
最小预期成功率	0.5	
FC 单位收益退出阈值	6.5	万元

动态财务能力智能体的主要程序代码如下：

```
public void enterState(short_state,boolean_destination){
switch(_state){
case 准备://(简单状态(非复合))
statechart.setActiveState_xjal(准备);
{
bubble.setFillColor(oliveDrab);
;}
创造完成.start();
return;
case FCA://(简单状态(非复合))
statechart.setActiveState_xjal(FCA);
{
成功率=1;
bubble.setFillColor(semiTransparent(lightSkyBlue));
;}
退出FC.start();
调整FC.start();
return;
case DFCA://(简单状态(非复合))
```

```
statechart. setActiveState_xjal( DFCA) ;
{
bubble. setFillColor( goldenRod) ;
;}
结束 DFC. start( ) ;
调整 DFC. start( ) ;
return;
case branch://(分支)
if(
get_Main( ). 能力群 . FC 数量( ) < get_Main( ). FC 需求
){//扩张 FC
{
开始 FC 时间 = time( ) ;
moveTo( getX( ) ,getY( ) - 120) ;
;}
enterState( FCA ,true) ;
return;
}
//增加 DFC( default)
{
开始 DFC 时间 = time( ) ;
;}
enterState( DFCA ,true) ;
return;
case 退出完成://(最终状态)
{
get_Main( ). remove_能力群( this) ;
;}
```

```
statechart. setActiveState_xjal(退出完成);
statechart. onDestroy();
return;
default:
super. enterState(_state,_destination);
return;
}
}

@ Override
@ AnyLogicInternalCodegenAPI
public void exitState(short_state,Transition_t,boolean_source,Statechart_statechart){
switch(_state){
case 准备://(简单状态(非复合))
if(! _source||_t!=创造完成)创造完成. cancel();
{
成功率 = uniform();
;}
return;
caseFCA://(简单状态(非复合))
if(! _source||_t!=退出 FC)退出 FC. cancel();
if(! _source||_t!=调整 FC)调整 FC. cancel();
return;
case DFCA://(简单状态(非复合))
if(! _source||_t!=结束 DFC)结束 DFC. cancel();
if(! _source||_t!=调整 DFC)调整 DFC. cancel();
return;
```

```
default:
super. exitState( _state, _t, _source, _statechart) ;
return;
}
}

public TransitionTimeout 创造完成 = new TransitionTimeout( this) ;
public TransitionTimeout 结束 DFC = new TransitionTimeout( this) ;

@ Override
@ AnyLogicInternalCodegenAPI
public String getNameOf( TransitionTimeout_t) {
if( _t == 创造完成) return" 创造完成" ;
if( _t == 结束 DFC) return" 结束 DFC" ;
return super. getNameOf( _t) ;
}

@ Override
@ AnyLogicInternalCodegenAPI
public Statechart getStatechartOf( TransitionTimeout_t) {
if( _t == 创造完成) return statechart;
if( _t == 结束 DFC) return statechart;
return super. getStatechartOf( _t) ;
}

@ Override
@ AnyLogicInternalCodegenAPI
public void executeActionOf( TransitionTimeout _t) {
```

```
if( _t == 创造完成) {
exitState(准备,_t,true,statechart);
enterState(branch,true);
return;
}
if( _t == 结束 DFC) {
exitState(DFCA,_t,true,statechart);
enterState(退出完成,true);
return;
}
super. executeActionOf( _t);
}
@ Override
@ AnyLogicInternalCodegenAPI
public double evaluateTimeoutOf( TransitionTimeout_t) {
if( _t == 创造完成) return
准备期    * uniform( )
;
if( _t == 结束 DFC) return
DFC 周期阈值
;
return super. evaluateTimeoutOf( _t);
}

public TransitionCondition 退出 FC = new TransitionCondition(this);

@ Override
@ AnyLogicInternalCodegenAPI
```

```
public String getNameOf(TransitionCondition_t) {
if(_t == 退出 FC)return"退出 FC";
return super. getNameOf(_t);
}

@ Override
@ AnyLogicInternalCodegenAPI
public Statechart getStatechartOf(TransitionCondition_t) {
if(_t == 退出 FC)return statechart;
return super. getStatechartOf(_t);
}

@ Override
@ AnyLogicInternalCodegenAPI
public void executeActionOf(TransitionCondition _t) {
if(_t == 退出 FC) {
exitState(FCA,_t,true,statechart);
enterState(退出完成,true);
return;
}
super. executeActionOf(_t);
}
@ Override
@ AnyLogicInternalCodegenAPI
public boolean testConditionOf(TransitionCondition_t) {
if(_t == 退出 FC)return
time() - 开始 FC 时间 > FC 最短使用期 && 单位时间 FC 收益函数() < FC 单位收益退出阈值
```

```
;
return super. testConditionOf( _t) ;
}

public TransitionRate 调整 FC = new TransitionRate( this) ;
public TransitionRate 调整 DFC = new TransitionRate( this) ;

@ Override
@ AnyLogicInternalCodegenAPI
public String getNameOf( TransitionRate_t) {
if( _t == 调整 FC) return" 调整 FC" ;
if( _t == 调整 DFC) return" 调整 DFC" ;
return super. getNameOf( _t) ;
}

@ Override
@ AnyLogicInternalCodegenAPI
public Statechart getStatechartOf( TransitionRate_t) {
if( _t == 调整 FC) return statechart;
if( _t == 调整 DFC) return statechart;
return super. getStatechartOf( _t) ;
}

@ Override
@ AnyLogicInternalCodegenAPI
public boolean testGuardOf( TransitionRate_t) {
if( _t == 调整 FC) return
get_Main( ). 能力群 . FC 数量( ) > get_Main( ). FC 需求
```

```
;
if( _t == 调整 DFC) return
get_Main( ). 能力群 . FC 数量( ) < get_Main( ). FC 需求
&& time( ) - 开始 DFC 时间 < = DFC 周期阈值
;
return super. testGuardOf(    _t) ;
}

@ Override
@ AnyLogicInternalCodegenAPI
public void executeActionOf( TransitionRate_t) {
if( _t == 调整 FC) {
exitState( FCA, _t, true, statechart) ;
{
moveTo( getX( ), getY( ) +60) ;
开始 DFC 时间 = time( ) ;
开始 FC 时间 =0;
;}
enterState( DFCA, true) ;
return;
}
if( _t == 调整 DFC) {
exitState( DFCA, _t, true, statechart) ;
{
moveTo( getX( ), getY( ) - 120) ;
开始 FC 时间 = time( ) ;
;}
enterState( FCA, true) ;
```

```
return;
}
super. executeActionOf(_t);
}
@ Override
@ AnyLogicInternalCodegenAPI
public double evaluateRateOf( TransitionRate_t) {
if( _t == 调整 FC) return
1
;
if( _t == 调整 DFC) return
get_Main( ). DFC 调整速度基数 * uniform( )
;
return super. evaluateRateOf( _t);
}

//函数

double
单位时间 FC 收益函数(    ) {

if( ! inState( FCA) )
return 0;
return FC 收益曲线( time( ) - 开始 FC 时间) * 成功率;
}

double
单位时间准备成本函数(    ) {
```

```
switch( statechart. getActiveSimpleState( ) ) {
case 准备:            return 单位时间准备成本;
default:              return 0;
}
}

double
单位时间 FC 使用成本函数(    ) {

if( ! inState( FCA) )
return 0;
if( time( ) - 开始 FC 时间 < FC 最短使用期)
return 单位时间 FC 使用成本;
return 0;
}

double
单位时间 DFC 储备成本函数(    ) {

if( ! inState( DFCA) )
return 0;
if( time( ) - 开始 DFC 时间 < DFC 周期阈值)
return 单位时间 DFC 储备成本;
return 0;
}
//表函数

@ AnyLogicInternalCodegenAPI
```

```
private final static double[ ]_FC 收益曲线_Arguments_xjal = _FC
收益曲线_Arguments_xjal( );
@ AnyLogicInternalCodegenAPI
private final static double[ ]_FC 收益曲线_Arguments_xjal( ) {
return new double[ ] { 0.0,1.0,2.0,3.0,4.0,5.0,6.0, } ;
}
@ AnyLogicInternalCodegenAPI
private final static double[ ]_FC 收益曲线_Values_xjal = _FC 收
益曲线_Values_xjal( );
@ AnyLogicInternalCodegenAPI
private final static double[ ]_FC 收益曲线_Values_xjal( ) {
return new double[ ] { 0.0,7.0,12.0,13.0,12.0,7.0,3.0, } ;
}

/ **
FC 收益曲线表函数
 * /
public static final TableFunction FC 收益曲线 = new TableFunction
(_FC 收益曲线_Arguments_xjal,_FC 收益曲线_Values_xjal,
TableFunction. INTERPOLATION_LINEAR, 1, TableFunction. OU-
TOFRANGE_EXTRAPOLATE,
);

public static final double FC 收益曲线( double x) { return FC 收益
曲线 . get( x) ; }
//视图区域
public ViewArea _origin_VA = new ViewArea( this, "[原点]",0,
0,ViewArea. TOP_LEFT,ViewArea. SPECIFIED_ZOOM,1,100,100);
```

@ Override

（三）Agent 环境设计（SD 模型部分）

智能体能力群的环境包括两部分，一部分是企业对财务能力需求的产生部分；另一部分是企业对能力的投资决策部分。

1. 财务能力需求的产生

因为该企业以生产产品为主，为便于研究聚焦，本书限定模型边界是依据产能预测对财务能力的需求。同时本书假设企业的产能来源于市场需求，市场需求基本符合巴斯扩散模型，且受财务能力满足率的制约。由于产品的生命周期和消费者的意愿，消费者会有一部分替换意愿转化为潜在消费者。预期消费者会受到财务能力满足率的影响，没有被满足的预期消费者，将重新变为潜在消费者。依据这些条件和假设，构建了系统动力学模型，作为智能体的需求环境。模型流图如图 8－3 所示。

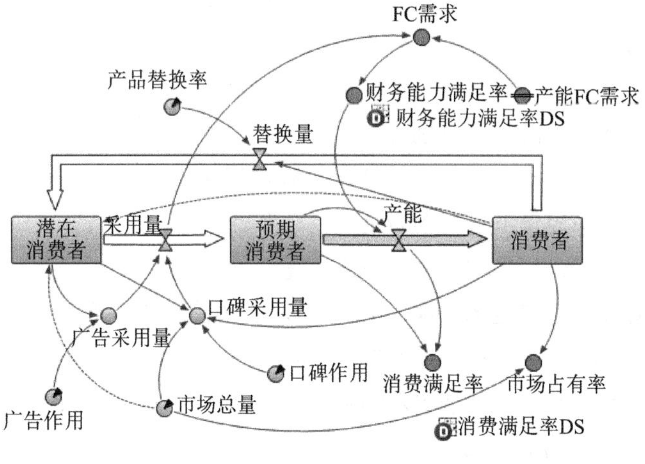

图 8－3　模型流图

其中，参数的设置为：

市场总量 1000，单位：万；

广告作用 0.0001；

口碑作用 0.5；

产品替换率 0.1；

产能 FC 需求 1。

存量的设置为：

潜在消费者，方程：替换量 - 采用量，初始值 = 市场总量 - 消费者；

预期消费者，方程：采用量 - 产能，初始值 = 1；

消费者，方程：产能 - 替换量，初始值 = 1。

流量的公式分别为：

采用量 = 广告采用量 + 口碑采用

替换量 = 消费者 × 产品替换率

产能 = 财务能力满足率 ≥1？预期消费者：预期消费者 × 财务能力满足率

动态变量的公式分别为：

口碑采用量 = 潜在消费者 × 口碑作用 × 消费者/市场总量

广告采用量 = 潜在消费者 × 广告作用

FC 需求 = 产能 FC 需求 × 采用量

财务能力满足率 = 能力群 . FC 数量（）/FC 需求

消费满足率 = 产能/预期消费者

市场占有率 = 消费者/市场总量

2. 能力投资决策环境

根据公司财务能力的投资政策，公司会为财务能力投资者提供一笔初始投资资金，后续公司根据能力需求按能力收益一定比例补充能力投资。财务能力的使用成本、动态财务能力的储备成本、财务能力的准备成本从财务能力投资中支出。企业根据最大投资比率和 DFC 上限以及平均单位能力成本来确定为能力调整所需的再投资比率，能力收益根据再投资的比率计算每期能力投资数量，能力收益的剩余收益作为累积盈余，供企业偿还初始投资和分红等。依据这些条件，构建了相应系统动力学模型，作为智能体的投资决策环境。模型流图如图 8－4 所示。

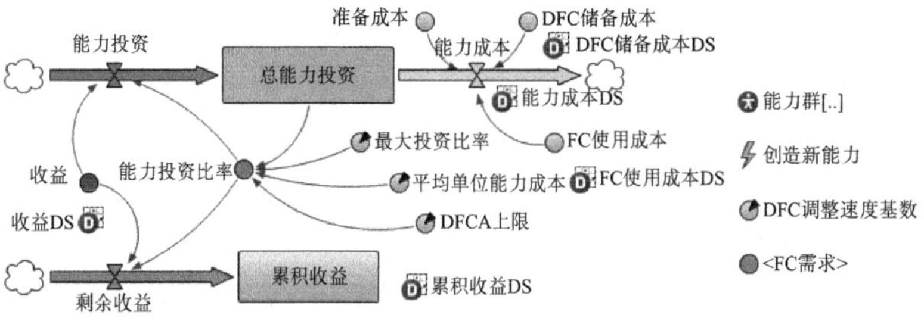

图 8－4　智能体的投资决策环境

其中，参数的设置为：

最大投资比率 0.2；

平均单位能力成本 6.5，单位：万元；

DFCA 上限 30；

DFC 调整速度基数 1。

存量的设置为：

总能力投资，方程：能力投资－能力成本，初始值＝65，单位：万元；

累积收益，方程：剩余收益，初始值＝0；

流量的设置为：

能力投资＝收益×能力投资比率

能力成本 = 准备成本 + DFC 储备成本 + FC 使用成本

剩余收益 = 收益 - 能力成本

动态变量的公式分别为：

收益 = 能力群. 收益 ()

能力投资比率 = 总能力投资 > DFCA 上限 × 平均单位能力成本？0：最大投资比率

准备成本 = 能力群. 准备成本 ()

DFC 储备成本 = 能力群. DFC 储备成本 ()

FC 使用成本 = 能力群. FC 使用成本 ()

（四）仿真实现及分析

模型设计完成以后，通过对模型的进一步检验和确认，就可以应用进行仿真实验了。对模型 60 期（月），5 年进行仿真，5 年结束时各变量的结果如图 8－5、图 8－6 所示，此时企业财务能力和动态财产能力的构成如图 8－7 所示，其中，大小不一的圆圈是财务能力单元，其直径的大小反映了此财务能力单元收益的大小。灰色椭圆是动态财务能力单元，黑色椭圆是处于准备期的单元。主要指标的描述性统计结果如表 8－2 所示。

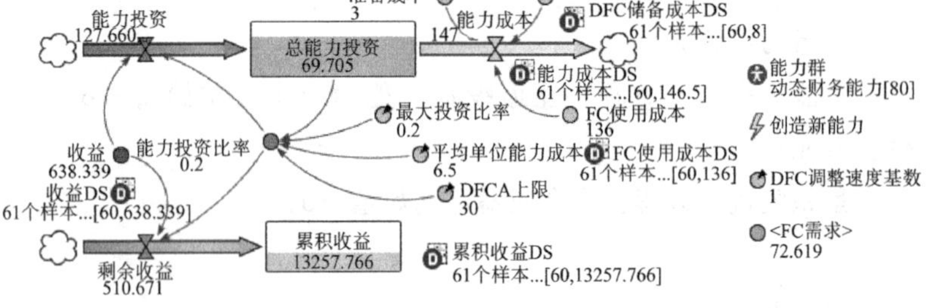

图 8－5　模型 60 期（月）进行仿真结束时各变量结果

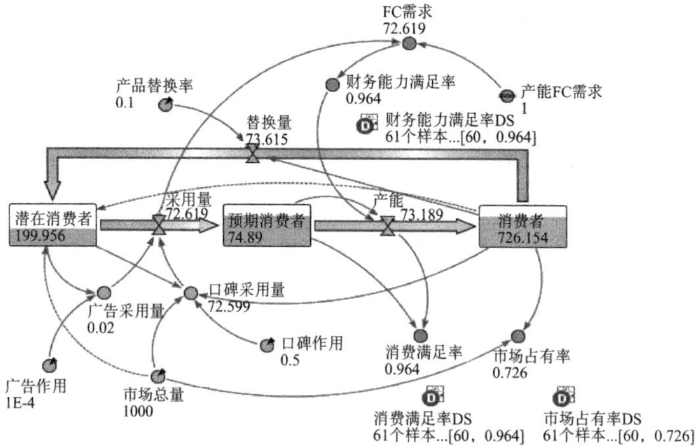

图 8-6 模型 60 期（月）进行仿真结束时各变量结果

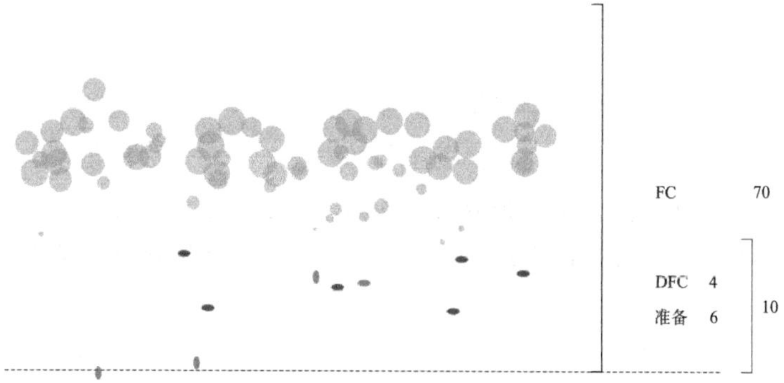

图 8-7 企业财务能力和动态财产能力的构成

表 8-2 主要指标描述性统计结果

指标	平均	中位数	标准差	方差	最小值	最大值
财务能力满足率	0.59	0.59	0.29	0.082	0.206	1.197
市场占有率	0.38	0.39	0.30	0.089	0.002	0.726
收益	282.37	202.90	230.02	52907.847	6.022	682.803
能力成本	56.27	43.00	49.38	2438.182	0	154
DFC 储备成本	3.20	0.00	6.36	40.434	0	24
FC 使用成本	51.33	42.00	45.13	2036.701	0	136

1. 动态财务能力与财务能力情况分析

根据表 8 – 2 所示结果，60 期结束时企业财务能力为 70，动态财务能力为 4，准备期的能力为 6，此时企业对财务能力的需求是 72.6，财务能力满足率是 96.4%，这说明此时企业财务能力基本能满足企业的需求，因为准备期的能力和动态财务能力共有 10 个，这些足够应对财务能力需求的缺口，并且留有余地以应对需求的适度波动。

从动态过程看（见图 8 – 8、图 8 – 9），财务能力满足率平均值仅为 0.69，标准差 0.29，最大值 1.197，这是由于企业初始投资储备了一定的财务能力并且市场占有率较低，对财务能力的需求较小导致的。财务能力满足率刚开始随着市场占有率的增加而降低直到 24 期的最小值 0.206，随后逐步回升接近于 1。这是由于刚开始阶段，企业市场占有率小且对企业财务能力的需求少，而企业有一定的初始投资，所以刚开始财务能力满足率较高，但是随着企业市场占有率的增加，受到再投资条件的限制，财务能力满足率受到冲击不断降低，但是随着企业财务能力的增强，企业财务能力受益不断增加使得再投资能力增强，在到达 24 期后财务能力满足率止跌回升。

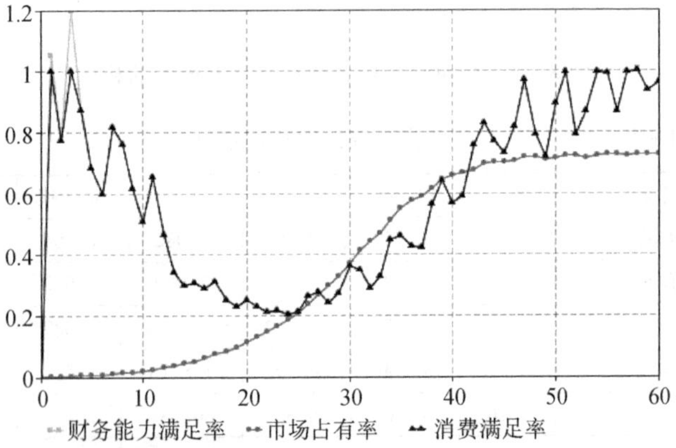

图 8 – 8　财务能力满足率与市场占有率情况

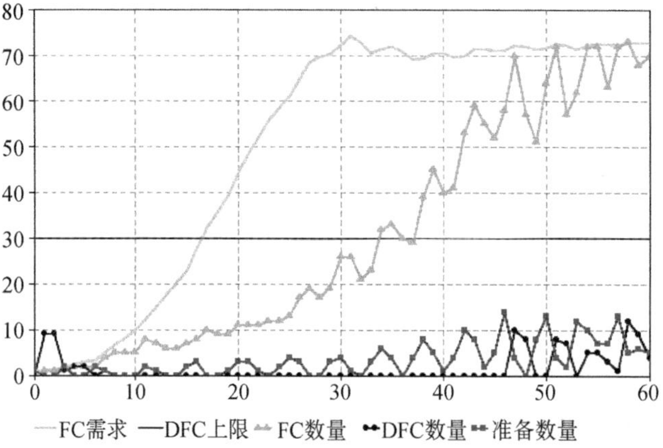

图 8-9　动态财务能力与财务能力情况

从财务能力数量的变化过程来看，财务能力和动态财务能力的数量不断增加，使财务能力逐步接近财务能力的需求，但是增长速度较慢。可知，这是受到企业能力投资政策的影响所致的。

2. 成本与收益分析

图 8-10 是企业五年来财务能力的收益和能力成本的折线图，从图中可以看出，企业对能力的投资收益逐年增长，并且收益增长幅度远远大于成本的增长幅度，说明对能力的投资是非常有价值的投资。

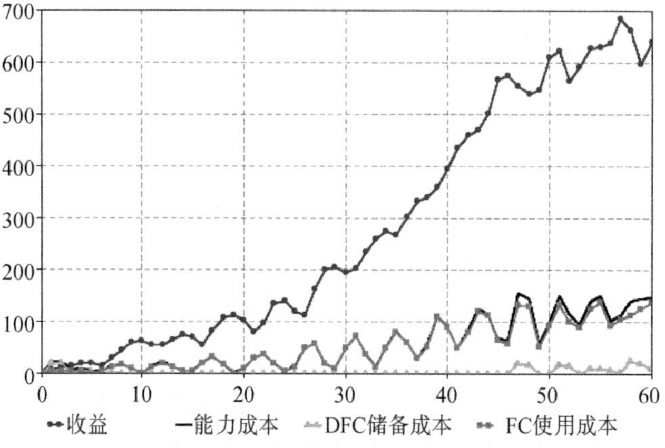

图 8-10　企业五年来财务能力的收益和能力成本

综上所述，通过模型的模拟和上述分析，基本和模拟企业情况一致，即企业财务能力满足率不高，进而会制约市场占有率的增长，因此企业需要调整财务能力政策，使企业尽量减少财务能力的制约，促进企业的发展。

三、动态财务能力规划模型的应用

（一）目标

公司近期需要推出一种改进型新产品，预测的产品广告作用为0.00015/月，口碑作用为0.55/月，其他参数基本保持不变，考虑到以前财务能力满足率较低，导致消费满足率低，从而影响市场占有率的提升和能力收益增加的实际情况，公司希望根据市场的变化发展对动态财务能力进行规划，从而改进动态财务能力投资政策。公司的主要条件是能力投资占能力收益的比率限制在0.2—0.6之间，DFC上限可以限制在10—50之间，企业的主要目标是5年结束时企业累积收益达到最大。

（二）应用过程与结果分析

1. 修改模型市场参数，作为初步模拟结果

分别修改模型的广告作用率和口碑作用率参数，然后模拟出现有财务能力政策下的结果，见图8－11至图8－16。

动态财务能力与财务能力情况，根据结果60期结束时企业财务能力为70，动态财务能力为1，准备期的能力为16，此时企业对财务能力的需求是73.7，财务能力满足率是94.9%，此时企业财务能力基本能满足企业的需求，并且准备期的能力和动态财务能力共有17个，留有应对需求的适度波动的余地。

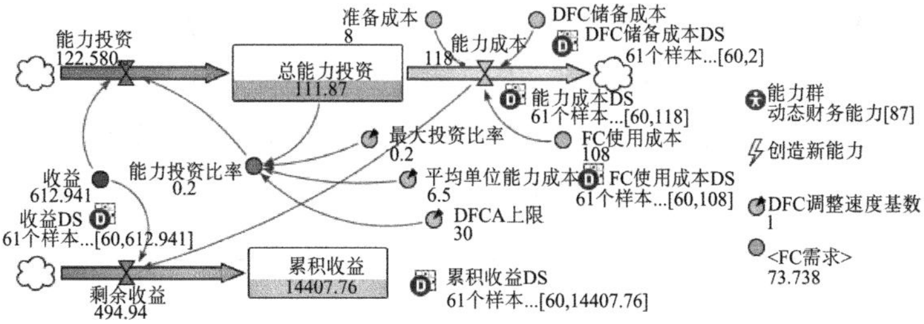

图 8－11　模拟现有财务能力政策下的结果

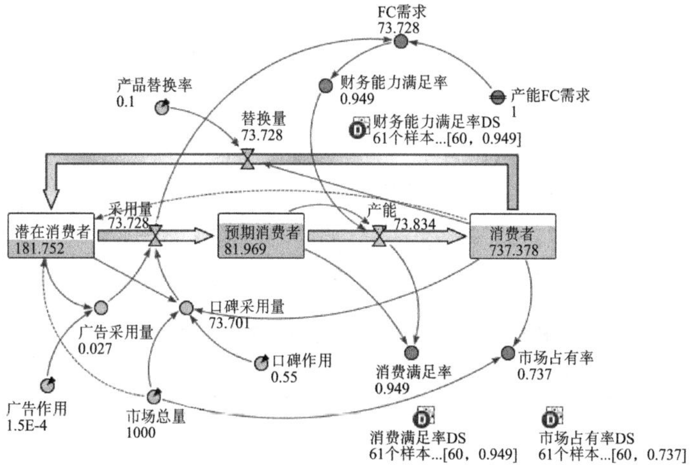

图 8－12　模拟现有财务能力政策下的结果

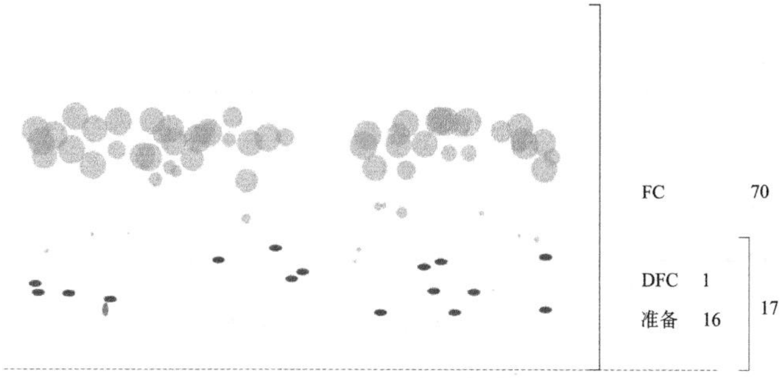

图 8－13　模拟现有财务能力政策下的结果

从动态过程看（见图 8－14、图 8－15），财务能力满足率平均值仅为 0.586，标准差 0.296，情况与原产品情况类似，财务能力满足率刚开始随着市场占有率的增加而降低，直到 21 期的最小值 0.204，随后逐步回升接近于 1。从财务能力数量的变化过程来

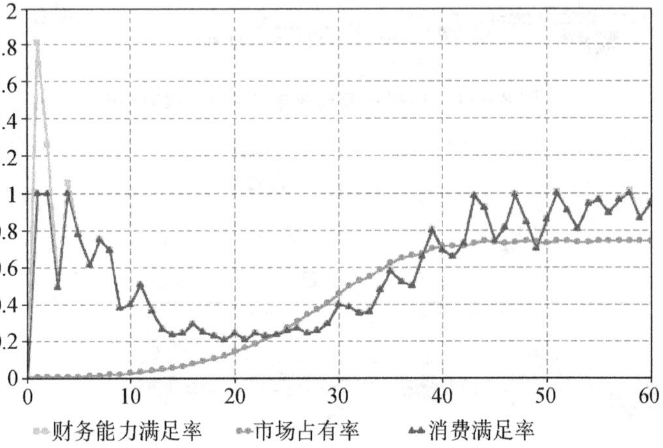

图 8－14　模拟现有财务能力政策下的结果

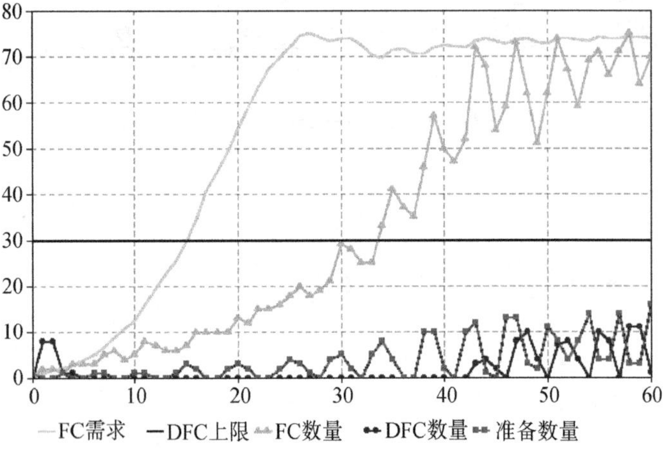

图 8－15　模拟现有财务能力政策下的结果

看，财务能力和动态财务能力的数量不断增加，但是增长速度较慢。成本与收益分析情况如图 8 - 16 所示，企业对能力的投资收益逐年增长，并且收益增长幅度远远大于成本的增长。

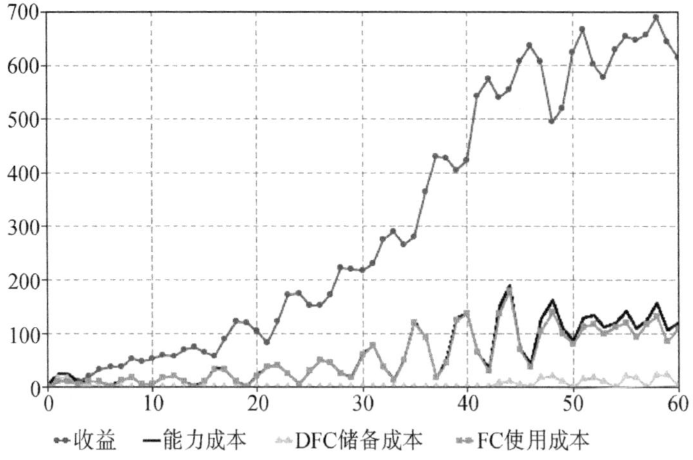

图 8 - 16　模拟现有财务能力政策下的结果

综上所述，对新产品采用目前的政策基本和原产品情况相似，因此必须对原来的能力投资政策进行改进和优化。

2. 设计和执行最优化实验

在模型中创建一个优化实验，实验设置如图 8 - 17 所示，优化的目标设为累积收益最大化，根据企业的要求将能力的最大投资比率设置在 0.2 - 0.6 的范围内，步长为 0.02；将 DFCA 上限设为 10—50 之间的范围，步长为 2。其他参数保持不变，模型运行的迭代次设置为 500 次。通过运行实验，得到结果为 DFCA 上限为 12，最大投资比率为 0.48，按此参数设置，60 期的累积收益为 27708.305（万元），如图 8 - 18 所示。

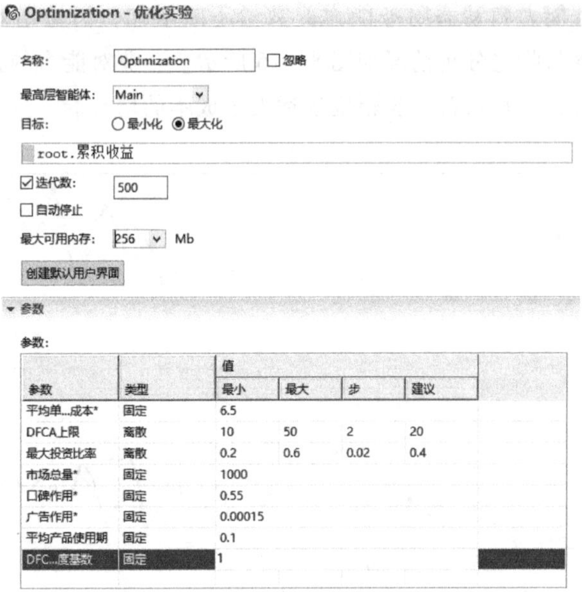

图 8－17　优化实验设置

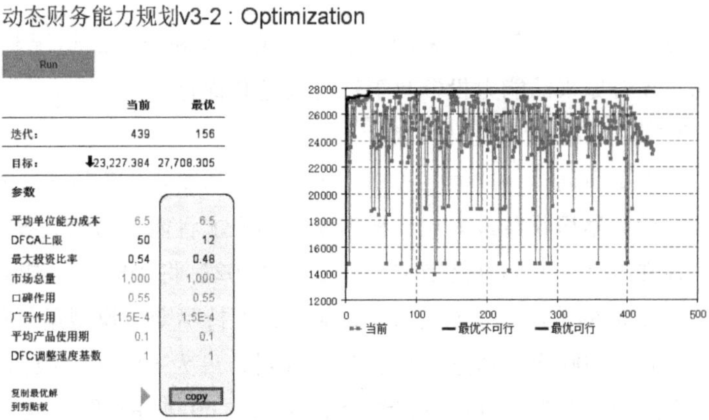

图 8－18　优化实验结果

优化实验主要优化部分的程序代码如下：

//目标评估

```
@ Override
@ AnyLogicInternalCodegenAPI
public Main createRoot( Engine engine) {
  //创建根对象
  return new Main( engine,null,null) ;
}

@ Override
@ AnyLogicInternalCodegenAPI
public void setupRootParameters( final Main self,boolean callOn-
ChangeActions) {
  final Main root = self;//for compatibility
  //设置固定的根参数值
  double 平均单位能力成本_xjal = 6. 5
  ;
  if( callOnChangeActions) {
    self. set_平均单位能力成本( 平均单位能力成本_xjal) ;
  } else {
    self. 平均单位能力成本 = 平均单位能力成本_xjal;
  }
  double 市场总量_xjal = 1000
  ;
  if( callOnChangeActions) {
    self. set_市场总量( 市场总量_xjal) ;
  } else {
    self. 市场总量 = 市场总量_xjal;
  }
  double 口碑作用_xjal = 0. 55
```

```
;
if(callOnChangeActions){
  self.set_口碑作用(口碑作用_xjal);
}else{
  self.口碑作用=口碑作用_xjal;
}
double 广告作用_xjal=0.00015
;
if(callOnChangeActions){
  self.set_广告作用(广告作用_xjal);
}else{
  self.广告作用=广告作用_xjal;
}
double 产品替换率_xjal = self._产品替换率_DefaultValue_xjal();
if(callOnChangeActions){
  self.set_产品替换率(产品替换率_xjal);
}else{
  self.产品替换率=产品替换率_xjal;
}
double DFC调整速度基数_xjal=self._DFC调整速度基数_DefaultValue_xjal();
if(callOnChangeActions){
  self.set_DFC调整速度基数(DFC调整速度基数_xjal);
}else{
  self.DFC调整速度基数=DFC调整速度基数_xjal;
}
//从优化器设置根参数
```

```
        int DFCA 上限_xjal = (int) getCurrentParamValue(_oqvar_
DFCA 上限);
        if(callOnChangeActions){
          self. set_DFCA 上限(DFCA 上限_xjal);
        }else{
          self. DFCA 上限 = DFCA 上限_xjal;
        }
        double 最大投资比率_xjal = getCurrentParamValue(_oqvar_
最大投资比率);
        if(callOnChangeActions){
          self. set_最大投资比率(最大投资比率_xjal);
        }else{
          self. 最大投资比率 = 最大投资比率_xjal;
        }
    }

    @ Override
    @ AnyLogicInternalCodegenAPI
    public void onBeforeSimulationRun(Main root){
      平均单位能力成本 = root. 平均单位能力成本;
      DFCA 上限 = root. DFCA 上限;
      最大投资比率 = root. 最大投资比率;
      市场总量 = root. 市场总量;
      口碑作用 = root. 口碑作用;
      广告作用 = root. 广告作用;
      产品替换率 = root. 产品替换率;
      DFC 调整速度基数 = root. DFC 调整速度基数;
    }
```

```
    @ Override
    @ AnyLogicInternalCodegenAPI
    public void onEngineFinished( ) {
      final Main root = ( Main) getEngine( ). getRoot( ) ;

        //设置目标值到仿真输出
        setCurrentObjectiveValue(
    root. 累积收益
    ) ;

      }

      @ Override
      @ AnyLogicInternalCodegenAPI
      public void onAfterIteration( ) {
          datasetCurrentObjective. update( ) ;

        //迭代后代码

    if( isBestSolutionFeasible( ) ) {
    datasetBestFeasibleObjective. update( ) ;
    }
    if( ! isCurrentSolutionFeasible( ) ) {
    bestInfeasibleObjective = min ( bestInfeasibleObjective, getCurrentO-
bjectiveValue( ) ) ;
    }
    if( bestInfeasibleObjective ! = Double. POSITIVE_INFINITY ) {
    datasetBestInfeasibleObjective. update( ) ;
```

```
}

    }

    @ Override
    @ AnyLogicInternalCodegenAPI
    public void reset( ) {

        setObjectiveMaximize( ) ;
        //重复设置
        setUseReplications( false) ;

        //停止条件设置
        setMaximumIterations( 500) ;
        setAutoStop( false) ;
        //每次实验运行前代码

datasetCurrentObjective. reset( ) ;
datasetBestInfeasibleObjective. reset( ) ;
datasetBestFeasibleObjective. reset( ) ;

        //决策变量
        setParameterVariableStepSize( _oqvar_DFCA 上限,2) ;
        setParameterVariableLowerBound( _oqvar_DFCA 上限,10) ;
        setParameterVariableUpperBound( _oqvar_DFCA 上限,50) ;
        setParameterVariableName ( _oqvar _DFCA 上限," DFCA 上
限" ) ;
        addParameterVariable( _oqvar_DFCA 上限) ;
```

```
        setParameterVariableStepSize(_oqvar_最大投资比率,0.02);
        setParameterVariableLowerBound(_oqvar_最大投资比率,0.2);
        setParameterVariableUpperBound(_oqvar_最大投资比率,0.6);
        setParameterVariableName(_oqvar_最大投资比率,"最大投资比率");
        addParameterVariable(_oqvar_最大投资比率);
        setParameterVariableSuggestedValue(_oqvar_DFCA上限,20);
        setParameterVariableSuggestedValue(_oqvar_最大投资比率,0.4);
        addSuggestedSolution();

    }
}
```

3. 政策改进前后仿真结果的比较分析

通过设计和执行比较运行实验，对政策改进后和政策改进前的相关指标数据进行统计（见表8－3、表8－4），结果显示，累积收益均值从改进前的4137.153增加到11617.586，增幅达1.808，尽管财务成本从改进前的62.05增加到114.558，但增幅仅为0.846，远远小于累积收益的增幅，说明成本收益率明显增强，成本的增长是合理的增长。财务能力满足率均值从改进前的0.616增大到0.971，说明改进政策后财务能力基本上满足了企业的需要。消费满足率从改进前的0.597增大到0.952，说明改进政策后市场上的消费者基本都被满足，避免了消费者的流失，因此市场占有率也从改进前的0.41增长到0.511。通过对改进政策后指标与改进前指标进行配对样本t检验，结果显示（见表8－5），所有指标的t检验的P值都低于0.01的水平，说明这些指标的改善是非常显著的。

表 8－3　　改进政策后指标的描述性统计

变量	样本量	平均值	标准差	最小值	最大值
累积收益	60	11617.586	9332.482	-34.749	27708.305
能力成本	60	114.558	47.684	8.5	194
财务能力满足率	60	0.971	0.14	0.489	1.809
市场占有率	60	0.511	0.305	0.002	0.744
消费满足率	60	0.952	0.076	0.489	1

表 8－4　　改进政策前指标的描述性统计

变量	样本量	平均值	标准差	最小值	最大值
累积收益	60	4137.153	4506.096	-29.419	14666.415
能力成本	60	62.05	57.583	0.5	215.5
财务能力满足率	60	0.616	0.342	0.204	1.809
市场占有率	60	0.41	0.306	0.002	0.744
消费满足率	60	0.597	0.299	0.204	1

表 8－5　　政策改进后与政策改进前指标的配对样本 t 检验

变量	样本量	改进后均值	改进前均值	均值差	标准误	t 值	p 值
累积收益	60	11617.586	4137.153	7480.433	686.027	10.9	0.000
能力成本	60	114.559	62.050	52.508	8.465	6.2	0.000
财务能力满足率	60	0.972	0.616	0.356	0.039	9.1	0.000
市场占有率	60	0.511	0.410	0.101	0.017	5.95	0.000
消费满足率	60	0.952	0.597	0.355	0.039	9.1	0.000

图 8－19 至图 8－23 是改进前后指标变化的过程，Run0 红线是改进后的指标时序变化，Run1 绿线是政策未改进前的指标时序变化。从累积收益指标来看，60 期结束后，累积收益由改进前的 14666.415 变为政策改进后的 27708.305，增幅高达 88.9%，并且增长率明显提高；能力成本虽然随着市场的增加有所增长，但是除

了前述的成本收益率增大以外，成本的波动也大幅减少，能力成本的标准差从改进前的 58.583 减小为 47.684，能力成本波动的风险减弱。财务能力满足率改进前波动较大且大部分时间都低于 50%，改进后明显提高至 100% 附近，并且波动不大；消费满足率从以前的大部分时间都低于 0.6，增长为大多数时间都在 0.9 以上，并且波幅也变小了。从而为企业迅速占领市场提供了保障，使市场达到顶峰的时间提前了 15 期（月）。

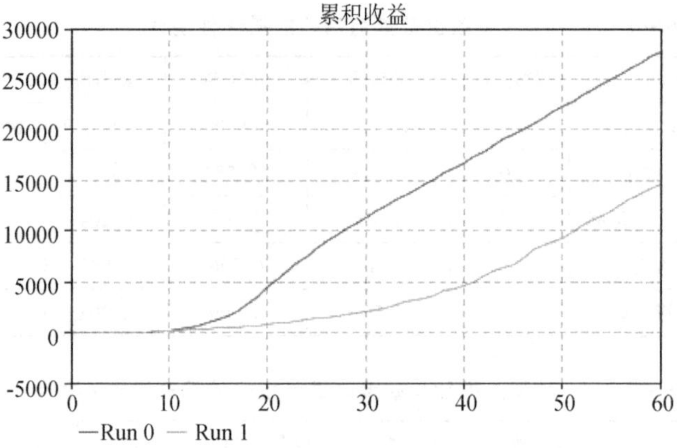

图 8－19　改进前后指标的变化过程

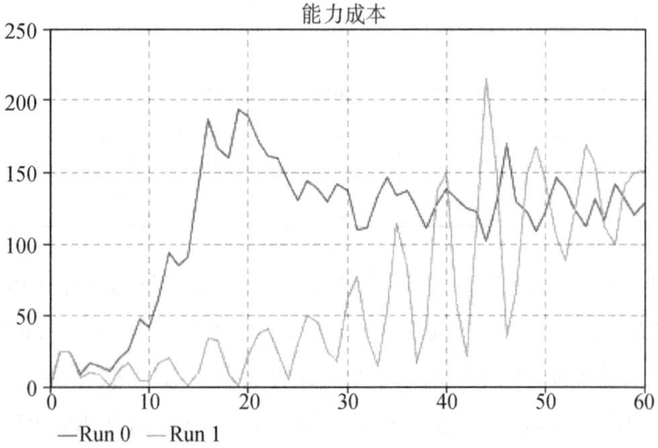

图 8－20　改进前后指标的变化过程

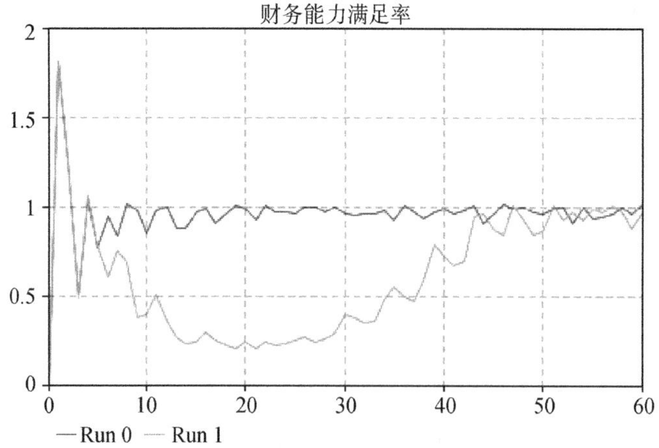

图 8-21　改进前后指标的变化过程

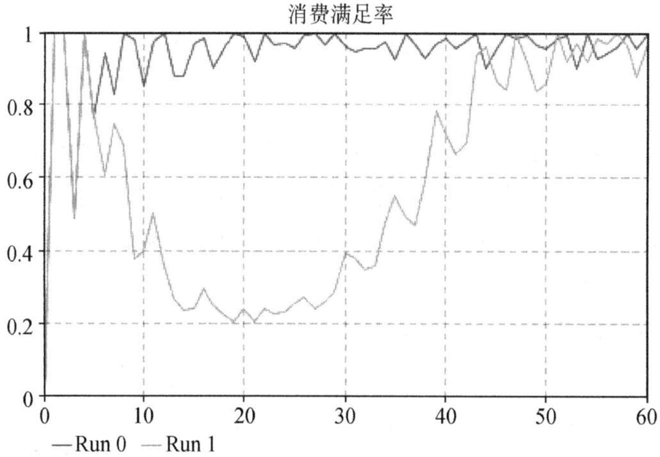

图 8-22　改进前后指标的变化过程

综上所述，通过对动态财务能力的规划，通过改进财务能力投资政策可以使企业的市场指标、收益指标和成本指标都得到了显著的优化。

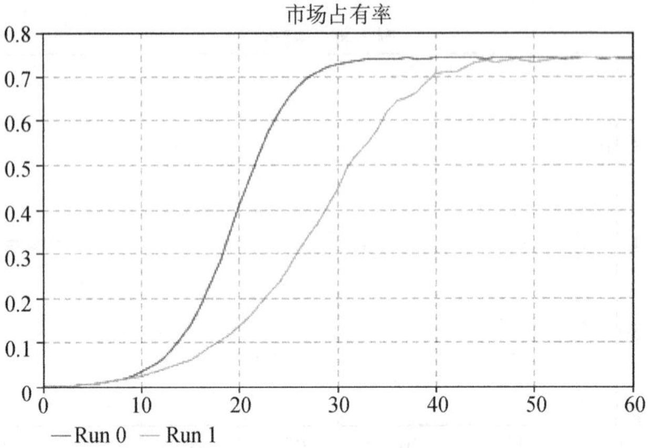

图 8－23　改进前后指标的变化过程

四、动态财务能力与兵法的奇正之变

我们通过制作动态财务能力群的模拟图，不仅对动态财务能力的实时状态进行了解，而且也为我们展示了兵法中的奇正变化。图 8－24 是优化政策前的 5 年 60 期运行结束后企业的动态财务能力状态图，图 8－25 是优化政策后 5 年 60 期运行结束后企业的动态财务能力状态图。优化前的图形中财务能力为 70，动态财务能力仅为 1，处于准备期的为 16。优化政策后企业财务能力为 70，动态财务能力为 5，处于准备状态的为 7。图中大小不一的圆圈是财务能力单元，其直径的大小反映了此财务能力单元收益的大小。灰色椭圆是动态财务能力单元，黑色椭圆是处于准备期的单元。

孙子兵法势篇曰："三军之众，可使必受敌而不败者，奇正是也。……凡战者，以正合以奇胜。"财务能力和动态财务能力就像是奇正一样，通过奇正的变化，使企业的财务能力和动态财务能力达到合理的状态。"故善出奇者，无穷如天地，不竭如江海，……战势不过奇正，奇正之变不可胜穷也”，通过财务能力满足企业运作对财务能力的显性需求，通过动态财务能力来调整环境对企业影响导致的对财务能力需要的波动，“奇正相生，如循环之无端，孰能穷之哉！”随着企业对财务能力需求的变化，动态财务能力与财务能力也在不断的变化，当财务能力过剩时，过剩的财务能力会转变为动态财务能力，当财务能力不足时，动态财务能力会通过增加、扩张和转换等方式使财务能力得以恢复和补充（见图 8－26），使企业“必受敌而无败”，保障了企业可持续发展。

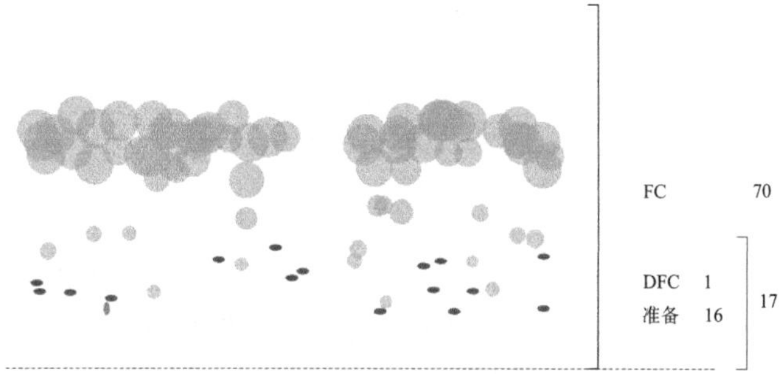

图 8－24　政策改进前的动态财务能力状态

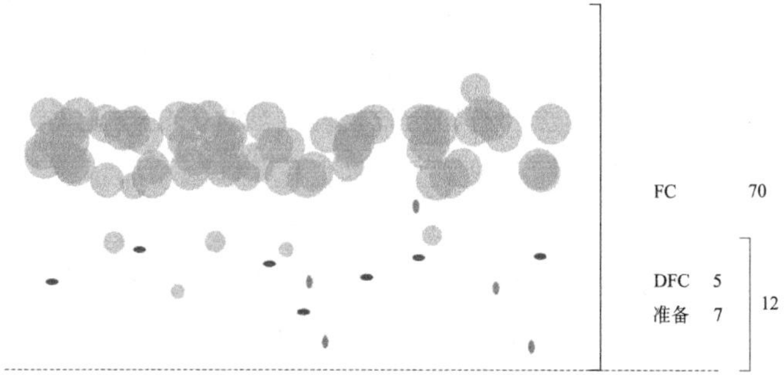

图 8－25　政策改进后的动态财务能力状态

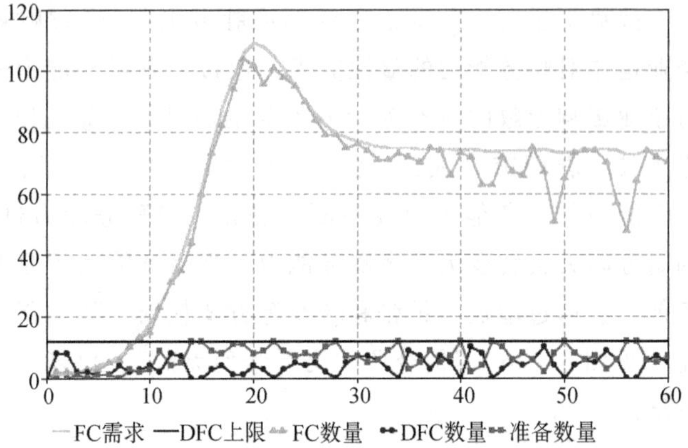

图 8－26　财务能力与动态财务能力相互转化

五、本章总结

本章通过理论分析、案例分析和实验研究相结合，采用 ABMS 方法构建一个基于产品扩散市场的企业动态财务能力规划模型；通过 AB + SD 的模式实现了模型的构建，通过对案例企业的仿真，分析企业存在的财务能力政策问题。为了解决企业未来新产品市场的发展，通过设计和执行优化实验，针对新产品的财务能力投资政策潜在问题，对包括动态财务能力在内的财务能力政策进行了优化；通过构建比较运行实验，利用比较实验的数据，比较了政策改进前后市场指标、收益指标和成本指标的变化，实证检验了政策优化后各指标改进效果。最后，本章通过模拟动态财务能力群的动态图和曲线图，展示了兵法中的奇正变化与财务能力和动态财务能力变化的相似性。本章不但对企业财务政策的效果、改进和优化提供了实验研究的思路，而且为 ABMS 方法在财务研究的应用进行了有益的探索，同时也展示兵法中的奇正之变与财务能力和动态财务能力变化的相似性，为兵法思想应用研究提供了研究素材。

第九章

结论与建议

一、结论

本书实证研究部分的样本统一选用了2007—2020年主板市场纯A股上市公司做样本，这样不仅保证样本公司有足够长的时间来分析企业的动态变化，而且使实证研究部分在统一的数据源基础上进行，便于结论之间的交流。通过本书的研究，主要得到以下结论：

1. 本书通过对中国古代兵法的实证分析思想和动态系统思想进行梳理，通过对兵法中的势系统进行代数分析将其模型化；根据势系统分析模型，结合动态财务能力的现有研究成果，探讨了兵法中的势系统对动态财务能力分析的启示；提出了量化动态财务能力的方法，从而为本书展开实证研究提供了数据方法基础。

2. 为了给量化动态财务能力提供数据基础，本书在比较了层次分析法、因子分析法、熵值法、CRITIC法等多种财务能力评价方法的基础上，对财务能力进行了量化。进一步利用短动态面板数据模型，采用系统GMM方法两步法进行分析，选择滞后两期的自变量作为工具变量，使用稳健标准误进行回归计算得出财务能力与财务目标间的关系系数，为进一步计算出财务势和节提供保障。利用兵法思想的启示，阐述了势和节的计算方法，根据回归结果计算出财务势和节，使以前动态财务能力量化的难题得以解决，并对财务势和节的整体情况和分年度分行业的情况进行了统计分析，为后续的实证研究提供了研究基础。至此，本书通过兵法思想的启发对动态财务能力进行了量化，财务势是企业针对财务目标有目的地创造、扩张财务能力的潜能，财务节是企业针对财务目标有目的地调整财务能力的潜能，财务势和财务节是动态财务能力的两面，二者共同构成了企业的动态财务能力，“势险、节短”就是评价企业动态财务能力强弱的标准。

3. 本书为了研究动态财务能力的作用，对动态财务能力对战略转换的支撑作用进行了实证检验，结果显示，动态财务能力对企业的战略转换有显著的支撑作用。企业的战略转换是企业在面对外部环境变化、内部管理体制变革等情况下，对经营和战略进行调整和变革的过程，企业在进行战略转换时需要大量的资金支持，而企业动态财务能力的强弱决定了企业在获取财务能力方面的灵活性，从而影响企业战略调整方向和战略要素的组合。企业动态财务能力能够使企业进行灵活调整和控制风险，从而保障企业的稳健和长期发展。

4. 企业需要通过融资来支持其业务发展和扩张，但是如果融资能力受到约束，就会限制企业的融资渠道和融资规模，直接影响企业的战略选择和战略转换。因此，在这种情况下，动态财务能力对于融资约束的缓冲作用就变得至关重要。本书认为动态财务能力会对融资约束对战略转换的反向作用产生缓冲作用，即动态财务能力能够调节企业融资约束的影响，使融资约束的影响减弱。本书首先借鉴前人关于融资约束的量化方法，构建 sa 指数来量化融资约束；然后，采用面板数据模型，对动态财务能力对融资约束的缓冲作用进行实证检验，结果显示，样本企业的动态财务能力能够显著调节企业融资约束对企业战略的影响，使融资约束的负面影响显著减弱。这表明动态财务能力可以通过缓冲融资约束发挥战略支撑作用。企业可以通过不断提高动态财务能力水平来缓解融资约束对企业筹资能力的限制，为企业的战略转换提供支撑和保障，以达到企业长期稳定发展的目标。

5. 环境不确定性是企业在经营管理过程中不可避免的命题，它既蕴藏机遇，也暗藏风险。企业的动态财务能力为实现财务战略调整提供了显著的支持，同时也提供了对融资约束的缓冲，避免企业在面对不利冲击时陷入财务困境。但是企业在储备动态财务能力的过程中必然要付出一定的成本，随着企业动态财务能力的提高，其成本也会随之增加，必然会削弱动态财务能力带来的价值提升。在企业迫不得已面对环境的不确定性时，合理储备动态财务能力便是最佳选择，使得企业的动态财务能力储备达到“进可攻，退可守”的状态，既能化解风险，又能节约资源。在动态财务能力的储备成本和储备收益之间进行权衡来决定企业当期的动态财务能力水平是非常关键的问题。企业是否存在目标动态财务能力？动态财务能力的调整速度如何，不确定性环境会对调整速度的产生影响吗？本书对这些问题进行了实证检验。研究结果显示，企业有一个较为合理的目标动态财务能力水平，且企业的实际动态财务能力会不断向目标收敛。本书发现，正如企业的资本结构存在一个平衡点一样，动态财务能力也存在这样一个平衡点，在这个水平上的能力值对企业来说最有利，但企业的动态财务能力储备并不会时时处在最优值，而是处在一个不断向目标动态财务能力进行调整的过程中。企业提前储备的动态财务能力水平一方面可以帮助其化解经营过程中遇到的风险，另一方面可帮助企业在面对有利投资条件时，能够抓住机遇，提升企业价值。

研究结果还显示，环境不确定性会加快动态财务能力的调整速度。企业在不断调整自身动态财务能力储备以应对不确定性，外部环境变化剧烈时，企业之前储备的动态财务能力很可能与目标水平相去甚远，这就导致企业对财务资源的需求无法得到有效满足，阻碍了企业稳定持续经营。在企业面临环境不确定性时，通常要结合实际情况对自身的财务管理策略重新评估，使其调整速度加快，从而使其动态财务能力水平保持在最优值附近的小范围内波动。

6. 一些学者认为中国古代兵法是主动性决策，那么企业的动态财务能力决策是否具有主动决策效应？本书通过采用面板回归模型以企业经营不确定性作为主动决策的切入点，采用二阶段最小二乘法模型，构建企业经营不确定性与动态财务能力对企业战略影响的两阶段模型。首先，估计企业经营不确定性冲击；然后，利用估计出的企业经营不确定性冲击，估计出动态财务能力的预测值；最后，利用估计的动态财务能力预测值作为工具变量，检验企业在经营不确定性冲击下，动态财务能力的主动决策效应是否显著。结果说明，经营不确定性冲击对动态财务能力具有显著的促进作用，即企业会依据经营环境的变化主动储备动态财务能力；动态财务能力具有显著的主动决策效应。这说明在经营不确定性冲击下，企业应主动进行动态财务能力政策决策，提升企业动态财务能力，以实现战略转换的目标。

7. 本书通过将理论分析、案例分析和实验研究相结合，基于ABMS方法构建基于多智能体和系统动力学的仿真和实验研究模型，该模型以产品扩散市场和企业系统作为宏观环境，以财务能力和动态财务能力的互相转换作为微观主体，从宏观和微观相结合的视角对动态财务能力规划进行了实验研究。通过对案例企业的仿真，分析企业存在的财务能力政策问题；通过设计和执行优化实验，解决企业的潜在问题，对包括动态财务能力在内的财务能力政策进行了优化；通过构建比较运行实验，利用比较实验的数据，比较了政策改进前后市场指标、收益指标和成本指标的变化，实证检验了政策优化后各指标改进效果。本书不但为企业财务政策的问题诊断、政策优化、分析改进效果等过程，提供了实验研究的思路、方法和软件工具，并且为ABMS方法在财务研究的应用进行了有益的探索。本书通过模拟动态财务能力群的动态图和曲线图，展示了兵法中的奇正变化与财务能力和动态财务能力变化的相似性，为兵法思想应用研究提供了研究素材。

8. 本书受中国古代兵法思想的启发，结合现代综合评价方法、当代计量经济分析方法、ABMS建模和系统动力学建模方法等，针对动态财务能力这一特定主体，从量化、作用、动态调整、主动决策和政策规划等多方面展开研究，获得一定的研究结论，对动态财务能力的研究和实践提供了参考依据，丰富和补充了现有的动态财务能力研究。本书力求将兵法思想、财务理论、实证研究方法、多建模方法集成仿真和优化分析等相结合，统一到动态财务能力研究这一研究主题之中，为现代财务学研究方法的拓展提供了有益的探索。

二、建议

根据上述的研究结论可为企业的经营管理活动提供以下建议：

1. 企业应深入了解分析企业面临的环境不确定性及其变化趋势，合理配置财务能力与资源。

本书实证研究结果显示，企业的动态财务能力调整速度会随着环境不确定性及其变化幅度的增大而增大，同时进一步的实证研究表明企业存在主动决策行为，因此，企业在决策过程中，要主动提前决策，目光不应局限在当期，应当建立起环境不确定性变化的追踪机制，做到全面兼顾，及时根据环境不确定性及其变化制定动态财务能力储备调整策略，使动态财务能力达到与环境不确定性相对应的水平。比如，企业根据自身情况制定反映环境不确定性及变化的数据库，或者绘制不确定性相关的动态变化图等，以达到对企业一段时间内面临的环境不确定性进行跟踪监测的目的。

2. 企业要充分利用动态财务能力对企业战略的支撑作用和对融资约束的缓冲作用，重视对动态财务能力的储备。

动态财务能力是一种潜力，是隐性的，只有在不确定性环境中才会显现出潜在的价值，在一般情况下，由于显性的投入成本导致企业并不重视动态财务能力的储备。在企业环境瞬息万变的今天，环境不确定性对企业生产经营的影响已不容忽视，企业应提高对动态财务能力储备的重视程度，尤其是在经营环境变幻莫测的今天，企业对不确定性风险和机遇的掌控更加困难，企业应当积累经验和数据，深入研究环境变化对财务能力的需求，从而分析出动态财务能力的储备需求。企业应储备适当的动态财务能力，并保持其对财务能力的适时调整能力和财务资源适时调动能力；在企业面临环境动荡时，利用其储备的财务能力和掌握的足够的财务资源助其渡过难关；在迎来机遇时，又能够抓住稍纵即逝的投资机会。企业要正确运用动态财务能力，提高其在经营环境发生变化时转化成财务能力的效率，缓冲融资约束，支持企业的战略发展。

3. 企业要合理进行动态财务能力的规划，力求做到动态财务能力的适度储备。

虽然企业的动态财务能力为实现企业战略调整提供了显著的支持，提供了对融资约束的缓冲，但是企业在储备动态财务能力的过程中必然要付出一定的成本，随着企业动态财务能力的提高，其成本也会随之增加；动态财务能力是一种潜力，是隐性的，只有在不确定性环境中才会显现出潜在的价值，因此，对企业而言，企业要想使得动态财务能力储备的积极作用得到尽可能的发挥，增加其价值，一定要准确把握“度”。合理储备动态财务能力，使得企业的动态财务能力储备达到“进退有度”的状态，既能化解风险，又能节约资源。在动态财务能力的储备成本和潜在收益之间进行权衡来决定企业当期的动态财务能力水平是非常关键的问题。企业要善于运用实验研究的工具，进行政策优化。首先，要通过了解企业现状，分析企业在动态财务能力投资政策方面的问题；其次，通过设计和执行优化实验等方法，针对政策的问题进行优化分析，提出优化方案；最后，通过构建比较运行实验，利用比较实验的数据，比较政策优化前后各指标改进效果，对政策优化效果提前感知，做到未雨绸缪。

4. 借鉴中国传统文化中的优秀管理思想和方法，提高企业财务管理能力和水平。

企业管理者要学习和借鉴中国传统文化中的优秀管理思想，融合现代中西方管理方法和技术，古为今用，洋为中用。在应用传统文化思想或方法时，要结合现代财务管理的理论和实践，进行合理的创新和改进。同时，还需根据具体情况进行综合考量和取舍，将传统思想与现代需求相结合，以更好地发挥其指导作用。通过在管理实践中，不断探索中国传统文化思想的实践应用方法，拓展管理思维和积累管理智慧，提高企业财务管理能力和水平。

三、研究局限

本书研究也存在以下研究局限，有待于进一步的提高和改进：

1. 受作者个人学识和能力的限制，对中国古代兵法思想的提炼仅仅局限于与形篇相关的计量分析思想和与势篇相关的动态分析思想，其他部分的思想启发，有待于进一步发掘和提炼。

2. 受限于动态财务能力这一主题，进行实证研究需要相当长时间跨度的数据，因此使得实证研究的样本选择在样本量、时间长度、指标数据可得性、样本的多样性和代表性之间的权衡方面比较艰难；在实证研究过程中，对变量、指标的选取，对不同模型的取舍，都受限于作者个人能力和学识，这些都会对实证研究结论产生一定的影响。

3. 囿于现有的动态财务能力的现有研究成果，本书研究不能充分考虑到所有外部环境的变化和企业所有政策的调整，因此，动态财务能力规划是在一些假设的基础上进行的，具有一定的局限。由于受现有研究在动态财务能力构成方面的限制，模型结构相对较为简单，没有构建更为细致的智能体来模拟动态财务能力。模拟企业环境的SD模型仅模拟了市场的变化，并没有深入模拟企业竞争的行为等。

四、进一步研究展望

一是，借鉴传统兵法思想，研究动态财务能力与企业竞争优势之间的关系。传统兵法主张合理利用资源、灵活应对变化以求“致人而不致于人”，而动态财务能力能够调节企业在不同发展阶段及市场环境下融资约束的负面影响，提高企业的适应能力和反应速度。通过将二者结合起来，可以深入探索企业动态财务能力对竞争优势的影响机制。例如，通过研究企业在市场动荡时期如何调整财务策略以应对风险，从而保持竞争优势。

二是，整合传统兵法思想、实验研究方法和跨平台模拟仿真技术，进一步探索动态财务能力领域甚至财务学领域的实证研究。传统兵法思想强调战役之前的战略筹划的重要性，“夫未战而庙算胜者，得算多也；未战而庙算不胜者，得算少也。多算胜，少算不胜，而况于无算乎？”实证研究方法则通过数据和实证分析来检验假设和理论。跨平台模拟仿真技术可以模拟多种财务管理情景，通过实验和模拟试验来评估不同策略的效果。结合传统兵法思想，可以在虚拟环境中模拟财务决策的不同方案，并测试其在不同市场条件下的表现。将这些结合，可以在实验环境中探究动态财务能力的作用和调整机制等财务管理问题，并验证传统思想在实际中的效果。例如，可以设计实验来研究利用兵法思想制定的财务策略在实际运作中的效果，测试不同策略下的经营业绩和风险承受能力，为企业提供更科学的决策依据。

总之，通过将传统兵法思想与动态财务能力研究相结合，可以为企业探索提升财务能力、应对市场变化的新思路；通过跨学科的交叉融合，可以拓宽财务学领域的研究路径，为企业财务管理提供新的思路和解决方案；同时也将丰富财务研究的视角和方法，为企业提供更具实践指导意义的研究成果，提升企业的决策能力和竞争优势，实现企业的可持续发展。也期待更多的有识之士加入到这方面的研究队伍中来，在应用综合评价、计量分析、跨平台模拟仿真和实验等现代方法和技术进行财务学的研究中共同去寻找中国传统文化的基因！

附录一　2020 年度多种方法财务能力的评价结果

股票代码	AHP 法	AHP 排名	FC 法	FC 法排名	CRITIC	CRITIC 排名	熵值法	熵值法排名
000576	59.07	1	4.707	1	0.5340	2	0.0012	186
600867	56.05	2	2.431	3	0.5630	1	0.0013	165
600116	52.55	3	2.296	4	0.4399	11	0.0016	125
600872	51.74	4	1.875	5	0.4848	3	0.0098	17
000955	51.43	5	2.756	2	0.4382	13	0.0018	105
600803	50.52	6	1.641	7	0.3754	66	0.0023	85
000878	50.50	7	0.272	138	0.4431	10	0.0541	1
600426	49.63	8	0.887	36	0.4778	4	0.0235	4
600822	49.30	9	0.985	26	0.4340	14	0.0126	11
600497	48.97	10	-0.073	298	0.4658	5	0.0459	2
000906	48.24	11	0.874	39	0.4043	34	0.0063	31
000786	48.17	12	1.458	9	0.4448	7	0.0014	146
600612	48.14	13	1.389	12	0.4139	23	0.0120	12
600782	47.88	14	1.197	16	0.4190	19	0.0032	62
000612	47.65	15	0.722	47	0.4434	8	0.0213	5
600305	47.63	16	1.179	18	0.4482	6	0.0020	96
600022	47.11	17	0.151	191	0.4205	18	0.0363	3
600571	46.80	18	0.916	30	0.4298	15	0.0017	109
000702	46.79	19	0.408	96	0.4431	9	0.0156	8

续表

股票代码	AHP 法	AHP 排名	FC 法	FC 法排名	CRITIC	CRITIC 排名	熵值法	熵值法排名
601002	46. 57	20	1. 131	20	0. 4386	12	0. 0009	263
600836	45. 98	21	1. 417	10	0. 3781	61	0. 0015	138
600668	45. 97	22	1. 099	22	0. 4240	16	0. 0014	159
000877	45. 77	23	1. 121	21	0. 4212	17	0. 0017	111
600801	45. 68	24	1. 588	8	0. 3867	49	0. 0032	61
600143	45. 67	25	1. 857	6	0. 3613	91	0. 0015	139
600818	45. 36	26	0. 979	27	0. 4072	31	0. 0036	55
600298	45. 08	27	1. 413	11	0. 3790	60	0. 0014	145
000739	44. 72	28	1. 180	17	0. 3833	54	0. 0014	147
600794	44. 58	29	0. 690	49	0. 4104	27	0. 0035	58
000876	44. 47	30	0. 877	37	0. 3719	73	0. 0074	25
000026	44. 43	31	0. 685	50	0. 4051	32	0. 0015	130
000738	44. 24	32	0. 466	76	0. 4129	25	0. 0009	302
600755	44. 17	33	0. 452	79	0. 3604	96	0. 0075	23
000951	44. 00	34	1. 272	14	0. 3290	176	0. 0025	77
000510	44. 00	35	0. 339	114	0. 3975	39	0. 0101	16
600512	43. 93	36	0. 861	40	0. 3684	77	0. 0012	177
600183	43. 92	37	1. 026	23	0. 3751	67	0. 0010	225
600558	43. 66	38	0. 248	148	0. 4117	26	0. 0022	87
600459	43. 56	39	0. 452	80	0. 3629	86	0. 0038	48
600731	43. 55	40	1. 165	19	0. 3614	90	0. 0014	155
600219	43. 52	41	0. 261	142	0. 4149	22	0. 0011	204
600787	43. 49	42	0. 164	188	0. 3924	41	0. 0035	56
000976	43. 47	43	0. 666	51	0. 3890	44	0. 0006	394
600438	43. 38	44	0. 993	25	0. 3580	104	0. 0024	78
600824	43. 33	45	0. 445	83	0. 4094	29	0. 0013	160

续表

股票代码	AHP 法	AHP 排名	FC 法	FC 法排名	CRITIC	CRITIC 排名	熵值法	熵值法排名
000910	43.33	46	0.631	55	0.3873	48	0.0012	182
600400	43.31	47	0.142	195	0.4175	21	0.0010	237
600352	43.31	48	0.956	28	0.3682	80	0.0009	301
000159	43.26	49	0.169	186	0.4136	24	0.0018	100
600489	43.25	50	0.386	102	0.3780	62	0.0079	22
600770	43.24	51	0.237	151	0.4187	20	0.0005	430
600995	43.12	52	0.202	167	0.4099	28	0.0012	174
600356	43.08	53	0.280	134	0.4047	33	0.0010	241
600674	43.01	54	0.591	60	0.3878	45	0.0005	427
000733	43.01	55	0.590	61	0.3840	52	0.0008	343
000690	43.00	56	1.011	24	0.3583	101	0.0010	227
000595	42.98	57	0.746	44	0.3824	55	0.0004	441
600535	42.89	58	0.415	91	0.3995	38	0.0009	295
000962	42.85	59	0.097	214	0.4091	30	0.0010	244
600282	42.85	60	0.652	54	0.3608	94	0.0040	44
600866	42.84	61	0.456	77	0.3875	47	0.0012	193
600592	42.83	62	0.345	112	0.3910	42	0.0008	309
601003	42.80	63	0.187	174	0.3593	98	0.0163	7
000060	42.78	64	0.411	93	0.3676	81	0.0038	45
600346	42.76	65	1.290	13	0.3047	249	0.0082	21
600379	42.72	66	0.340	113	0.3863	50	0.0012	170
600433	42.67	67	0.269	141	0.3963	40	0.0011	217
000731	42.65	68	0.021	251	0.4029	36	0.0030	64
600477	42.62	69	0.902	32	0.3461	132	0.0012	178
600860	42.62	70	0.725	45	0.3669	82	0.0010	236
600780	42.61	71	0.212	159	0.3901	43	0.0027	73

续表

股票代码	AHP 法	AHP 排名	FC 法	FC 法排名	CRITIC	CRITIC 排名	熵值法	熵值法排名
000565	42.58	72	0.187	173	0.4002	37	0.0007	350
000932	42.57	73	0.844	42	0.3423	143	0.0030	67
000952	42.47	74	0.452	81	0.3845	51	0.0009	292
000401	42.43	75	0.887	35	0.3535	113	0.0016	128
000589	42.40	76	1.210	15	0.3292	175	0.0011	205
600073	42.34	77	0.493	70	0.3581	102	0.0022	89
600662	42.31	78	0.276	136	0.3736	70	0.0015	137
600075	42.31	79	0.498	69	0.3496	120	0.0028	69
000559	42.28	80	0.451	82	0.3683	79	0.0011	210
600532	42.21	81	-0.171	327	0.4037	35	0.0020	94
000608	42.13	82	0.205	163	0.3639	84	0.0010	231
000400	41.98	83	0.409	95	0.3615	89	0.0009	306
600900	41.93	84	0.859	41	0.3450	134	0.0013	162
600422	41.90	85	0.431	86	0.3624	88	0.0012	176
600577	41.90	86	0.556	65	0.3486	123	0.0016	115
000582	41.84	87	0.504	67	0.3632	85	0.0012	192
000967	41.77	88	0.407	97	0.3607	95	0.0008	326
600326	41.75	89	0.615	57	0.3473	128	0.0009	267
600557	41.66	90	0.177	180	0.3839	53	0.0008	338
000720	41.63	91	0.576	62	0.3512	118	0.0009	257
000713	41.61	92	-0.024	280	0.3813	56	0.0015	133
600594	41.59	93	0.172	182	0.3749	68	0.0013	163
600033	41.57	94	0.136	196	0.3877	46	0.0006	418
600063	41.52	95	0.470	74	0.3495	122	0.0024	80
600327	41.48	96	0.334	116	0.3533	115	0.0035	59
000829	41.47	97	0.051	237	0.3225	191	0.0072	27

续表

股票代码	AHP 法	AHP 排名	FC 法	FC 法排名	CRITIC	CRITIC 排名	熵值法	熵值法排名
000028	41.46	98	0.404	98	0.3399	147	0.0016	120
600682	41.43	99	0.180	179	0.3797	59	0.0007	368
000990	41.42	100	-0.023	278	0.3766	65	0.0010	228
600737	41.40	101	0.236	153	0.3541	110	0.0023	84
600308	41.40	102	0.277	135	0.3627	87	0.0016	121
600522	41.39	103	0.428	88	0.3475	127	0.0012	175
000898	41.39	104	-0.003	263	0.3716	74	0.0030	66
600351	41.32	105	0.009	260	0.3813	58	0.0010	251
000885	41.31	106	0.876	38	0.3173	202	0.0014	149
600572	41.29	107	0.489	72	0.3536	112	0.0010	245
600798	41.28	108	0.172	183	0.3731	71	0.0008	323
600873	41.28	109	0.360	109	0.3436	138	0.0038	49
000012	41.28	110	0.337	115	0.3581	103	0.0015	140
600597	41.27	111	0.437	85	0.3379	151	0.0019	98
600468	41.23	112	0.252	146	0.3521	117	0.0009	294
600961	41.18	113	0.813	43	0.2855	325	0.0054	33
600103	41.12	114	-0.094	304	0.3813	57	0.0015	135
000948	41.11	115	0.256	144	0.3446	135	0.0013	166
600328	41.10	116	0.363	108	0.3463	131	0.0037	50
600797	41.06	117	-0.091	302	0.3775	63	0.0009	279
000816	41.00	118	-0.049	288	0.3701	75	0.0013	164
600508	41.00	119	0.171	184	0.3611	92	0.0016	127
600309	40.97	120	0.897	33	0.3128	218	0.0014	158
000735	40.90	121	-0.029	282	0.3429	141	0.0051	34
000973	40.89	122	-0.013	271	0.3741	69	0.0011	198
000421	40.87	123	0.654	53	0.3073	237	0.0017	110

续表

股票代码	AHP 法	AHP 排名	FC 法	FC 法排名	CRITIC	CRITIC 排名	熵值法	熵值法排名
600281	40.85	124	0.345	111	0.3570	105	0.0012	172
600111	40.84	125	0.231	155	0.3475	126	0.0013	161
000899	40.82	126	0.187	172	0.3595	97	0.0009	261
000930	40.81	127	0.143	194	0.3496	121	0.0022	86
600176	40.79	128	0.614	58	0.3313	170	0.0010	253
600018	40.78	129	0.364	107	0.3548	108	0.0009	266
600420	40.75	130	0.318	121	0.3444	136	0.0012	180
600243	40.72	131	-0.012	269	0.3726	72	0.0007	359
600196	40.71	132	0.376	106	0.3434	139	0.0009	299
000059	40.71	133	-0.154	323	0.3537	111	0.0103	15
600740	40.70	134	0.271	139	0.3441	137	0.0036	52
000850	40.67	135	0.102	212	0.3570	106	0.0011	200
600127	40.64	136	-0.054	290	0.3283	178	0.0044	41
600717	40.62	137	0.090	219	0.3591	99	0.0009	258
000756	40.61	138	0.384	103	0.3335	164	0.0017	108
000698	40.61	139	0.289	130	0.3266	182	0.0091	18
000883	40.55	140	0.294	128	0.3468	130	0.0008	330
600026	40.52	141	0.327	118	0.3396	148	0.0015	142
000543	40.51	142	0.206	162	0.3480	124	0.0011	208
600819	40.49	143	-0.008	265	0.3609	93	0.0011	212
600483	40.49	144	0.444	84	0.3377	153	0.0007	377
600210	40.48	145	0.381	104	0.3365	157	0.0011	219
600425	40.47	146	0.192	171	0.3506	119	0.0016	114
000860	40.39	147	0.040	243	0.3235	187	0.0145	9
600237	40.39	148	-0.209	348	0.3700	76	0.0008	333
000429	40.34	149	0.455	78	0.3298	174	0.0015	136

续表

股票代码	AHP 法	AHP 排名	FC 法	FC 法排名	CRITIC	CRITIC 排名	熵值法	熵值法排名
000531	40.33	150	0.706	48	0.3147	213	0.0009	283
600163	40.32	151	0.623	56	0.2990	274	0.0005	434
000632	40.31	152	0.095	217	0.2999	269	0.0184	6
000551	40.30	153	0.222	157	0.3401	146	0.0010	248
600257	40.26	154	-0.135	317	0.3655	83	0.0009	288
600235	40.25	155	-0.040	285	0.3565	107	0.0010	250
600997	40.25	156	0.303	125	0.3369	155	0.0012	171
600157	40.25	157	0.661	52	0.3166	204	0.0008	310
600531	40.24	158	0.155	189	0.3147	212	0.0075	24
000785	40.24	159	0.317	122	0.3368	156	0.0008	340
600500	40.23	160	0.152	190	0.3378	152	0.0016	126
600683	40.19	161	0.889	34	0.2698	362	0.0023	83
600363	40.15	162	0.293	129	0.3359	159	0.0009	297
600496	40.14	163	0.377	105	0.3216	193	0.0011	218
600487	40.10	164	0.270	140	0.3313	171	0.0009	282
600081	40.08	165	0.390	101	0.3074	234	0.0012	185
600470	40.04	166	0.392	100	0.3020	261	0.0073	26
600548	40.04	167	0.403	99	0.3225	190	0.0009	287
000969	40.03	168	-0.097	307	0.3533	114	0.0009	284
000825	39.97	169	-0.014	273	0.3371	154	0.0043	43
000778	39.91	170	0.250	147	0.3248	184	0.0019	97
600749	39.90	171	-0.330	393	0.3771	64	0.0006	397
600177	39.90	172	0.933	29	0.2934	298	0.0018	104
600251	39.89	173	0.481	73	0.3196	195	0.0012	188
600303	39.88	174	-0.133	316	0.3524	116	0.0008	331
600893	39.80	175	-0.077	300	0.3458	133	0.0007	352

续表

股票代码	AHP 法	AHP 排名	FC 法	FC 法排名	CRITIC	CRITIC 排名	熵值法	熵值法排名
600628	39.78	176	-0.230	355	0.3683	78	0.0008	342
600984	39.77	177	0.610	59	0.3040	251	0.0005	423
600337	39.73	178	0.072	227	0.3412	144	0.0015	141
000020	39.73	179	-0.095	305	0.3424	142	0.0013	168
600796	39.71	180	-0.160	324	0.3479	125	0.0010	235
000411	39.69	181	0.243	150	0.3038	253	0.0020	95
600409	39.68	182	0.059	231	0.3344	162	0.0027	72
600064	39.68	183	0.565	64	0.3098	228	0.0005	421
600808	39.66	184	0.114	206	0.3184	196	0.0047	40
000593	39.65	185	0.110	209	0.3289	177	0.0011	211
000960	39.58	186	0.070	229	0.3177	199	0.0049	36
600963	39.54	187	0.010	259	0.3362	158	0.0010	234
600017	39.52	188	0.083	222	0.3341	163	0.0009	285
600288	39.51	189	-0.125	312	0.3472	129	0.0009	300
600106	39.51	190	0.103	211	0.3408	145	0.0007	380
000788	39.47	191	-0.123	311	0.3433	140	0.0009	280
600966	39.47	192	0.569	63	0.2897	307	0.0016	124
000701	39.43	193	-0.172	330	0.3021	260	0.0043	42
000726	39.41	194	-0.286	382	0.3590	100	0.0010	243
600377	39.38	195	0.168	187	0.3307	172	0.0018	101
600461	39.33	196	0.508	66	0.2969	282	0.0011	203
600098	39.33	197	0.036	244	0.3256	183	0.0016	119
600584	39.27	198	0.257	143	0.3099	227	0.0011	199
600238	39.24	199	-0.024	281	0.3230	188	0.0012	187
000723	39.23	200	0.285	132	0.3145	214	0.0009	277
600236	39.22	201	0.500	68	0.3051	246	0.0008	341

续表

股票代码	AHP 法	AHP 排名	FC 法	FC 法排名	CRITIC	CRITIC 排名	熵值法	熵值法排名
600644	39.17	202	0.122	201	0.3179	198	0.0021	90
600789	39.14	203	0.107	210	0.3176	201	0.0011	222
000809	39.09	204	-0.393	401	0.3546	109	0.0011	207
600667	39.08	205	0.287	131	0.3028	256	0.0010	226
600153	39.04	206	0.274	137	0.2830	332	0.0048	39
000598	39.00	207	0.308	124	0.3059	243	0.0006	398
600372	38.99	208	0.204	165	0.3123	220	0.0006	417
600611	38.99	209	0.045	240	0.3328	167	0.0012	179
000931	38.97	210	-0.070	297	0.3333	165	0.0007	383
600480	38.96	211	0.052	236	0.3128	219	0.0011	206
600279	38.96	212	-0.180	336	0.3323	169	0.0017	107
600586	38.96	213	0.184	177	0.3145	215	0.0012	190
600469	38.93	214	0.237	152	0.3046	250	0.0012	189
600262	38.91	215	0.018	255	0.3220	192	0.0008	324
000002	38.90	216	0.492	71	0.2687	366	0.0088	20
600960	38.90	217	-0.252	369	0.3382	150	0.0009	289
600580	38.85	218	0.327	117	0.3003	267	0.0008	313
600151	38.84	219	-0.209	346	0.3351	161	0.0008	319
600765	38.79	220	0.083	223	0.3130	217	0.0007	374
000528	38.79	221	0.300	127	0.2938	297	0.0010	238
600549	38.78	222	0.210	160	0.3023	258	0.0011	201
601001	38.76	223	0.410	94	0.2977	277	0.0012	196
000153	38.75	224	0.126	200	0.3056	244	0.0011	214
600079	38.74	225	0.357	110	0.3002	268	0.0008	328
600501	38.74	226	-0.115	310	0.3164	205	0.0009	273
000887	38.73	227	0.020	254	0.3171	203	0.0009	305

续表

股票代码	AHP 法	AHP 排名	FC 法	FC 法排名	CRITIC	CRITIC 排名	熵值法	熵值法排名
600277	38.71	228	-0.078	301	0.3242	186	0.0010	247
600888	38.70	229	0.135	198	0.3047	248	0.0014	153
000069	38.70	230	0.419	90	0.2733	351	0.0061	32
600255	38.69	231	0.113	207	0.3153	211	0.0010	224
600455	38.68	232	0.429	87	0.2845	328	0.0025	76
600283	38.67	233	0.149	193	0.3073	236	0.0011	213
600884	38.67	234	-0.208	345	0.3329	166	0.0006	399
000600	38.63	235	0.196	170	0.3055	245	0.0009	281
000759	38.63	236	-0.255	371	0.3113	222	0.0065	29
000782	38.62	237	-0.194	340	0.3273	179	0.0014	151
000683	38.62	238	-0.224	354	0.3266	181	0.0032	63
600292	38.62	239	-0.265	374	0.3353	160	0.0006	395
600295	38.61	240	0.302	126	0.2969	281	0.0015	131
000966	38.54	241	0.149	192	0.3100	225	0.0010	232
600089	38.52	242	0.110	208	0.3039	252	0.0007	366
000009	38.50	243	0.281	133	0.3008	265	0.0007	360
000544	38.47	244	0.170	185	0.3008	264	0.0006	396
000560	38.44	245	-0.128	313	0.3227	189	0.0009	269
600208	38.43	246	0.081	225	0.2858	323	0.0128	10
000407	38.42	247	0.096	215	0.3064	239	0.0013	167
000533	38.42	248	0.186	175	0.2972	278	0.0007	363
600848	38.41	249	0.246	149	0.2995	271	0.0014	156
600478	38.41	250	-0.176	334	0.3182	197	0.0008	308
000761	38.41	251	-0.256	372	0.3022	259	0.0108	14
600307	38.40	252	-0.173	331	0.2968	284	0.0118	13
600567	38.40	253	0.214	158	0.2953	290	0.0010	240

续表

股票代码	AHP 法	AHP 排名	FC 法	FC 法排名	CRITIC	CRITIC 排名	熵值法	熵值法排名
600267	38.37	254	0.207	161	0.2971	279	0.0009	265
600675	38.36	255	0.202	166	0.2920	302	0.0050	35
000055	38.32	256	0.077	226	0.3073	235	0.0005	422
600439	38.32	257	-0.176	333	0.3299	173	0.0007	369
600323	38.32	258	0.413	92	0.2806	337	0.0008	312
600082	38.32	259	-0.143	319	0.3269	180	0.0020	92
600784	38.29	260	0.232	154	0.2914	304	0.0008	344
600642	38.27	261	0.088	220	0.3162	208	0.0006	392
600895	38.26	262	0.423	89	0.2989	275	0.0006	415
000063	38.25	263	0.231	156	0.2838	330	0.0010	242
600386	38.24	264	-0.059	294	0.3076	233	0.0017	106
600979	38.22	265	-0.021	276	0.3105	224	0.0009	303
600973	38.22	266	0.021	250	0.2881	310	0.0019	99
000937	38.21	267	-0.012	268	0.3089	230	0.0011	197
600811	38.20	268	-0.209	347	0.3112	223	0.0035	57
600152	38.18	269	-0.138	318	0.3100	226	0.0008	321
600467	38.17	270	-0.188	339	0.3176	200	0.0021	91
600269	38.15	271	-0.073	299	0.3140	216	0.0007	358
000039	38.13	272	0.183	178	0.2900	306	0.0009	293
600639	38.12	273	0.256	145	0.2880	312	0.0014	152
600655	38.12	274	0.205	164	0.2885	309	0.0020	93
600460	38.07	275	-0.238	360	0.3098	229	0.0008	335
600110	38.04	276	0.045	239	0.3023	257	0.0005	420
600203	38.03	277	-0.249	368	0.2992	273	0.0016	116
600552	38.02	278	0.095	218	0.2922	300	0.0009	290
000539	38.00	279	0.121	202	0.2970	280	0.0008	311

续表

股票代码	AHP 法	AHP 排名	FC 法	FC 法排名	CRITIC	CRITIC 排名	熵值法	熵值法排名
000027	38.00	280	0.324	119	0.2854	326	0.0005	426
000514	37.95	281	-0.173	332	0.3154	210	0.0029	68
000961	37.95	282	0.722	46	0.2461	406	0.0008	325
600874	37.95	283	0.136	197	0.2921	301	0.0004	440
600360	37.93	284	-0.245	366	0.3163	207	0.0006	391
600027	37.93	285	0.120	203	0.2940	295	0.0009	268
600035	37.91	286	0.072	228	0.3031	255	0.0006	406
000507	37.90	287	-0.010	266	0.3005	266	0.0008	329
600222	37.88	288	-0.128	314	0.3059	242	0.0007	378
600707	37.85	289	-0.471	407	0.3118	221	0.0008	314
600141	37.85	290	0.053	235	0.2910	305	0.0016	113
600039	37.72	291	0.468	75	0.2592	382	0.0009	264
600886	37.68	292	0.309	123	0.2806	338	0.0007	387
600713	37.67	293	0.115	205	0.2684	367	0.0016	118
600250	37.65	294	-0.212	350	0.3065	238	0.0009	260
600879	37.63	295	-0.129	315	0.2996	270	0.0007	386
600493	37.63	296	-0.059	293	0.2950	292	0.0010	239
600863	37.62	297	-0.057	291	0.2969	283	0.0008	334
600008	37.61	298	0.116	204	0.2821	334	0.0006	401
000680	37.58	299	-0.172	329	0.2958	286	0.0009	262
000949	37.55	300	-0.147	320	0.3014	262	0.0009	278
600476	37.55	301	-0.172	328	0.2942	294	0.0010	254
600268	37.54	302	0.005	262	0.2876	315	0.0007	376
000601	37.54	303	-0.037	283	0.2915	303	0.0007	357
600448	37.52	304	-0.186	338	0.2948	293	0.0015	143
000695	37.52	305	-0.553	412	0.3242	185	0.0007	382

续表

股票代码	AHP 法	AHP 排名	FC 法	FC 法排名	CRITIC	CRITIC 排名	熵值法	熵值法排名
000911	37.51	306	0.910	31	0.2217	437	0.0011	221
600623	37.50	307	-0.274	378	0.3080	232	0.0014	157
600635	37.49	308	0.043	242	0.2928	299	0.0009	272
000426	37.47	309	-0.516	409	0.3214	194	0.0011	220
600692	37.46	310	0.059	230	0.2803	339	0.0009	256
000753	37.46	311	-0.019	275	0.2861	322	0.0012	191
600578	37.38	312	0.020	253	0.2866	319	0.0007	355
000158	37.37	313	-0.207	344	0.2958	287	0.0009	275
000061	37.36	314	0.006	261	0.2833	331	0.0023	82
600067	37.33	315	-0.053	289	0.2869	318	0.0010	229
600823	37.32	316	0.054	233	0.2801	341	0.0007	381
000998	37.28	317	-0.232	358	0.2994	272	0.0006	409
000791	37.25	318	0.086	221	0.2842	329	0.0004	445
600123	37.24	319	-0.195	341	0.2953	289	0.0037	51
600220	37.23	320	-0.237	359	0.3032	254	0.0007	370
600546	37.12	321	0.175	181	0.2671	368	0.0015	132
000090	37.11	322	0.319	120	0.2547	391	0.0008	315
600312	37.11	323	-0.307	388	0.3011	263	0.0006	413
600354	37.04	324	-0.060	295	0.2856	324	0.0009	286
600010	37.03	325	-0.269	376	0.2956	288	0.0014	148
600068	37.01	326	0.082	224	0.2712	355	0.0009	291
000591	36.99	327	0.096	216	0.2762	344	0.0003	453
000837	36.96	328	-0.013	272	0.2707	359	0.0008	316
600831	36.95	329	-0.281	381	0.2940	296	0.0006	405
000700	36.94	330	-0.152	322	0.2799	342	0.0010	246
000679	36.92	331	-0.165	325	0.3061	240	0.0028	70

续表

股票代码	AHP 法	AHP 排名	FC 法	FC 法排名	CRITIC	CRITIC 排名	熵值法	熵值法排名
600619	36.85	332	-0.218	353	0.2849	327	0.0009	276
600990	36.84	333	-0.059	292	0.2743	349	0.0007	379
600540	36.82	334	-0.245	365	0.2874	316	0.0024	81
600133	36.82	335	0.185	176	0.2585	385	0.0006	414
601991	36.76	336	0.053	234	0.2710	358	0.0008	347
600525	36.76	337	-0.150	321	0.2819	335	0.0007	375
600011	36.73	338	0.013	258	0.2719	354	0.0008	332
600256	36.71	339	0.035	245	0.2688	364	0.0012	169
600657	36.70	340	0.044	241	0.2586	384	0.0025	75
600673	36.67	341	0.055	232	0.2751	347	0.0006	388
600190	36.66	342	-0.095	306	0.2780	343	0.0011	202
600795	36.64	343	0.022	249	0.2704	360	0.0008	307
000959	36.63	344	-0.110	308	0.2645	376	0.0038	46
000936	36.56	345	-0.676	417	0.3163	206	0.0012	183
600463	36.54	346	-0.346	398	0.2876	314	0.0009	270
600202	36.53	347	0.014	257	0.2663	371	0.0006	416
000983	36.46	348	-0.012	270	0.2651	375	0.0012	184
600812	36.45	349	-0.061	296	0.2668	370	0.0009	274
001896	36.42	350	-0.038	284	0.2658	374	0.0008	337
000671	36.42	351	0.099	213	0.2424	413	0.0036	53
600569	36.38	352	-0.240	361	0.2662	372	0.0036	54
600359	36.37	353	0.024	246	0.2591	383	0.0014	154
600505	36.34	354	-0.215	351	0.2760	345	0.0010	249
600648	36.34	355	-0.023	277	0.2605	378	0.0015	129
600070	36.33	356	-1.317	433	0.3383	149	0.0009	298
000968	36.32	357	-0.254	370	0.2862	321	0.0004	451

续表

股票代码	AHP 法	AHP 排名	FC 法	FC 法排名	CRITIC	CRITIC 排名	熵值法	熵值法排名
600839	36.30	358	-0.336	394	0.2689	363	0.0016	123
000573	36.27	359	-0.819	419	0.3086	231	0.0028	71
600820	36.24	360	0.017	256	0.2507	399	0.0007	356
600138	36.20	361	-0.587	414	0.3049	247	0.0006	389
000900	36.17	362	-0.048	287	0.2558	388	0.0026	74
600693	36.11	363	-0.046	286	0.2710	356	0.0024	79
600100	36.09	364	-0.230	356	0.2687	365	0.0007	372
000031	36.01	365	-0.210	349	0.2538	392	0.0063	30
000917	36.00	366	-0.948	425	0.3161	209	0.0007	351
600405	35.99	367	-0.522	410	0.2865	320	0.0006	400
000488	35.98	368	-0.017	274	0.2559	387	0.0011	215
000597	35.95	369	-0.323	392	0.2726	353	0.0008	318
600630	35.92	370	-1.448	435	0.3327	168	0.0014	150
600096	35.83	371	0.046	238	0.2406	416	0.0017	112
601588	35.83	372	-0.319	390	0.2552	390	0.0089	19
600165	35.80	373	-0.180	335	0.2751	346	0.0004	447
600258	35.79	374	-0.844	424	0.3060	241	0.0018	102
600021	35.75	375	-0.011	267	0.2515	396	0.0005	431
600526	35.70	376	-0.262	373	0.2643	377	0.0007	362
000023	35.69	377	-0.205	342	0.2557	389	0.0008	336
600853	35.64	378	0.132	199	0.2317	429	0.0007	373
000599	35.63	379	-0.443	406	0.2710	357	0.0008	349
000758	35.63	380	-0.442	405	0.2802	340	0.0006	404
000933	35.62	381	0.022	248	0.2424	412	0.0014	144
000042	35.61	382	-0.206	343	0.2405	417	0.0048	37
000861	35.54	383	-0.291	384	0.2751	348	0.0006	390

续表

股票代码	AHP 法	AHP 排名	FC 法	FC 法排名	CRITIC	CRITIC 排名	熵值法	熵值法排名
600502	35.52	384	0.021	252	0.2338	425	0.0007	361
600881	35.50	385	-0.278	380	0.2600	380	0.0006	410
000868	35.46	386	0.199	168	0.2227	436	0.0007	354
600638	35.38	387	-0.092	303	0.2435	410	0.0018	103
600391	35.36	388	-0.402	402	0.2662	373	0.0007	364
000678	35.35	389	-0.828	421	0.2891	308	0.0007	353
600310	35.33	390	-0.024	279	0.2327	426	0.0030	65
600736	35.27	391	-0.287	383	0.2527	394	0.0012	181
600828	35.25	392	-0.349	399	0.2702	361	0.0033	60
000709	35.25	393	-0.217	352	0.2489	402	0.0022	88
000422	35.21	394	0.196	169	0.2125	445	0.0038	47
000993	35.16	395	-0.679	418	0.2872	317	0.0004	449
600117	35.10	396	-0.231	357	0.2455	407	0.0012	194
000875	35.06	397	-0.007	264	0.2322	428	0.0004	444
600509	35.03	398	-0.320	391	0.2534	393	0.0008	317
000852	35.01	399	-0.302	387	0.2469	404	0.0009	296
000851	34.99	400	-0.635	416	0.2734	350	0.0008	346
600129	34.96	401	-0.267	375	0.2430	411	0.0010	233
600169	34.92	402	0.023	247	0.2248	433	0.0004	438
600810	34.91	403	-0.241	362	0.2487	403	0.0010	252
000862	34.91	404	-0.242	363	0.2510	398	0.0003	455
600969	34.90	405	-0.337	395	0.2489	401	0.0010	223
000420	34.82	406	-0.599	415	0.2669	369	0.0007	365
600416	34.81	407	-0.244	364	0.2445	408	0.0005	437
000665	34.76	408	-1.128	428	0.2984	276	0.0005	428
600719	34.66	409	-0.341	396	0.2469	405	0.0009	271

续表

股票代码	AHP 法	AHP 排名	FC 法	FC 法排名	CRITIC	CRITIC 排名	熵值法	熵值法排名
000078	34.54	410	-0.346	397	0.2363	422	0.0009	255
600590	34.47	411	-0.568	413	0.2505	400	0.0006	412
000040	34.45	412	-0.837	423	0.2829	333	0.0003	454
600491	34.44	413	-0.182	337	0.2307	431	0.0005	429
600774	34.41	414	-0.114	309	0.2389	419	0.0005	436
600192	34.37	415	-0.989	426	0.2732	352	0.0006	411
000856	34.37	416	-0.481	408	0.2355	423	0.0012	195
000615	34.32	417	-0.311	389	0.2442	409	0.0008	339
600020	34.24	418	-0.277	379	0.2372	420	0.0012	173
000957	34.05	419	-0.429	404	0.2415	415	0.0005	432
600550	34.03	420	-0.270	377	0.2179	440	0.0008	348
000652	34.02	421	-0.299	386	0.2261	432	0.0007	367
000926	33.86	422	-0.377	400	0.2322	427	0.0010	230
000826	33.82	423	-0.834	422	0.2600	381	0.0004	448
600108	33.80	424	-1.483	437	0.2881	311	0.0006	407
000767	33.68	425	-0.169	326	0.2140	442	0.0004	439
600744	33.65	426	-0.296	385	0.2190	439	0.0007	384
600805	33.59	427	-1.700	442	0.2951	291	0.0008	327
600758	33.49	428	-0.826	420	0.2518	395	0.0006	402
600708	33.46	429	-0.414	403	0.2171	441	0.0015	134
600962	33.36	430	-1.008	427	0.2563	386	0.0006	393
600777	33.35	431	-1.626	441	0.2961	285	0.0006	403
600396	33.27	432	-0.247	367	0.2063	446	0.0008	345
000566	32.97	433	-1.217	431	0.2604	379	0.0005	425
600200	32.82	434	-1.822	446	0.2880	313	0.0007	371
600609	32.58	435	-1.137	429	0.2401	418	0.0011	216

续表

股票代码	AHP 法	AHP 排名	FC 法	FC 法排名	CRITIC	CRITIC 排名	熵值法	熵值法排名
000978	32.44	436	-1.601	439	0.2810	336	0.0004	450
000755	31.77	437	-0.529	411	0.1986	447	0.0005	435
600653	31.48	438	-1.783	445	0.2512	397	0.0016	117
600375	31.23	439	-1.167	430	0.2133	444	0.0007	385
600537	31.14	440	-1.724	444	0.2418	414	0.0008	320
600561	31.11	441	-1.248	432	0.2231	435	0.0009	304
600172	30.73	442	-1.618	440	0.2349	424	0.0005	433
000659	30.13	443	-1.462	436	0.2135	443	0.0009	259
600397	30.05	444	-1.330	434	0.1889	449	0.0016	122
000428	29.56	445	-1.706	443	0.2214	438	0.0011	209
600121	28.80	446	-1.563	438	0.1906	448	0.0004	452
600778	27.95	447	-1.897	447	0.1885	450	0.0048	38
000839	27.93	448	-2.735	448	0.2365	421	0.0004	443
000793	27.73	449	-2.759	449	0.2310	430	0.0005	424
000711	24.16	450	-3.253	453	0.1875	451	0.0002	456
600136	24.00	451	-3.126	452	0.1813	452	0.0002	457
600293	23.78	452	-4.346	456	0.2240	434	0.0006	408
600726	22.68	453	-2.779	451	0.1328	454	0.0008	322
600213	21.94	454	-2.776	450	0.1241	455	0.0004	446
600807	20.52	455	-3.802	454	0.1380	453	0.0004	442
000692	18.12	456	-4.284	455	0.1157	456	0.0005	419
600614	12.13	457	-4.948	457	0.0649	457	0.0001	458
600331	4.38	458	-9.123	458	0.0495	458	0.0067	28

附录二　2020年度样本企业动态财务能力数据

势险节短排名	股票代码	财务势	财务节
1	600331	5.395	0.113
2	000002	4.956	0.123
3	600614	2.979	0.205
4	600900	2.771	0.221
5	000692	1.840	0.333
6	000961	1.731	0.354
7	000069	1.718	0.356
8	600346	1.653	0.370
9	600807	1.642	0.373
10	600213	1.630	0.375
11	600886	1.590	0.385
12	600309	1.471	0.416
13	600726	1.429	0.428
14	600177	1.410	0.434
15	600153	1.359	0.450
16	600795	1.322	0.463
17	000932	1.296	0.472
18	600018	1.238	0.494
19	600157	1.230	0.498
20	600778	1.229	0.498

续表

势险节短排名	股票代码	财务势	财务节
21	000039	1.216	0.503
22	600803	1.213	0.504
23	000659	1.189	0.515
24	600397	1.187	0.515
25	000063	1.186	0.516
26	000401	1.181	0.518
27	600196	1.180	0.519
28	600039	1.177	0.520
29	600136	1.170	0.523
30	000428	1.164	0.526
31	600121	1.159	0.528
32	601991	1.148	0.533
33	600801	1.145	0.535
34	000755	1.143	0.536
35	000652	1.141	0.537
36	600673	1.139	0.537
37	600609	1.134	0.540
38	000926	1.133	0.540
39	600375	1.124	0.544
40	600561	1.122	0.546
41	600236	1.110	0.551
42	000767	1.109	0.552
43	600169	1.103	0.555
44	600642	1.101	0.556
45	600068	1.098	0.558
46	000983	1.093	0.560
47	600675	1.091	0.561

续表

势险节短排名	股票代码	财务势	财务节
48	600812	1.090	0.561
49	600143	1.090	0.561
50	600293	1.090	0.562
51	600895	1.089	0.562
52	000978	1.089	0.562
53	600820	1.088	0.563
54	600377	1.088	0.563
55	600657	1.086	0.564
56	000488	1.081	0.566
57	600396	1.079	0.567
58	000876	1.076	0.569
59	600744	1.076	0.569
60	000539	1.073	0.570
61	600962	1.070	0.572
62	600823	1.068	0.573
63	000959	1.065	0.575
64	000027	1.064	0.575
65	600774	1.064	0.575
66	000090	1.063	0.576
67	600653	1.062	0.576
68	600655	1.060	0.577
69	000042	1.060	0.577
70	600089	1.060	0.578
71	600021	1.059	0.578
72	000615	1.059	0.578
73	600172	1.058	0.578
74	000856	1.056	0.580

续表

势险节短排名	股票代码	财务势	财务节
75	000709	1. 055	0. 580
76	600550	1. 054	0. 580
77	000711	1. 054	0. 581
78	600129	1. 054	0. 581
79	600027	1. 053	0. 581
80	600693	1. 053	0. 581
81	000957	1. 053	0. 581
82	600810	1. 052	0. 582
83	600310	1. 052	0. 582
84	600719	1. 050	0. 583
85	000875	1. 050	0. 583
86	000566	1. 050	0. 583
87	600537	1. 049	0. 583
88	600416	1. 049	0. 583
89	600848	1. 049	0. 584
90	600064	1. 046	0. 585
91	000422	1. 046	0. 585
92	600546	1. 045	0. 586
93	600491	1. 045	0. 586
94	000671	1. 044	0. 586
95	600282	1. 044	0. 586
96	600208	1. 042	0. 587
97	600133	1. 040	0. 588
98	600020	1. 038	0. 590
99	600267	1. 038	0. 590
100	600200	1. 037	0. 590
101	600638	1. 037	0. 590

续表

势险节短排名	股票代码	财务势	财务节
102	600828	1.035	0.591
103	000852	1.035	0.591
104	600548	1.035	0.591
105	600256	1.035	0.592
106	000862	1.034	0.592
107	600295	1.034	0.592
108	600674	1.033	0.593
109	600079	1.032	0.593
110	600502	1.031	0.594
111	600117	1.030	0.594
112	000868	1.029	0.595
113	000900	1.029	0.595
114	600969	1.028	0.595
115	000597	1.027	0.596
116	600352	1.026	0.596
117	600192	1.026	0.597
118	000078	1.025	0.597
119	600853	1.022	0.599
120	000420	1.022	0.599
121	000023	1.021	0.599
122	600509	1.019	0.601
123	000993	1.019	0.601
124	001896	1.019	0.601
125	600391	1.018	0.601
126	600569	1.018	0.601
127	000678	1.018	0.601
128	600758	1.017	0.602

续表

势险节短排名	股票代码	财务势	财务节
129	600165	1.016	0.602
130	600323	1.016	0.602
131	600526	1.016	0.602
132	600096	1.015	0.603
133	600567	1.012	0.605
134	600405	1.010	0.606
135	000598	1.009	0.607
136	600990	1.008	0.607
137	601001	1.008	0.607
138	000861	1.007	0.608
139	000429	1.006	0.609
140	000851	1.005	0.609
141	000998	1.004	0.609
142	000791	1.004	0.610
143	600100	1.004	0.610
144	600505	1.003	0.610
145	600359	1.003	0.610
146	600881	1.003	0.610
147	000883	1.002	0.611
148	600202	1.002	0.611
149	600590	1.001	0.611
150	000599	1.000	0.612
151	601588	1.000	0.612
152	600713	0.999	0.612
153	000968	0.999	0.613
154	000679	0.996	0.614
155	600190	0.996	0.614

续表

势险节短排名	股票代码	财务势	财务节
156	600578	0. 994	0. 616
157	000937	0. 994	0. 616
158	600639	0. 994	0. 616
159	600535	0. 993	0. 616
160	600008	0. 993	0. 616
161	000837	0. 992	0. 617
162	600635	0. 992	0. 617
163	600463	0. 992	0. 617
164	000600	0. 990	0. 618
165	600176	0. 990	0. 618
166	600619	0. 989	0. 619
167	600354	0. 988	0. 620
168	600268	0. 987	0. 620
169	600540	0. 986	0. 621
170	000573	0. 985	0. 621
171	600312	0. 984	0. 622
172	600648	0. 984	0. 622
173	600630	0. 984	0. 622
174	000061	0. 984	0. 622
175	000028	0. 982	0. 623
176	000911	0. 982	0. 623
177	600874	0. 981	0. 624
178	000507	0. 981	0. 624
179	000055	0. 981	0. 624
180	600108	0. 980	0. 624
181	600580	0. 978	0. 626
182	600478	0. 978	0. 626

续表

势险节短排名	股票代码	财务势	财务节
183	600525	0.977	0.626
184	600808	0.977	0.627
185	000528	0.976	0.627
186	000753	0.976	0.627
187	600708	0.976	0.627
188	600692	0.975	0.627
189	000591	0.975	0.628
190	600220	0.973	0.629
191	600966	0.972	0.629
192	000544	0.972	0.630
193	600831	0.971	0.630
194	600476	0.971	0.630
195	600123	0.971	0.630
196	600141	0.971	0.631
197	600549	0.970	0.631
198	600493	0.970	0.631
199	600222	0.969	0.631
200	000695	0.969	0.632
201	600448	0.968	0.632
202	600250	0.968	0.632
203	600461	0.967	0.633
204	600667	0.967	0.633
205	000700	0.964	0.635
206	000601	0.964	0.635
207	000949	0.962	0.636
208	000009	0.961	0.637
209	000514	0.961	0.637

续表

势险节短排名	股票代码	财务势	财务节
210	000680	0.960	0.637
211	600784	0.960	0.638
212	000951	0.960	0.638
213	600067	0.960	0.638
214	600997	0.959	0.638
215	600979	0.959	0.638
216	000407	0.959	0.638
217	600203	0.959	0.638
218	600552	0.957	0.640
219	600035	0.956	0.640
220	600483	0.956	0.640
221	000690	0.956	0.640
222	600586	0.956	0.640
223	600879	0.955	0.641
224	000966	0.955	0.641
225	600863	0.955	0.641
226	000158	0.955	0.641
227	600789	0.954	0.641
228	000723	0.954	0.641
229	600152	0.953	0.642
230	600500	0.951	0.644
231	600360	0.950	0.644
232	600283	0.950	0.644
233	000153	0.950	0.644
234	600082	0.950	0.644
235	000778	0.950	0.644
236	600973	0.950	0.644

续表

势险节短排名	股票代码	财务势	财务节
237	600386	0.949	0.645
238	600255	0.949	0.645
239	600420	0.948	0.646
240	600372	0.948	0.646
241	000533	0.948	0.646
242	600522	0.947	0.646
243	600455	0.947	0.646
244	600017	0.947	0.647
245	600888	0.946	0.647
246	000543	0.944	0.648
247	600467	0.944	0.648
248	600611	0.944	0.648
249	000589	0.944	0.649
250	000782	0.943	0.649
251	000759	0.943	0.649
252	600307	0.943	0.649
253	600469	0.942	0.649
254	600438	0.942	0.649
255	600755	0.941	0.650
256	000560	0.940	0.651
257	000665	0.939	0.652
258	600138	0.939	0.652
259	000411	0.938	0.652
260	600439	0.938	0.652
261	600262	0.937	0.653
262	600597	0.937	0.653
263	600496	0.936	0.654

续表

势险节短排名	股票代码	财务势	财务节
264	000785	0. 936	0. 654
265	600501	0. 935	0. 654
266	600623	0. 935	0. 654
267	600106	0. 935	0. 654
268	600644	0. 935	0. 655
269	000931	0. 934	0. 655
270	600163	0. 933	0. 656
271	600210	0. 933	0. 656
272	600277	0. 932	0. 657
273	600110	0. 932	0. 657
274	600480	0. 932	0. 657
275	600098	0. 931	0. 658
276	000936	0. 930	0. 658
277	600238	0. 930	0. 658
278	600292	0. 930	0. 658
279	600736	0. 929	0. 659
280	600487	0. 929	0. 659
281	000788	0. 927	0. 660
282	600765	0. 927	0. 660
283	600081	0. 927	0. 660
284	600805	0. 927	0. 660
285	600337	0. 927	0. 660
286	000426	0. 927	0. 660
287	600683	0. 926	0. 661
288	000582	0. 926	0. 661
289	000761	0. 925	0. 662
290	600026	0. 924	0. 662

续表

势险节短排名	股票代码	财务势	财务节
291	600740	0. 924	0. 662
292	600269	0. 924	0. 663
293	600251	0. 923	0. 663
294	000531	0. 923	0. 663
295	600279	0. 923	0. 663
296	600460	0. 923	0. 663
297	600470	0. 923	0. 663
298	600873	0. 921	0. 664
299	600151	0. 921	0. 665
300	000758	0. 921	0. 665
301	600984	0. 921	0. 665
302	600288	0. 920	0. 665
303	000593	0. 920	0. 665
304	600328	0. 920	0. 665
305	000809	0. 919	0. 666
306	600960	0. 918	0. 666
307	000020	0. 918	0. 667
308	000756	0. 918	0. 667
309	600796	0. 917	0. 667
310	600584	0. 917	0. 667
311	000967	0. 917	0. 668
312	600363	0. 915	0. 669
313	600070	0. 915	0. 669
314	600326	0. 914	0. 670
315	600508	0. 914	0. 670
316	000887	0. 913	0. 670
317	000885	0. 913	0. 671

续表

势险节短排名	股票代码	财务势	财务节
318	600717	0.912	0.671
319	000040	0.911	0.671
320	000683	0.911	0.672
321	600963	0.911	0.672
322	000421	0.911	0.672
323	600749	0.911	0.672
324	000786	0.910	0.673
325	000551	0.910	0.673
326	000632	0.909	0.674
327	000698	0.908	0.674
328	600033	0.908	0.674
329	600303	0.907	0.675
330	600572	0.907	0.675
331	000701	0.906	0.676
332	600409	0.905	0.676
333	600183	0.905	0.677
334	600782	0.904	0.677
335	600839	0.904	0.677
336	000899	0.904	0.677
337	600235	0.903	0.678
338	600422	0.901	0.679
339	600257	0.901	0.679
340	600811	0.900	0.680
341	600063	0.900	0.680
342	601003	0.899	0.681
343	000960	0.899	0.681
344	600237	0.899	0.681

续表

势险节短排名	股票代码	财务势	财务节
345	600308	0.898	0.681
346	000969	0.898	0.682
347	600819	0.898	0.682
348	600628	0.897	0.682
349	600557	0.897	0.682
350	600531	0.896	0.683
351	600961	0.896	0.683
352	600281	0.896	0.683
353	000400	0.896	0.683
354	600489	0.895	0.684
355	600075	0.895	0.684
356	600127	0.894	0.685
357	600477	0.894	0.685
358	600243	0.893	0.685
359	600577	0.893	0.685
360	000726	0.893	0.686
361	000825	0.891	0.687
362	600258	0.890	0.688
363	600351	0.890	0.688
364	600327	0.889	0.688
365	000948	0.889	0.688
366	000720	0.889	0.688
367	000816	0.889	0.688
368	600468	0.887	0.690
369	600798	0.887	0.690
370	000829	0.886	0.691
371	600073	0.886	0.691

续表

势险节短排名	股票代码	财务势	财务节
372	600298	0. 885	0. 691
373	000826	0. 885	0. 692
374	000735	0. 883	0. 693
375	600425	0. 883	0. 693
376	000850	0. 883	0. 693
377	600682	0. 882	0. 694
378	600111	0. 882	0. 694
379	000930	0. 880	0. 696
380	000973	0. 877	0. 698
381	600594	0. 876	0. 698
382	000860	0. 876	0. 698
383	600219	0. 876	0. 699
384	000713	0. 875	0. 699
385	000012	0. 873	0. 701
386	000793	0. 872	0. 702
387	000877	0. 872	0. 702
388	600103	0. 868	0. 705
389	600737	0. 866	0. 706
390	000608	0. 866	0. 707
391	600612	0. 864	0. 708
392	000910	0. 864	0. 708
393	000952	0. 864	0. 709
394	600010	0. 864	0. 709
395	000739	0. 863	0. 709
396	600780	0. 863	0. 709
397	600884	0. 861	0. 711
398	600860	0. 861	0. 711

续表

势险节短排名	股票代码	财务势	财务节
399	600532	0.860	0.712
400	000898	0.859	0.712
401	600797	0.859	0.712
402	600866	0.859	0.712
403	600787	0.858	0.714
404	600433	0.857	0.714
405	000565	0.856	0.715
406	600379	0.855	0.716
407	600731	0.855	0.716
408	000976	0.855	0.716
409	600592	0.853	0.717
410	000731	0.852	0.718
411	000060	0.852	0.718
412	000733	0.850	0.720
413	600512	0.850	0.720
414	600824	0.849	0.721
415	000962	0.849	0.721
416	600356	0.849	0.721
417	600662	0.849	0.721
418	600995	0.848	0.722
419	600459	0.847	0.722
420	000559	0.845	0.724
421	000059	0.844	0.725
422	600400	0.843	0.726
423	000595	0.840	0.729
424	600893	0.840	0.729
425	000933	0.838	0.730

续表

势险节短排名	股票代码	财务势	财务节
426	000159	0.838	0.730
427	600558	0.835	0.733
428	600770	0.835	0.733
429	000510	0.834	0.734
430	000026	0.829	0.738
431	600794	0.828	0.739
432	000990	0.827	0.740
433	600668	0.825	0.741
434	600022	0.821	0.745
435	000031	0.819	0.747
436	000917	0.819	0.747
437	000738	0.816	0.750
438	600836	0.811	0.755
439	600818	0.809	0.756
440	000906	0.808	0.757
441	601002	0.805	0.760
442	600426	0.805	0.761
443	600011	0.798	0.767
444	000612	0.788	0.776
445	000702	0.781	0.784
446	600305	0.780	0.785
447	600571	0.779	0.786
448	600872	0.758	0.808
449	600822	0.745	0.822
450	000955	0.726	0.843
451	600707	0.724	0.845
452	600867	0.717	0.854

续表

势险节短排名	股票代码	财务势	财务节
453	600116	0.708	0.864
454	000839	0.690	0.887
455	000878	0.660	0.928
456	000576	0.658	0.930
457	600497	0.658	0.931
458	600777	0.482	1.271

参考文献

[1] 科林·卡梅伦，等．用 Stata 学微观计量经济学（第二版）[M]．肖光恩，等译．重庆：重庆大学出版社，2018.

[2] Brown C. 图解代数：用系统方法进行数学建模 [M]．郭茂灿，译．上海：格致出版社，上海人民出版社，2013.

[3] 宝贡敏，龙思颖．企业动态能力研究：最新述评与展望 [J]．外国经济与管理，2015 (07)：74 – 87.

[4] 步淑段，等．财务管理理论模型 [M]．北京：中国财政经济出版社，2006：253 – 260.

[5] 蔡维灿．企业财务创新、动态财务能力和可持续发展能力的关系研究 [J]．东南学术，2012 (05)：106 – 115.

[6] 蔡维灿．企业财务创新、动态财务能力和可持续发展能力的关系研究 [J]．东南学术，2012 (05)：106 – 115.

[7] 曹玉珊．企业财务可持续增长效率的源泉分析——来自中国上市公司的证据 [J]．商业经济与管理，2008 (02)：74 – 80.

[8] 曹玉珊．企业财务战略："企业战略中的财务" 还是 "财务中的企业战略"？[J]．江西社会科学，2010 (09)：87 – 91.

[9] 曹玉珊．新会计准则下的可持续增长模型——兼议对模型假设的重新审视 [J]．现代管理科学，2009 (10)：58 – 61.

[10] 曾爱民，傅元略，魏志华．金融危机冲击、财务柔性储备和企业融资行为——来自中国上市公司的经验证据 [J]．金融研究，2011 (10)：155 – 169.

[11] 曾爱民，张纯，魏志华．金融危机冲击、财务柔性储备

与企业投资行为——来自中国上市公司的经验证据 [J]. 管理世界, 2013, No.235 (04): 107-120.

[12] 曾艳. 财务能力、研发支出资本化与会计信息质量 [J]. 财会通讯, 2020 (05): 29-33.

[13] 陈海声, 卢丹. 研发投入与企业价值的相关性研究 [J]. 软科学, 2011, 25 (02): 20-23.

[14] 陈晶璞. 企业财务能力系统演进研究 [M]. 北京: 经济科学出版社, 2012.

[15] 陈强. 高级计量经济学及 Stata 应用 (第二版) [M]. 北京: 高等教育出版社, 2014.

[16] 陈榕. 基于动态能力的企业财务战略控制体系 [J]. 当代财经, 2008 (10): 126-128.

[17] 陈少华. 基于动态财务能力的高技术企业战略转换研究 [D]. 北京: 北方工业大学, 2010.

[18] 陈曦, 骈宇骞. 孙子兵法·三十六计 [M]. 北京: 中华书局, 2016.

[19] 邓康林, 刘名旭. 环境不确定性、财务柔性与上市公司现金股利 [J]. 财经科学, 2013, 299 (02): 46-55.

[20] 邓明然, 夏喆, 沈俊. 企业理财系统风险传导机理研究 [M]. 武汉: 武汉理工大学出版社, 2013.

[21] 董理, 茅宁. 财务弹性问题前沿研究述评与未来展望 [J]. 外国经济与管理, 2013 (04): 71-80.

[22] 杜俊义, 冯罡. 技术创新动态能力理论研究综述 [J]. 科技管理研究, 2020 (06): 1-6.

[23] 杜小民. 基于知识自组织演化的企业动态能力衍生路径研究 [D]. 长春: 吉林大学, 2015.

[24] 杜晓荣. 能力视角的企业战略管理财务支撑研究 [J]. 商场现代化, 2007, 521 (32): 331-332.

[25] Elliott，B. & Elliott，J.. 财务会计与报告［M］. 机械工业出版社，2012 年.

[26] 冯军政，魏江. 国外动态能力维度划分及测量研究综述与展望［J］. 外国经济与管理，2011（07）：26－33

[27] 付朝. 孙子兵法结构研究［M］. 北京：解放军出版社，2010.

[28] 付蓉. 阐述企业战略转型中的资本运作与投融资能力提升［J］. 中国中小企业，2023（05）：219－221.

[29] 葛家澍，占美松. 企业财务报告分析必须着重关注的几个财务信息——流动性、财务适应性、预期现金净流入、盈利能力和市场风险［J］. 会计研究，2008（05）：3－9，95.

[30] 龚婷. 战略财务弹性与企业价值：建模与实证［J］. 重庆工商大学学报（社会科学版），2012（05）：63－70.

[31] 韩国庆. 论"奇""正"［J］. 滨州学院学报，2007（05）：80－83.

[32] 韩剑，严兵. 中国企业为什么缺乏创造性破坏——基于融资约束的解释［J］. 南开管理评论，2013，16（04）：124－132.

[33] 赫连志巍. 财务能力对企业突变式转型影响评价［J］. 企业经济，2020（12）：38－46.

[34] 胡钢. 动态能力对企业多元化及其绩效的影响研究基于知识的视角［M］. 北京：经济科学出版社，2016.

[35] 胡国晖，洪莉艳. 企业财务现金柔性与融资能力关系研究［J］. 财会通讯，2021（06）：75－79.

[36] 黄胜，林琼纯. 动态能力对企业绩效的影响：一项互补效应研究［J］. 天津商业大学学报，2020（06）：24－31.

[37] 贾雨文，宋艳涛，李冬梅. 主动性决策研究概述［J］. 决策与决策支持系统，1997（04）：59－66.

[38] 贾雨文. 关于主动性决策理论（非理想系统决策理论）

的研究［J］. 中国软科学，1997（01）：16－21.

［39］贾雨文，李冬梅，宋艳涛. 矩阵模型的决策适度性分析方法［J］. 国际技术经济研究，1998（01）：45－49.

［40］焦豪. 企业动态能力绩效机制及其多层次影响要素的实证研究［D］. 上海：复旦大学，2010.

［41］鞠晓生，卢荻，虞义华. 融资约束、营运资本管理与企业创新可持续性［J］. 经济研究，2013，48（01）：4－16.

［42］黎春. 中国上市公司财务指数研究［D］. 成都：西南财经大学，2010.

［43］李海滨.《孙子兵法》的战略智慧与管理启示［M］. 北京：经济科学出版社，2009.

［44］李玲玲. 企业业绩评价方法与运用［M］. 北京：清华大学出版社，2004.

［45］李群等著. 基于 ABMS 的体系计算实验方法及应用［M］. 北京：电子工业出版社，2018.

［46］李允尧. 成长性企业性质：基于动态企业理论视角［J］. 求索，2005（03）：7－9.

［47］连玉君，苏治. 上市公司现金持有：静态权衡还是动态权衡［J］. 世界经济，2008，362（10）：84－96.

［48］廖天亮.《孙子兵法》"势"论的理解及其应用［J］. 滨州学院学报，2006（05）：84－87.

［49］刘嫦，杨茜雅，李丽丹. 环境不确定性影响了公司费用黏性吗［J］. 金融发展研究，2019，449（05）：13－21.

［50］刘翰林，邹温红. 财务柔性与环境不确定条件下的非效率投资——来自民营上市公司的经验数据［J］. 杭州电子科技大学学报，2015，11（06）：7－14.

［51］刘君. 基于动态财务能力的高技术企业竞争战略决策研究［D］. 北京：北方工业大学，2018.

[52] 刘亮主编. 复杂系统仿真的 Anylogic 实践 [M]. 北京: 清华大学出版社, 2019.

[53] 刘名旭, 向显湖. 环境不确定性、企业特征与财务柔性 [J]. 宏观经济研究, 2014 (04): 127-134.

[54] 刘瑶, 吴祥虎. 财务柔性对企业投资行为的影响——非效率投资视角 [J]. 中国商论, 2019, 792 (17): 41-42.

[55] 卢锐, 魏明海, 黎文靖. 管理层权力、在职消费与产权效率——来自中国上市公司的证据 [J]. 南开管理评论, 2008, No. 62 (05): 85-92, 112.

[56] 罗彪, 张哲宇, 王琼. 绩效产出过程的机理综述与建模——基于动态能力和领导力视角 [J]. 电子科技大学学报 (社科版), 2014 (02): 43-49.

[57] 吕国利. 公司财务动态能力评价研究 [D]. 哈尔滨: 哈尔滨商业大学, 2013.

[58] 孟晓斌, 王重鸣, 杨建锋. 企业动态能力理论模型研究综述 [J]. 外国经济与管理, 2007 (10): 9-16.

[59] 卿文洁. 企业财务战略绩效评价研究 [M]. 湘潭: 湘潭大学出版社, 2010.

[60] 邱丽娟, 乔金杰, 武志勇. 融资约束、财务柔性与企业价值 [J]. 财会通讯, 2020 (22): 66-70.

[61] 宋绍清, 朱庆须, 冯丽丽. 中国企业内部控制指数构建与应用研究 [M]. 北京: 中国财政经济出版社, 2014.

[62] 宋蔚蔚, 孙玉婷. 财务柔性、内部控制与企业成长性 [J]. 财会通讯, 2021, No. 880 (20): 34-37, 84.

[63] 苏为华. 多指标综合评价理论与方法问题研究 [D]. 厦门: 厦门大学, 2000.

[64] 孙林, 陈收. 考虑状态转换的最优战略调整决策与企业价值研究 [J]. 系统工程理论与实践, 2017, 37 (05): 1219-1228.

[65] 腾塚鄰，森西洲．孙子兵法奥秘深探——孙子兵法结构研究［M］．王前，王守宁，王守宏，译．长春：吉林科技出版社，1992.

[66] 田旭东．秦汉兵学文化［M］．西安：三秦出版社，2012.

[67] 汪昌云．金融经济学［M］．北京：中国人民大学出版社，2006.

[68] 王爱群，时军．内部控制质量、会计稳健性对投资效率影响效应研究［J］．统计与决策，2016（07）：158－161.

[69] 王爱群，唐文萍．环境不确定性对财务柔性与企业成长性关系的影响研究［J］．中国软科学，2017（03）：186－192.

[70] 王国成．从微观行为视角探索经济金融的复杂性——数量经济学一个新的学科生长点［J］．数量经济研究，2011（01）：102－120.

[71] 王昆，宋海洲．三种客观权重赋权法的比较分析［J］．技术经济与管理研究，2003（06）：48－49.

[72] 王满，许诺，于浩洋．环境不确定性、财务柔性与企业价值［J］．财经问题研究，2015（06）：130－137.

[73] 王满玲，杨德礼．基于自适应性学习的财务预警机理研究［J］．管理学报，2006（04）：432－442.

[74] 王明涛．多指标综合评价中权系数确定的一种综合分析法［J］．系统工程，1999（03）.

[75] 王欣，王磊．基于财务权变理论的资本结构调整问题研究——对J集团的案例分析［J］．会计研究，2012（10）：65－70.

[76] 王勇．《孙子兵法》的系统思维与复杂决策［J］．系统科学学报，2016（01）：61－64.

[77] 吴九龙，等．孙子校释［M］．北京：军事科学出版社，1996.

[78] 吴树畅．环境不确定条件下企业动态财务能力的分析框架［J］．财务与金融，2011（02）：25－29.

[79] 吴溪. 会计研究方法论（第二版）[M]. 北京：中国人民大学出版社，2016.

[80] 吴修，杨柳. 价值创造导向下企业财务动态指数应用研究——基于信息技术业上市公司的实证 [J]. 财会通讯，2017 (35)：69 -73.

[81] 吴永林，陈少华. 基于动态财务能力的战略转换预警研究 [J]. 企业经济，2010 (04)：145 -148.

[82] 吴永林. 战略管理 [M]. 北京：经济管理出版社，2014.

[83] 吴中春. 企业动态财务规划系统研究 [J]. 会计研究，2009 (04)：31 -37.

[84] 武义青，贾雨文. 经济系统运行效能研究 [M]. 北京：经济管理出版社，2003.

[85] 武义青，贾雨文. 势分析方法及其应用研究 [M]. 北京：中国社会科学出版社，2016.

[86] 肖忠意，等. 财务柔性能力与中国上市公司持续性创新——兼论协调创新效应与自适应效应 [J]. 统计研究，2020 (05)：82 -93.

[87] 肖忠意，林琳，陈志英，许定宝. 财务柔性能力与中国上市公司持续性创新——兼论协调创新效应与自适应效应 [J]. 统计研究，2020，37 (05)：82 -93.

[88] 辛蔚，何地，孙凯. 创新视角下动态能力研究综述——脉络梳理及理论框架构建 [J]. 技术经济与管理研究，2018 (06)：44 -48.

[89] 许金. "势"域中的孙子兵法 [J]. 滨州学院学报，2007 (05)：84 -88.

[90] 许诺. 环境不确定性、管理者过度自信与财务柔性动态调整研究 [D]. 大连：东北财经大学，2016.

[91] 严若森，陈静，李浩. 基于融资约束与企业风险承担中

介效应的政府补贴对企业创新投入的影响研究 [J]. 管理学报, 2020 (08): 1188-1198.

[92] 杨荣华, 黄陟. 环境不确定性、财务柔性与企业价值——基于2008—2014年A股上市公司的经验证据 [J]. 财会通讯, 2016, 728 (36): 27-31.

[93] 杨轶. 三维财务竞争力指数评价研究 [D]. 武汉: 武汉理工大学, 2009.

[94] 杨有红. 财务战略规划初论: 从控制、实施到业绩提升 [J]. 中国总会计师, 2010 (06): 70-71.

[95] 叶陈毅, 朱庆须. 信息技术企业业绩评价模型构建 [J]. 中国地质大学学报 (社会科学版), 2006 (03): 42-46.

[96] 叶笛. 企业转型的动态能力研究 [J]. 内蒙古农业大学学报 (社会科学版), 2014 (03): 32-35.

[97] 张博, 庄汶资, 袁红柳. 新会计准则实施与资本结构优化调整 [J]. 会计研究, 2018, 373 (11): 21-27.

[98] 张浩. 管理科学研究模型与方法 [M]. 北京: 清华大学出版社, 2016.

[99] 张玲, 任贺. 环境动态性对资本结构与绩效关系的调节效应 [J]. 软科学, 2011 (12): 41-44.

[100] 张文英. 企业财务分析的AHP应用探讨 [J]. 内蒙古财经学院学报, 2001 (02): 70-73.

[101] 赵华, 张鼎祖. 企业财务柔性的本原属性研究 [J]. 会计研究, 2010, 272 (06): 62-69, 96.

[102] 周崇伦. 环境不确定性与公司财务柔性的实证研究 [D]. 北京: 中国财政科学研究院, 2018.

[103] 周密, 郑芳园. 财务柔性、融资约束与企业研发投入 [J]. 长春理工大学学报 (社会科学版), 2022, 35 (02): 115-122.

[104] 周雯. 基于CAS理论的财务核心能力系统涌现现象研

究［D］. 秦皇岛：燕山大学，2010.

［105］朱开悉. 企业财务核心能力及其报告［J］. 会计研究，2002（02）：41－44.

［106］朱庆须，宋绍清. 基于熵值法的IT企业业绩评价模型［J］. 财会通讯（学术版），2005（06）：21－24.

［107］朱庆须，胡方. 信息技术企业业绩评价模型比较分析［J］. 财会通讯，2013（08）：61－62.

［108］Abbas B，Abdel H A，Siddig B I. Dynamic capabilities theory：Pinning down a shifting concept［J］. Academy of Accounting and Financial Studies Journal，2018，22（02）：1－16.

［109］Abbas B，Abdel H A，Siddig B. Towards an integrative model of dynamic capabilities empirical research：A systematic review（1997－2015）［J］. Int. J. of Business Excellence，2019，18（02）：203－241.

［110］Arslan o.，Florackis C.，Ozkan A.，2008，How and why do firms establish financial flexibility［R］. Working Paper of Hacettepe University，Vol. 1（01），PP1－43.

［111］Avi Flegenbaum；John McGee；Howard Thomas. Exploring the Linkage between Strategic Groups and Competitive Strategy.［J］. International Studies of Management & Organization. Volume 18，Issue 1. 1988：6－25.

［112］Bourgeois L J. Strategy and Environment：A Conceptual Integration［J］. Academy of Management Review，1980，5（01）：25－39.

［113］Brennan，M.，Schwartz，E.，Corporate Income Taxes，Valuation and the Problem of Optimal Capital Structure［J］. Journal of Business，1984，Vol. 51：103－114.

［114］Cook，D. O.，Tang，T.，Macroeconomic conditions and

capital structure adjustment speed, Journal of Corporate Finance, 2010, Vol. 16 (01), P73 -87.

[115] D. Diakoulaki, G. Mavrotas, L. PaPayannakis. Determining objective weights in multiple criteria problems: The critic method [J]. Computers & Operations Research, Volume 22, Issue 7, August 1995, Pages 763 -770.

[116] DeAngelo, H. and DeAngelo, L. Capital Structure, Payout Policyand Financial Flexibility [R]. Working Paper, University of Southern Califomnia. 2007.

[117] Duncan, R. B., Characteristics of organizational environments and perceived environmental uncertainty [J]. Administrative Science Quarterly, 1972, Vol. 17 (03).

[118] Eisenhardt K. M. and Martin J A. Dynamic capabilities: What are they? [J]. Strategic Management Journal, 2000, 21 (10 - 11): 1105 -1121.

[119] Hadlock, C. and Pierce J. New Evidence on Measuring Financial Constraints: Moving Beyond the KZ Index [J]. Review of Financial studics, 2010, 23 (05): 1909 -1940.

[120] Haugen, R. A., Senbet, L. W., The Insignificance of Bankruptcy Costs to the Theory of Optimal Capital Structure [J]. Journal of Finance, 1978, Vol. 33: 383 -393.

[121] Helfat C. E., Finkelstein S, Mitchell W, Peteraf M A, Singh H and Winter S G. Dynamic capabilities: Understanding strategic change in organizations [M]. Blackwell Publishing Malden: MA, 2007.

[122] Jansen, Juan Liu. Dynamic capabilities, enviromental dynamism and competitive advantage: Evidence from China [J]. Journal of Business Research, 2012, 25 (02): 1 -7.

[123] Kiattichai Kalasin. Strategic change: the impact of senior foreign managers, firm size and uncertainty avoidance. [J]. Review of International Business and Strategy. Volume 31, Issue 1. 2020: 38 -61.

[124] Kraus, A., Litzenberger, R. H., A state - preference model of optimal financial leverage [J]. Journal of Finance, 1973, Vol. 28 (04): 911 -922.

[125] Mark T. Leary; Michael R. RobertsJournal [J]. The Journal of Finance. 2005. Volume 60, Issue 6: 2575 -2619.

[126] Milliken F. J. Three types of perceived uncertainty about the environment: State, effect, and resp onse uncertainty [J]. Academy of Management review, 1987, 12 (01): 133 -143.

[127] Modigliani F., Miller M. H., The cost of capital, corporation finance and the theory of investment, The American economic review, 1958, Vol. 48 (03): 261 -297.

[128] Myers S. C., Majluf N. S., 1984, Corporate financing and investment decisions when firms have information that investors do not have, Journal of financial economics, Vol. 13 (02): 187 -221.

[129] Shleifer A, Vishny R W. Liquidation Values and Debt Capacity: A Market Equilibrium Approach [J]. The Journal of Finance, 1992, 47 (04): 1343 -1366.

[130] Teece D J. Explicating dynamic capabilities: The nature and microfoundations of (sustainable) enterprise performance [J]. Strategic Management Journal, 2007, 28 (13): 1319 -1350.

[131] Teece DJ, Pisano G. and Shuen A. Dynamic capabilities and strategic management [J]. Strategic Management Journal, 1997, 18 (07): 509 -533.

[132] Tirole, J. The Theory of Corporate Finance [M]. Princeton, NJ: Princeton University Press, 2006.

[133] Titman, S., and Wessels, R. The Determinants of Capital Structure Choice [J]. The Journal of Finance, 1988, (43): 1-19.

[134] Tung R. L. Dimension of Organizational Environments: An Exploratory Study of the impact in Organization Structure [J]. The Academy of Management Journal, 1979, 22 (04): 672-6.

[135] Winter S G. Understanding dynamic capabilities [J]. Strategic Management Journal, 2003, 24 (10): 991-995.

[136] Zollo M and Winter S G. Deliberate learning and the evolution of dynamic capabilities [J]. Organization science, 2002. 13 (03): 339-351.

[153] Titman, S., [illegible] Wessels, R. The Determinants of Capital Structure Choice [J]. The Journal of Finance, 1988, [illegible]: 1–19.

[154] Tung R. L. Dimensions of Organizational Environments: An Exploratory Study of the Impact [illegible] Structure [J]. Academy of Management Journal, 1979, [illegible]: 672–[illegible].

[155] Winter S. G. Understanding dynamic capabilities [J]. Strategic Management Journal, 2003, 24(10): 991–995.

[156] Zollo M. and Winter S. G. Deliberate learning and the evolution of dynamic capabilities [J]. Organization Science, 2002, 13(3): 339–351.